복지현장
조직혁신

조직민주주의

복지현장 조직혁신

개정판

승근배

인간과복지

이 책을 집필하며 -

그 해 겨울의 뜨거웠던 광장을 기억하며

'꿈이었던 걸까?'

2016년 겨울의 광화문광장. 대한민국의 시민들은 평일 저녁과 주말이면 민주주의를 열망하는 투사가 되었다. 그러다 다음 날 직장에 출근하면 어김없이 당근과 채찍에 반응하는 당나귀로 변해 버린다. 그해 겨울이 지나고 새로운 정권이 들어섰지만 우리는 여전히 직장에만 들어가면 당나귀가 되어버리는 '동화 속의 주인공'이지 않을까? 저녁이 되면 공주가 되고 낮이 되면 추악한 괴물로 변하는 쉬렉의 피오나처럼. 처음 보는 낯선 세계를 멋지게 모험했지만 결국 꿈이었던 이상한 나라의 엘리스처럼 말이다. 궁금해진다. 광화문 광장에서 섰던 민주주의 투사들은 왜 월요일이면 당나귀가 될까?

이 책의 이야기는 웰페어 뉴스(대표 최규옥)의 '조직문화 스케치'와 웰페어 이슈(대표 윤귀선)의 '현장민주주의'에 기고한 칼럼을 정리한 것이다. 칼럼의 주제와 방향은 '조직민주주의'이다. '사람들은 언제 행복할까? 사람들은 왜 일할까? 사람들은 무엇에 동기부여될까?' 이런 질문에 대한 답을 찾는 과정이었다. 결국, 조직민주주의에서 가장 고민스러웠던 지점들은 '문화', '리더', '권한과 자율성', '동기부여'의 영역으로 분류되었다. 이 네 가지의 고민지점은 자연스럽게 조직민주주의 이야기로 귀결된다. 마침내는 '기술, 그리고 조직개발'이라는 실천을 통해 문화와 리더, 권한과 자율성, 그리고 동기부여가 실천적으로 어떻게 조직민주주의에 적용되는지를 설명할 것이다. 이 글은 조직민주주의에 대한 방향을 담고 있는 실천 이론이면서 동시에 조직운영에 접목시킨 사례이다.

이 책은 강원도 작은 도시에 소재한 노인장기요양기관에서 실천해온 민주주의를 향한 여정을 담고 있다. 어떤 것은 이루어졌으며 어떤 것은 풀어내는 과정에 있고 또 어떤 것은 아직 시도하지 않은 이야기이다. 아마도 독자들이 이 글을 읽을 때쯤이면, 또 다른 이야기들이 쌓여 있을 것이기에 이 과정은 현재 그리고 미래진행형일 것이다.

민주주의 조직개발에 관해서는 많은 분들에게서 긍정적인 영감을 얻었다. 특히 조직의 의사결정 도구를 디자인하는 데는 민주주의 활동가 그룹 빠띠(Parti, 창립자 권오현)가 큰 도움이 되었다. 무엇보다도 민주주의 문화를 확산하기 위해 팀과 커뮤니티를 위한 민주주의 플랫폼을 지향하는 빠띠의 생각과 방식이 조직민주주의 방향성에 큰 도움이 되었다.

쿠 퍼실리테이션 그룹(Koo Facilitation Group, 대표 구기욱)에게서도 많은 영감을 받았다. 프로젝트를 통해 '쿠'를 만났고 그 만남에서 조직민주주의라는 꿈을 꾸었다. 쿠를 통해서 퍼실리테이션의 기법과 도구를 익혔고 '모든 의견은 귀하고 동등하다'라는 그들의 슬로건을 만났다. 그들의 생각과 방식 역시 조직민주주의라는 방향성을 지지하고 있었기에 큰 도움이 되었다. 구기욱 대표께서 강연에서 들려주신 'Have your say(당신의 의견을 말해주세요, 말할 기회를 가지세요)'는 조직민주주의를 설명하는 가장 적합한 문장이라고 본다. 그리고 그 문장은 필자의 조직민주주의 여정의 슬로건이 되었다.

마지막으로, 비영리조직에서 만났던 수많은 동료와 협력자들, 그리고 리더들에게 감사드린다. 특히 '세밧사(세상을 바꾸는 사회복지사)'를 통해 사회민주주의 학습과 실천적 행동의 기회를 갖게 되었다. 이들은 매월 마지막 주 금요일이면 광화문 청계광장 들머리에서 사회적 약자를 위해 '정의 인권 평등 연대 민주주의'의 촛불집회를 갖는다. 이 모든 관계 속에서 우리가 원하는 것과 거부하는 것이 무엇인지, 무엇이 우리를 분노하게 하고 또 행동하게 하는지에 대한 명확한 영감을 얻었다. 결국 조직의 민주주의가 대안이라는 사실 말이다. 그리고 민주주의는 학습과 경험, 그리고 기술이 필요하다는 사실 말이다.

바라건대, 많은 비영리조직이 이 글을 통해 조직민주주의로 나아가기를 바란다. 민주주의를 선호하면서도 그것을 풀어낼 수 없는 이유는 한 번도 경험해 보지 못한 두려움이다. 이 여정이 '성공이다, 실패이다.' 라고 단언할 수 없고 이 책에서 다루는 네 가지의 지점이 정답이라고 할 수도 없다. 다만 중요한 팩트는 '여전히 지금도 그렇게 하고 있다는 것이고 앞으로 그렇게 할 것이다.' 라는 것이다. 쉽지는 않았다. 그러나 조직개발에 대한 분명한 성과가 있는 것은 엄연한 사실이다. 부디 이 글을 통해 나와 우리가 걷고 있는 길에, 좀 더 많은 조직들이 이 여정에 함께 하길 바란다. 그해 겨울의 광장은 뜨거웠다. 이제는 사회복지조직도 민주주의의 열망으로 뜨거워지길 소망한다.

개정판을 펴내며 -

조직민주주의

조직에서 행복을 찾고 싶은 것은 모두 같은 마음입니다. 그런데 찾고자 하는 방법은 서로 다릅니다. 조직민주주의는 사회주의도 자유주의도 아닙니다. 공동의 선을 실현하기 위해서는 조직의 구성원들이 일의 의미를 발견하고 자신을 실현할 수 있어야 한다는 주장입니다. 구성원들의 자유와 평등은 공동의 선을 위한 것이어야 한다는 주장입니다. 그러니 조직민주주의란 공동체적 사회주의, 개인주의적 자유주의의 균형을 추구하는 '사회자유주의적' 입장임을 밝힙니다. 구성원들의 자유의지에 의해 공동체와 자기를 실현하자는 것입니다.

2019년 초판이 발행된 이후 이 책에 대한 평가는 호평과 혹평으로 극명하게 나뉘었습니다. 추측하건대 호평을 해주신 분들은 사회복지사가 쓴 조직개발서라서 응원해 주신 것이 아닐까 합니다. 사회복지현장에서 많은 책들이 발간되지만 주로 실천 위주의 서적이 다수여서 조직에 관련된 책을 접하기에는 쉽지 않았을 터입니다. 또한 조직민주주의를 향하는 여정에 있는 실제적인 사례이기에 그에 대한 격려일 것입니다. 혹평은 동어반복에 대한 지적이 있었습니다. 칼럼이라는 것이 분량이 제한되어 있고, 같은 주장을 반복하다 보니 그리된 듯합니다. 또한 실제 사례가 너무 부족하다는 의견도 있습니다. 발간 당시 조직개발이 시작된 지 1년 남짓 되어 여러 이야기를 담지 못했습니다. 모든 의견에 고마운 인사를 드리면서 저자 스스로의 혹평이라면 '조직민주주의'의 정의가 모호했다는 것입니다. 그러다 보니 조직의 민주주의에 대한 여러 입장에 대해 속 시원하게 말씀드리지 못했습니다.

개정판에서는 독자의 의견을 토대로 몇 가지 수정을 보았습니다. 첫째, 기존의 분량을 조금 줄였습니다. 내용 반복을 제어하면서 주장하고자 하는 바에 조금은 쉽게 도달할 수 있도록 수정하였습니다. 몇 개의 칼럼을 들어내고 몇 개의 칼럼을 이동 배치하였습니다. 둘째, 초판 발행 이후의 조직개발 이야기들을 '실천 Ⅱ'에 담아 실제 사례를 통해 조직민주주의에 대한 설명이 부족했던 부분을 풀어내고자 하였습니다. 셋째의 수정사항은 책의 제목입니다. 초판이 의미가 있었던 것은 '조직민주주의'라는 단어가 이제는 낯설지 않다는 것입니다. 생명력이 있는 단어는 사람의 생각을 촉진합니다. 수평적 조직, 건강한 조직, 자유롭고 평등한 조직 등 우리가 마음속으로 바라는 조직에 대한 많은 수식이 있습니다. 그러한 조직에 대한 다양한 설명을 '조직민주주의' 로 논의가 시작되는 모습이 뿌듯하였습니다. 처음 초판 당시에는 조직민주주의라는 단어가 낯설 것임으로 책의 제목으로 부적절하였습니다. 개정판은 '조직민주주의, 복지현장 조직혁신' 으로 제목을 정하였습니다. 이 개정판을 통해, 사회복지현장의 보다 많은 독자가 조직민주주의를 이야기하기를 바랍니다. 많이들 고민하고 의견을 나눔으로써 각자가 생각하고 바라는 건강한 조직, 민주주의, 자유와 평등을 담은 조직민주주의 이야기를 희망합니다. 당신의 조직에 일의 의미와 자기를 실현하는 복지현장의 조직혁신이 일어나기를 기대합니다.

고맙습니다.

차례

들어가며

비영리조직의 생존 에너지는 무엇인가?

인공지능이 급속도로 발전할 것으로 예측되는 이유는 고도의 IT기술 외에도 스피커 기술의 진보이다. 인공지능이 학습하기 위해서는 수많은 텍스트기반의 데이터가 필요하다. 그것을 공급해 주는 것이 스피커 기능이다. 구글 홈Google Home, 아마존 알렉사Amazon Alexa, 누구NUGU 등을 통해 인간은 키보드나 터치스크린이 아닌 대화로 명령한다. 자연언어를 이해하는 인공지능은 이를 즉시 수행한다. 이러한 인간과 기계의 상호교류가 가능하게 된 것은 스피커 기술의 진보이며 이를 통해 축적되는 빅데이터가 인공지능의 기술발전을 가속화한다.

인공로봇이 작동하는 수많은 기술 중에 가장 더디게 발전하는 분야가 배터리 기술이다. 작동하기 위해서는 코드를 꼽아야 하고 충전시간이 소요되는 그 자체가 제한사항이다. 24시간 안에 재충전하거나 휴대용 배터리를 소지해야 하는 기술로는 인공로봇의 발전 역시 제한을 받는다. 근래 와이파이를 이용하여 주변 환경에서 에너지를 공급받는 기술이 대안으로 부각되고 있다. 만약 이 기술이 성공적으로 개발된다면 인공로봇이 우리의 일상에 들어오는 것은 시간문제이다.

어느 기술분야이든 핵심기술과 함께, 이를 뒷받침 하는 에너지가 필요하다. 지금까지 산업사회가 지속적으로 성장할 수 있었던 것은 화석연료와 전기에너지의 뒷받침이 있었기에 가능하였다. 마찬가지로 조직의 생존 역시 흔히 '자원'이라고 표현되는 에너지가 있어야 가능하다. 과연 비영리조직 생존을 위한 에너지는 무엇인가?

스탠포드대학교 페퍼 교수와 카네기멜론대학교의 살란시크 교수는 조직의 생존에 있어서 자원의 흐름에 주목한다. 자원의존이론(Resource Dependence Theory, 1978)은 "조직은 환경에 무조건적으로 반응하는 것이 아니라 조직이 확보한 자원과 필요로 하는 자원에 따라 환경에 대한 방향이 결정된다. 조직은 자기 스스로 자원을 만들어 낼 수 없으며 외부환경으로부터 자원을 확보하여야 한다."라고 주장한다.

자원의존이론으로 보자면, 조직에는 두 가지 자원이 존재한다. 하나는 조직이 확보한 자원, 또 하나는 조직이 필요로 하는 자원(부족한 자원)이다. 비영리조직이 확보한 자원은 다름이 아닌 '문제'

이다. 문제는 '욕구'로 정의된다. 그리고 욕구는 '권력'으로 정의가 확장된다. 문제란, 인간과 지역이 필요로 하지만 채우지 못하는 영역이다. 채우기 위해 필요함으로 욕구로 정의된다. 이러한 욕구들이 모아지면 권력이 된다. 문제와 욕구, 권력들을 비영리조직에서 해결을 할 때, 집단은 생존하게 된다. 그러므로, 인간과 지역이 가지고 있는 문제가 곧 비영리조직의 자원인 것이며 집단을 작동시키는 '에너지'라는 것이다.

비영리조직은 인간과 지역사회가 가지고 있는 '문제'에 공감하고, 정의하고, 상상할 수 있어야 한다. 그리고 그 문제를 해결하기 위하여 문제를 조직 안으로 가지고 들어와야 한다. 해결하기 어려운 난제일수록 좋은 자원을 확보한 것이며 그만큼 조직의 에너지는 높아진다. 또한, 난제를 해결할수록 에너지는 그만큼 상승한다. 이것이 자원의존이론에 의한 '확보한 자원'이며 에너지이고 생존의 본질이다.

조직에서 '필요로 하는 자원'이란, 조직이 외부에서 확보한 자원인 '문제'를 해결하는 데에 필요로 하는 자원을 말한다. 그러나 이 자원은 외부에 있지 않고 조직의 내부에 있다. 자원의존이론은 자원을 물질로 규명하였기 때문에 외부로부터 자원을 확보한다고 보았다. 외부로부터 (물질적)자원이 필요한 것은 맞지만, 비영리조직에서 필요로 하는 자원은 내부에 있으며 조직 구성원의 '헌신'이고 그것이 조직 생존의 에너지이다.

난제의 해결을 혁신이라고 한다. 혁신은 헌신으로 이루어진다. 헌신이라는 에너지는 비영리조직 현장에서 다양한 사회적 약자의 욕구와 지역사회문제와 마주하고 있는 구성원이라면 마음 속 깊이 품고 있는 단어들이다. 그러나 언제부터인가 '헌신'이라는 이 단어는 '전문가주의'를 추구하는 집단권력에 의해 매장되고 있다.

헌신은 공동선을 위한 일방적인 '희생'이 아니며 무가치한 단어도 아니다. 전문가란 기술과 능력 이전에 헌신을 가지고 있는 사람들이다. 사회 혁신을 이룬 이노베이터들innovators에게는 헌신이 자리한다. 그 헌신(조직이 필요로 하는 자원)이 문제(외부에서 확보된 자원)와 만나서 혁신이 이루어지는 것이다. 인간과 지역사회의 문제를 조직 안으로 가지고 들어오는 사람은 그것을 해결하고자 하는 헌신을 가지고 있다. 그리고 문제와 헌신이 만나야 변화가 오는 것이며 그것을 뒷받침하는 것이 조직 문화이다.

헌신은 문제를 스스로 발견하게 하고 정의하게 한다. 결코 누군가가 정해주는 것이 아니다. 그 문제가 해결되는 이유는 스스로 정의하였기 때문이며, 그로 인해 몰입과 열정이 작동하기 때문이다. 조직이란, 문제와 헌신, 몰입과 열정이라는 구성원의 동기를 이끌어내는 곳이다. 이윤동기가 아닌 해결할만한 문제를 찾아내어 헌신할 수 있는 동기를 만들어내는 곳이다. 그것이 조직의 에너지이다. 그러한 에너지와 문화를 만들어내는 것이 '조직민주주의' 이다.

수직적 조직의 내성과
수평적 조직으로의 탐험

민주주의 수평적 조직을 부르짖던 사람이 조직의 관리자가 되면 수직적 운영자가 되어 버린다. 사람이 변했다고 질타하지만, 사실 사람이 변한 것이 아니라 한 번도 수평적 조직을 경험해보지 못한 것이 원인이다. 경험하지 않았던 방법보다 익숙한 곳으로 회귀하는 과정은 자연스러운 인간의 본성이다.

경험이 없는 리더는 수평적 조직을 만들기 위해 어설픈 시도를 한다. 주로 하는 것이 1:1 상담이다. 의견을 듣고 싶은 것이다. 나쁘지 않은 방법이다. 회의를 진지하게 해보려 한다. 회의준비도 많이 하고, 되도록이면 구성원들의 선택에 따르려 한다. 직원복지도 많이 늘리고자 한다. 흔히 우리가 생각하는 수평적 조직문화 개념은 구성원을 많이 만나서 얘기하고, 구성원의 의견을 많이 들어주려 하고, 복지제도를 확장하는 것으로 귀결된다.

그런데 이러한 노력이 금방 성과를 내는 것은 아니다. 시간과 노동이 많이 투자되지만 조직문화라는 것이 가시적, 단기적 성과를 내는 것은 쉽지 않다. 더군다나 구성원들이 잘 따라오지 않는다. 나태해지는 것 같기도 하고 너무 자율을 허용하여 엇나가는 것 같은 두려움도 생긴다. 그러다가 구성원 중에서 리더의 노력과 기대에 반하는 언행(리스크)이 발생한다. 리더는 자신이 그동안 추진했던 수평적 노력이 허상으로 이해되면서 분노의 감정이 일어난다. '내가 자기들 위해서 이런 고생을 하고 있는데, 감히!' 회의를 소집하여 수직적인 용단을 내린다. 구성원들은 순응한다. 명령에 반응하는 구성원들은 기계처럼 착착 돌아간다. 기대했던 성과들이 일어난다.

사람들은 배운 대로 행하는 것 같지만 사실은 경험한대로 행동한다. 경험하지 않은 지식으로는 행동을 촉진하기 어렵다. 행동에 대한 두려움이 있기 때문이다. 때문에 수평적 조직의 유용성에 대해 휘황찬란한 어휘로 설명하거나 좋은 사례를 예시하여도, 자신이 직접 경험하지 못한 것이기에 남의 이야기로 치부한다. '그건 대기업이라서 그래, 그곳은 선지(先知)적 리더가 있었기 때문에 가능해, 거기는 IT기업이잖아!!!' 가부장적인 가정, 그리고 위계적인 학교, 상명하복의 군복무 기간에 길러진, 수직적 경험의 내성(耐性)이 수평적 조직을 거부하는 것은 당연하다.

사람들은 선택을 할 때, 불편한 것 보다는 편한 것을 선택한다. 이것은 나태가 아니라 생존 본능이다. 리더나 구성원이나 명령과 복종이 수월하다. 리더는 협의와 합의 과정에서 발생하는 에너지를 쓰지 않아도 되고, 구성원은 책임에서 자유롭다. 시간을 들여 논의하고 조정하는 협업보다는 생각하는 사람과 일하는 사람이 나누어진 분업이 더 편하다. 수직적 조직을 편하게 느끼고 수평적 조직을 불편하게 인식하는 이유이다. 그래서 남의 이야기로 치부한다. '거기는 시간이 얽매이지 않아서 그래, 돈을 많이 줘서 그래, 거기는 아이템으로 승부하는 기업이잖아!!!' 부모가 만들어준 경로에 따르던 유년시절, 문제해결력보다는 답안이 정해진 문제를 맞히던 학생시절, 규율대로 잘 따르면 아무 문제가 없던 군복무 기간에 길러진 편안함의 내성이다.

수평적 조직문화를 이루기 위해서는 수직적 문화에 대한 내성을 이겨내야 한다. 그러기에 매우 고단한 시간이 필요하다. 이것은 경험해보지 못한 미지의 세계를 찾아가는 하나의 탐험과도 같다. 어디서 어떤 위험이 나타날지도 모를 일이며 다시 집으로 되돌아가고자 하는 충동이 끊임없이 일어난다. 그럼에도 탐험에 나서는 이유는 도달하고 싶은 곳이, 사람의 발길이 한 번도 닿지 신대륙이나 달과도 같기 때문이다. 그곳에 도착하여 새로운 세계를 보고 싶은 갈망이다. 그러한 도전과 경험이 우리에게 생존의 경쟁력과 성장을 줄 것이란 믿음이다. 한마디로 의미 있는 도전이기 때문이다.

내성을 이겨내려면, 조직 안에서 수평적 조직에 대한 정의와 방향성의 개념을 가지고 있어야 한다. 수평적이라고 해서 민주적이고 수직적이라고 비민주적인 것은 아니다. 조직이 처한 상황과 조직이 수행할 과업에 따라 선택적으로 활용하는 선택지이다. 그러므로 내성을 극복하기 위해서는 수직적 구조를 구태의연하다거나 나쁜 것으로 재단하며 수평적 조직으로 변화하고자 한다면 내부 저항이 있을 수 있고 유익하지도 않다. 수평적 조직을 원하는 것은 혁명이나 기존 질서의 파괴가 아니라 공생과 협력이고 성장과 경쟁력을 갖고자 함이다. 절대 양분되는 것이 아니다.

수평적 조직은 분권화된 권한이양과 의사결정이다. 과업의 어느 부분을 권한 이양할 것인지에 대한 논의가 필요하다. 수평적 조직이 직급을 파괴한다거나, 급여를 똑 같이 준다거나 등의 평등을 말하는 것이 아니다. 조직에서는 각자의 역할이 주어지는데 그 역할은 과업수행을 조건으로 하는 것이지 평등을 조건으로 하지 않는다. 주어진 역할에 따라 권한이양 정도가 다를 수 있어, 수평적 조직은 평등이 아니라 책임과 권한에 집중되어야 한다. 수직적 조직의 경우는 책임과 권한이 지나치게 리더에게 집중되어 이것이 현대사회에서는 경쟁력이 낮아지는 이유로 작용한다. 결국 수평적 조직이란, 중앙집권화 된 권한을 어떻게 하면 '균형과 적절성을 가지고 구성원들과 함께할 것인가'에 대한 이야기이다.

수평적 조직으로 나아가기 위해서는 의사결정기술과 시간이 필요하다. 권한이양이 일어나면 구성원들은 부여받은 권한으로 스스로 결정해야 하는 모험이 주어진다. 미지의 세계로 떠나는 탐험이 드디어 시작된 것이다. 그러나 이전 조직 안에서의 결정은 리더나 상급자의 몫이었다. 조직이 한 순간에 변모하여 구성원들에게 결정을 위임하는 것은 쉽지 않은 과업이다. 그러므로 의사결정에 대한 학습과 훈련이 필요하다. 수평적 조직에서 기능할 수 있는 새로운 회의체가 조성되어야 하며 의사결정과 회의기술, 권한과 책임에 대한 원칙, 그리고 결과에 대한 구성원의 보호 등이 조직 내에서 명확해야 한다.

쉽지 않은 과정을 겪어야 할 것이다. 한 번도 가보지 못한 곳을 찾아가는 과정에는 인내심이 필요하다. 수평적 조직의 방향성에 대한 믿음이 필요하며, 회귀하고자하는 충동이 일어날 때 마다 서로에게 격려가 필요하다. 그렇기에 수평적 조직으로 가는 과정 자체가 일의 의미를 부여하는 것이며 그 과정 속에서 조직자본이 생성된다. 바로 서로간의 신뢰이다. 자 이제 조직민주주의로의 탐험을 떠나 보자. 비영리조직의 에너지를 찾으러 떠나는 탐험이 시작되었다.

문화

조직의 문을 열어
민주주의를 맞이하자

'참여하는 사람은 주인이요, 그렇지 않은 사람은 손님이다.(도산 안창호)', '국민이 주인이 되어', '국민을 위해 정치를 하는 것'이 민주주의이다. 민주주의의 대한 정의는 너무나 명확하지만 그것을 풀어내는 방법은 다양하다. 조직이든, 정당이든, 가정이든 간에 민주주의 이념은 동일하지만 처해진 상황에 따라 작동하는 방식은 다르다.

조직민주주의는 '구성원이 주인이 되어' '구성원을 위한 경영'이 이루어지는 것이다. '주인이 된다' 함은 주의의식과 행동을 말하며 이는 '권한'에서 나온다. '구성원을 위한 경영'이란 열정과 몰입이 일어날 수 있도록 '동기부여'하는 것이다. 구성원이 주인이 되고 구성원을 위해 경영을 하는 이유는 그것이 경쟁력이 있다고 믿기 때문이다. 그러한 민주주의 문화 속에서 조직의 성과가 높아지는 이유는, 구성원이 주인이 될 때 주인의식이 일어나고, 조직이 구성원을 위할 때 헌신을 통한 조직 에너지가 만들어지기 때문이다. 그러므로 조직민주주의란, 위계관계의 역전이나 방종, 무책임을 이야기하는 것이 아니라 현대사회의 다양한 위험 속에서 문제를 해결하고 조직이 생존할 수 있도록 '참여에 의한 조직의 재조직화'를 의미한다.

많은 사람들이 조직민주주의에 동의하면서도 직장 앞에서 민주주의가 멈추는 이유는 풀어가는 방법이 명확하지 않기 때문이다. 조직민주주의의 관건은 구성원의 '참여'이다. 사람들은 참여하면서 자율을 느끼고 그 자율이 일의 의미를 부여하며 그 일의 의미가 행복을 준다. 그 행복이 바로 현대사회의 조직에게 주어진 '선한 영향력'이라는 책무이다. 결국 조직민주주의 정의는 '참여'이다. 단, 온전한 참여이어야 한다, 온전한 참여를 위해서는 구성원들에게 의견을 물어야 하고 들어야 한다. 그리고 협의하여야 하며 결정권을 구성원에게 주어야한다. 그 결정에 대한 책임은 조직이다.

'의견을 묻고 듣는다'는 것은 존중을 의미한다. 이미 결정된 사항을 보완하기 위해 구성원들의 의견을 참고하는 것이 아니라 완전한 백지상태에서의 출발이다. 의견을 듣기 위해서는 '정보의 균형과 개방'이 필요하다. 좋은 의견은 좋은 정보가 있을 때 가능하다. 정보의 독점이 특정 계층에서 점유되는 한 의견을 듣는다는 것은 요식행위이다. 의견을 듣기 위한 다양한 채널이 가동되어야 한다. 조직은 다양한 의사결정을 필요로 한다. 직종별, 직무별, 성별, 경력별, 팀별, 그리고 안건의 경중, 파급범위, 긴급성 여부 등 안건과 구성원들의 상황에 따라 다양한 채널이 작동되어야 한다.

'협의를 한다'는 것은 신뢰를 의미한다. 옳고 그름의 문제가 아니라 다름의 전제 속에서 최선의 의사결정을 위한 과정이다. 어떠한 의견이든 조직을 위한 의견이지 조직을 망치기 위한 의견은 없다. 즉, '틀리거나 나쁜 의견은 없다.'라는 믿음은 구성원 간의 신뢰를 조건으로 한다. 협의는 정형화된 회의가 아니라 의견을 주고받는 자연스러운 일상 행위이다. 조직의 다양한 채널에 따라 협의 방법과 도구를 다양하게 활용하여야 한다. 그러한 협의 과정 속에서 조직민주주의 문화가 자리 잡게 된다. 민주주의는 결과지향이 아니라 과정지향이다. 그것은 그러한 과정 속에서 신뢰가 만들어지고 그것이 경쟁력이고 그 경쟁력에 의한 결과가 더 탁월하다고 보는 것이다.

'결정을 위임한다'는 것은 책임을 의미한다. 협의 과정에 리더가 반드시 참석한다거나 리더가 반드시 최종적으로 결정한다는 것은 존중과 신뢰가 구축되지 않음을 의미한다. 민주주의는 다수결이나 만장일치의 결정이 아니다. 시민이라면 누구든지 합리적인 의

사선택을 할 수 있다는 믿음이다. 마찬가지로 구성원이 합리적인 의사결정을 할 수 있다는 믿음이 바로 조직민주주의이다. 물론 실패할 수도 있다. 그러나 실패를 인정하여 주는 것 또한 민주주의이다. 그 실패가 더 나은 성공을 얻게 할 것이며, 조직의 약점을 보완하는 계기가 되어 줄 것이며 구성원을 성장하게 할 것이다.

참여를 통한 '존중과 신뢰와 책임'의 문화를 만들어가는 것, 이를 통해 '몰입과 열정과 헌신'이 조직을 움직이게 하는 것이 조직민주주의이다. 가정과 학교, 그리고 조직과 사회에서 지시와 통제, 관리와 성과의 패러다임에 익숙한 리더나 구성원들에게 이것은 불편할 수 있다. 조직민주주의가 거북하고 불편한 것은 한 번도 그런 경험을 해보지 못한, 전혀 다른 세계의 경험이기 때문이다. 때문에 두렵다. 조직민주주의가 경쟁력이 있고 성과가 좋다고 하지만 유수의 글로벌 기업들의 이야기로 치부된다. 게다가 우리는 영리조직이 아닌 비영리조직이며 비영리조직에서는 조직민주주의 사례를 찾아보기도 어렵다. 그러하니 의미는 좋으나 어떻게 하는지도 모르겠고 최종적인 성과라는 것도 확신할 수 없다. 당장 해오던 습관대로 단기실적과 리더의 결정에 의존하여 버린다. 민주주의는 다시 직장 문 앞에서 멈추어 버린다.

하지만 두려워 할 필요는 없다. 정형화된 어떠한 조건에 부합되어야 조직민주주의가 이루어지는 것이 아니기에 우리가 도전하는 그 자체가 모델이다. 불편하고 고되고 실패할 수도 있는 위험이 있겠지만 다행히도 비영리조직은 망하지 않는다. 오히려 도전하고 실패하며 위대한 성공을 기대하는 것이 비영리조직의 성과이자 생존 방법이다. 민주주의로 망한 나라가 없듯이 민주주의로 비영리조직은 망하지 않는다. 문을 열고 우리들의 조직에 민주주의를 맞이하자. 참여와 자율을 통해 열정과 몰입을 얻고자 하는 것, 모든 구성원이 주인의식을 갖는 것은 모든 리더가 당장 원하는 것이자 리더가 되기 이전에 소망했던 것이다. 리더도 원하고 구성원도 원하는 것이니 문을 열고 부딪쳐 보자. 존중과 신뢰, 그리고 책임을 가슴과 머리에 품고 말이다.

민주주의 문화가 왜 필요할까?

2016년 한국개발연구원에서 발표한 한국직장인의 일자리 스킬skill정도에 의하면 OECD 국가 중 읽기와 쓰기는 중위권(14~16위), 수리 11위, IT 17위로 나왔다. 결과를 보면 우리나라 직장인들은 일에 관한 능력은 평균 이상으로 나타났지만, 문제해결능력은 29위였다. 문제해결능력은 해답이 분명하지 않은 상황에서 문제를 파악하고 이를 해결하기 위한 역량이다. 기본적 일자리 기술은 중상위권인데 문제해결능력이 하위권인 것은 무엇인가 한참 잘못되었다는 것이다.

문제해결능력이 이렇게 형편없는 이유는 한 번도 스스로 문제를 정의한 적이 없었기 때문이다. 다른 능력들은 주입식, 암기식으로 가능하지만 문제해결능력은 창의성과 경험을 필요로 한다. 우리나라의 인재양성 방식은 기준과 경로를 그대로 제시하고 측정은 경로의 확인 결과이고 기준과의 유사성이다. 한 번도 스스로 문제를 정의한 적이 없다는 것은 한 번도 스스로 문제를 발견한 적이 없다는 것이다. 또한 이 뜻은 한 번도 문제를 스스로 해결한 경험이 없다는 의미이기도 하다.

문제해결능력을 갖추기 위해서는 자신이 의견을 자유롭게 얘기할 수 있어야 하고, 그 의견을 비난 없이 협의할 수 있어야하고, 협의된 대안에 따라 실험하고 도전할 수 있어야 한다. 이렇게 할 때 실패할 수 있는 확률은 높아진다. 기존의 방식과 기준이 아닌 새로움에는 항상 실패를 감수하여야 한다. 이것이 문제의 원인이다. 우리나라는 지독히도 실패를 두려워한다. 실패해도 한 번 더 기회를 보장받을 수 있는 사회구조가 아니기 때문이다. 결국 문제해결능력이 이렇게 된 것은 의견을 내기보다는 침묵하는 문화, 협의하기보다는 따르는 문화, 실패를 두려워하는 문화 때문이다.

이것이 조직에 민주주의 문화가 필요한 이유이다. 혁신의 사이클을 보면 첫 단계 프롬프트prompt에서는 영감의 제시, 다양한 생각의 교환과 참여가 일어난다. 구성원들이 자유롭게 의견을 교환하는 시기이다. 두 번째 프로포절proposals단계에서는 의견의 제시와 반영이 일어나며 상향식 접근법이 발생한다. 세 번째 프로토타입prototypes에서는 협의된 대안을 시범적으로 실험해보게 되는데 여기서 도전과 실패가 반복된다. 논리나 이해보다는 행동이 먼저이기에 당연히 실패하는 것이고 그것을 지지하는 것이 바로 프로토타

입 단계이다. 이러한 세 단계 과정이 반복되면서 문제의 정의와 대안이 구성원들의 창의성과 자발성으로 생산된다. 마침내는 지속성장sustaining과 시스템의 변화changing system라는 성과를 얻게 된다. 자연히 문제해결능력이 높아진다.

우리가 문제해결능력이나 혁신에 실패하는 것은 아이디어의 부족이 아니다. 그렇다고 구성원의 무능과 나태도 아니다. 아이디어를 확장시키는 조직문화의 결여이다. 그러므로 참여하여 의견을 제시하고, 협의하며, 실패를 지지하는 조직 문화는 조직민주주의의 결과이다. 조직민주주의는 다양한 의견제시와 반영, 도전과 실패의 인정과 구성원의 결정을 존중하면서 권력에 의한 억압과 통제나 약자에 대한 배제가 존재하지 않는다. 더 이상 조직은 통제와 관리, 평가로 작동하지 않는다. 조직민주주의는 과정에 관한 것이며 그 과정 속에서 민주주의 문화가 만들어 진다.

아래로부터의 인권 그리고 민주주의 조직문화

국가와 사회를 향해 외치는 민주주의 요구가 조직의 문 앞에서는 멈춰 서듯이, 인권을 주장하는 비영리조직은 왜 사무실 안에서는 인권을 말하지 않을까?

우리는 대개 인권을 강자가 약자에게 배려하는 것으로 이해한다. 이는 시혜적 개념이다. 우리가 접하는 사회적 약자가 존재하는 이상, 리더와 구성원들은 강자이다. 인권이 사무실 앞에서 멈춰서는 이유이다. 시혜의 틀 안에서 스스로 강자라고 인식하는 것이다. 하지만 인권은 강자와 약자를 구분하지 않는 보편적 사상이다. 리더와 구성원, 사회적 약자를 구분하지 않는다. 인권은 실천의 개념이자 구체적 행동이다.

또한 우리는 민주주의를 투표로만 이해하기도 한다. 시민에게 주어진 민주주의 몫이 투표뿐이라는 인식 때문이다. 그러나 민주주의가 조직에 들어오면 투표할 것이 없다. 민주주의가 조직의 문 앞에서 멈춰서는 이유이다. 투표라는 행위만을 민주주의로 인식하지만 사실 민주주의는 의사결정권이다. 시민이라면 누구나 합리적인 의사결정을 할 수 있다는 믿음이며, 투표는 이러한 믿음을 표현하는 방법 중 하나일 뿐이다. 때문에 선출직에게 그 권한을 위임하는 것에서 끝나는 것이 아니라 끊임없는 참여와 의사결정이 이루어지는 것이 민주주의이다.

이렇게 주장하면 인권과 민주주의는 불편한 것이 된다. 지시와 통제, 관리의 문화 속에서는 명령과 평가만 있고 구성원들은 따르기만 하면 편하다. 그러니 구성원들의 인권을 존중하며, 구성원들의 참여를 독려하고 반영하는 민주주의 조직은 불편해지기 마련이다. 민주주의는 원래 불편한 것이다. 그럼에도 민주주의를 요구하는 것은 경쟁력이 있기 때문이다. 경쟁력을 높이기 위해서는 불편함을 감수해야 한다.

그러나 조직은 그것을 허용하지 않는다. 대신 엘리트 집단과 전문가들에게 구성원들의 인권을 이양한다. 『아래로부터의 인권(지역사회개발을 통한 인권의 실현)』저자 짐 아이프는 이반 일리치의 불능화 특성을 들어 설명한다. "삶이란 복잡하고 어려워 개인이 스스로 해결할 수 어렵기 때문에 원조하는 전문직들을 만들어 낸다. 결과적으로 전문가의 권한은 강화되지만 일반 시민의 능력은 약화된다." 조직도 이와 같다. 구성원들의 인권을 신장하기 위해서는 구성원들 스스로의 참여가 필요하다. 하지만 현장은 인사, 노무, 권익, 복지 등의 조직 이슈를 구성원 스스로 해결하는 방법 보다는 지침과 매뉴얼을 만든다. 그리고 취업규칙과 근로기준법을 잘 알고 있는 노무사나 경영전문가에게 해결을 이양한다. 스스로 결정할 수 있는 구성원의 권한이 타자에게 이양되는 것은 민주주의가 아니다.

'아래로부터의 인권'이란 지역사회개발뿐만 아니라 조직개발에서도 필요하다. 지역에 사는 사람과 조직에서 일하는 사람들은 공간만 다를 뿐 모두 같은 시민이다. 때문에 전문가에게 이양되는 권한을 구성원들이 스스로 해결할 수 있어야 한다. 그러려면 지침과 매뉴얼, 법에 의존하기 보다는 구성원들이 합리적 의사결정을 할 수 있다는 믿음에 맡겨야 한다. 사회적 약자의 인권을 지키고자 한다면, 구성원들도 역시 인격체로서의 인권이 존중되어야 하는 것이다. 국가와 지역사회에서 인권과 민주주의 가치를 주장하는 비영리조직이라면, 구성원들의 인권과 조직민주주의에도 문을 열어야 한다. 그래야 인간존엄(인권)과 배분적(권한의 배분) 정의라는 우리의 가치가 힘을 얻게 될 것이다.

조직 영성과 노동권

영성이 있는 일터workplace spirituality에 대해 합의된 개념 정의는 없다. 굳이 정의하자면 인간이 일을 통해 삶의 의미를 찾는 것, 더 나은 가치를 찾는 의식과 행동이다. 결코 조직에서 어떠한 종교를 믿는다는 것이 아니다. 사상과 신념이 같다는 것도 아니다.

비영리조직은 '종교'와 '영성'을 구분해서 이해할 필요가 있다. 종교는 일종의 조직화된 신념이며, 영성은 인간 정신의 질에 관한 문제이다(Fry & Slocum, 2007). 종교는 일정의 틀과 형식이 있지만 영성은 틀과 형식에 얽매이지 않는다. 비유하자면 영성은 어디서나 어떤 형태로든 존재할 수 있는 '물water'로 비유되며, 종교는 물을 담을 수 있는 '그릇container'이다.(Seaward, 1997)

비영리조직에서 종교와 영성을 같은 의미를 해석하는 이유는 우리나라 사회복지 역사에서 기인한다. 1950년대 한국전쟁 이후 다수의 종교단체가 사회복지사업에 진입하였는데 당시는 영성과 종교가 하나였다. 그도 그럴 것이 자원이나 인력, 재정 등 모든 것이 종교를 중심으로 실천되었기 때문이다. 하지만 지금은 다르다. 종교단체는 사회복지법인 이름으로 복지를 실천하게 되었으며, 그에 상응하는 책임을 요구받는다. 또한 이제는 자원과 재정은 종교에서 일부분만 투입하고 대부분을 국가와 사회가 담당한다.

또한, 인력도 변화하였다. 조직의 구성원들은 더 이상 종교인이 아니라 새로운 사회환경 체계의 민주적이고 자주적인 시민들이다. 여기서 조직 구성원의 영성이 시작된다. 구성원들이 비영리조직인 사회복지시설에서 일을 한다는 것은, 종교인이 된다는 것이 아니라 그들 스스로에게 주어진 영성을 찾는 과정을 의미한다.

근로기준법에 경향사업체라는 것이 있다. 특정 종교단체의 목적을 위해 설립된 사업장을 말하는 것으로써 이들의 자원과 재원은 그들의 목적달성을 위해 자급되는 구조이다. 이들에게는 종교가 곧 영성이기도 하다. 그러므로 모집과 선발 등에 종교가 조건이 되기도 한다.

하지만 비영리조직은 경향사업체가 아니다. 국가와 사회가 소유하는 공공재이기 때문이고 운영목적이 종교의 포교가 아니기 때문이다. 그러므로 구성원의 종교와 영성을 동일시하는 어떠한 사소한 행위라도 그것은 엄연한 인권의 침해이다.

2018년 초, 사회복지사업법 일부 개정법률안이 발의됐다. 해당 개정안은 사회복지사업법 제35조의3(사회복지시설을 설치 · 운영하는 자 및 시설의 장은 시설의 종사자, 거주자 및 이용자에게 종교상의 행위를 강제하여서는 아니 된다)을 신설해 종교행위 강제를 금지하는 것이다. 이 법안에 대한 반대 측 주장은 종교의식을 통한 봉사정신과 헌신, 사명의 내재화가 필요하다는 것이다. 그러나 이는 '종교영성과 조직영성'은 다른 개념임에도 불구하고 영성과 종교를 동일시하는 데에서 오는 오류이다.

이 법안이 발의된 이유는 종교를 금지하거나 종교법인의 순기능을 무시하는 것이 아니다. 종교와 영성을 동일시함으로써 조직 내에서 몇 가지 부작용이 파생되기 때문이다. 첫째, 종교의식은 미션으로 단합과 일치를 얻기 위함이지만, 구성원들의 동기부여는 그렇게 작동하지 않는다. 구성원들 각자가 추구하는 영성이 있고 그것을 찾아가는 과정이 동기부여이기 때문이다. 오히려 그러한 강제적 행위는 동기부여를 저하시킨다.

둘째, 미래사회에 필요한 것은 획일성이 아니라 다양성이다. 하나의 종교가 인류를 구원할 것이라는 확신은 위험하다. 다양한 종교의 가르침에서 진리를 찾는 것이 오늘날의 종교이다. 때문에 하나의 종교로 통합된 조직이 높은 성과를 낼 것이라는 기대는 현실적이지 않다. 다양한 인재들이 유입되면서 성과를 내는 것이 오늘날의 조직관리이다.

셋째, 채용과 승진에 있어서 직업선택권과 노동권을 침해당한다. 사회복지법인과 비영리조직의 한계를 뛰어넘지 못하는 것은 그들만의 리그를 만들기 때문이다. 경험이 아닌 경력주의, 그리고 학연, 지연, 종연은 비영리조직의 적폐이다. 복지 업무에 부적합한 사람이 종교의 연으로 현장에 진입하는 것은 정의가 아니며 종교의 가르침도 아니다. 사회적 약자의 인권을 구원하겠다는 종교법인이 구성원의 인권을 침해하는 것은 모순이다.

조직영성이란 삶의 의미를 찾고 더 나은 존재적 가치를 실현하는 것으로서 일터에서 구현된다. 자본주의 체제에서 영성을 찾고자 하는 노동자들의 욕구를 보호하기 위하여 탄생한 것이 노동권이다. 종교에게는 영성을 찾는 구성원들의 노동권을 보호할 책임이 있다. 신은 인간에게 '일을 하라'는 사명을 주었기 때문이다. 일이란 '강요되는 벌'이 아니라 인간 스스로가 '자신의 영성'인 '일의 의미'를 찾아가는 '과정'을 말한다. 자유의지에 의해 일을 하면서 '신과 인간이 만나는 영성' 말이다.

조직은 가족인가?

2000년대 이전만 해도 가족 같은 기업, 가족 같은 조직이라는 말을 흔히 들었다. 조직의 이상적 모델이라는 막연한 기대가 있던 시기이다. '기업과 조직에서 가족의 의미를 찾는다는 것이 가능한 것일까?' 워라밸work and life balance, 일과 삶의 균형이다. 즉, 일과 삶의 균형이라는 것은 일과 삶이 구분 없이 통합되는 것이 아니라, 분리는 하되 균형을 잡아야 한다는 것이다. 변화하는 세태의 반영이라 볼 수 있다. 그러므로 조직은 조직이고 가족은 가족이다.

그럼에도 불구하고 일하는 조직 속에서 가족 같은 분위기를 체험하는 경우가 있다. 또한 그러한 기대가 있는 것도 사실이다. 문제는 이러한 기대에 대해 리더와 구성원 간에 엄청난 간극이 있다는 것이다. 그 간극을 좁히고자 한다면, 가족의 분위기를 체험하게 하는 조직의 공통점을 찾아야 할 것이다.

우선 건강한 가족에게는 대화가 있다. 가족이 둘러 앉아 서로의 이야기를 나누는 것처럼 조직도 그런 기회가 주어져야 한다. 가족의 대화처럼, 조직의 회의문화도 그러하여야 한다. 명령과 지시가 있는 회의가 아니라, 구성원들이 이야기를 자발적으로 꺼내며 대화하는 회의문화가 필요하다.

두 번째, 건강한 가족은 헌신적이다. 손익계산에 따르기보다 헌신적 행동이 우선한다. 특히 부모들이 그러한 선택을 한다. 조직에게 필요한 헌신도 역시, 권력 있는 리더가 먼저 행동해야 한다. 헌신의 확산은 모델링이 중요하기 때문이다. 가부장적인 가족문화는 진부한 것이다. 리더는 가만히 있는 채, 구성원들에게 헌신을 요구하는 문화라면 그것은 리더에게만 가족이다.

세 번째, 건강한 가족은 공동의 목표와 가치가 있다. 누가 가르쳐 주지 않아도 부모는 부모대로, 자녀는 자녀대로의 역할이 있다. 그리고 그 역할은 가족의 목표를 다하기 위함이다. 또한 가족은 오랜 기간 동안 체화된 가치가 있다. 오랜 시간 대화하고 합의하여 얻어진 가치를 기준으로 행동한다. 마찬가지로 조직도 공통의 목표와 가치로 움직인다. 차이가 있다면 조직은 구성원들의 인적요소가 끊임없이 변화하는 진행형이라는 것이다.

네 번째, 건강한 가족은 스스럼 없이 피드백을 한다. 상하구조 속에서 작동되는 지도감독의 피드백이 아니라 조언과 충언으로 이루어지는 피드백이다. 피드백은 '가족애'라는 이타적이거나 공동체적 동기에서 출발하며, 받아들이는 선택은 자율성에 근거한다. 조직의 피드백은 건설적이고 건강하여야 한다. 비난이나 무시가 아니라 성과를 내고 문제를 해결하고자 하는 공동의 목적의식에서 나온다.

다섯 번째, 건강한 가족은 그 스스로가 주인이다. 가족 구성원들에게는 지배와 통제의 논리보다는 각자에게 주어진 고유 권한이 있다. 이 권한은 누가 준 것이 아니라 가족의 구성원이기 때문에 주어진 당연한 권리이다. 가족 구성원들은 권리의 행사를 통해 스스로 가족의 중요한 일원으로 인정받는다. 조직의 구성원들도 당연한 권리가 주어진다. '일을 할 수 있는 권리', '조직의 발전에 기여할 수 있는 권리', '조직의 주요 현안에 참여할 수 있는 권리'이다. 그 권리가 구성원을 스스로 주인으로 인식하게 한다.

대화, 헌신, 공동의 목표와 가치, 피드백, 주인의식, 이상 다섯 가지의 건강한 가족의 특질은, 우수한 성과를 거두는 팀의 특징이고 팀빌딩의 목표이기도 하다. 즉, 조직 내에서 가족 분위기를 체험한다는 의미는 실제 가족 같은 분위기가 아니라 성과가 좋은 팀의 향기를 맡았다는 것이다. 이러한 특질이 있는 가족의 분위기는 가부장적이 아니라 민주적이기도 하다. 마찬가지로 가족내음을 풍기는 조직의 분위기도 민주적 조직문화이다. 그러므로 '조직이 가족 같다'는 의미는 '민주적 조직문화'라는 의미이기도 하다. 워라밸이라는 일과 삶의 균형도 이러한 문화 특질 속에서 자라난다.

쓸모없는 구성원은 없다

1895년 이탈리아 경제학자 파레토Vilfredo Federico Damaso Pareto는 조직을 두 부류의 집단으로 나누었다. 조직은 성과를 만드는 소수 20%와 그 외 다수의 80%로 구성된다는 파레토법칙이 바로 그것이다. 100년이 넘는 동한 파레토의 법칙은 조직관리 뿐만 아니라 인간의 모든 행동과 분야에 적용되었다. 때문에 조직의 관심은 성과를 만드는 20%의 소수 집단에 집중되었다. 조직은 과연, 소수 20%에 의해 80% 성과가 창출되고 다수 80%는 기여한 것이 없는 것일까?

2004년 미국의 인터넷 비즈니스 관련 잡지 와이어드Wired의 편집장 크리스 앤더슨Chris Anderson이 제안한 롱테일법칙Long Tail theory을 소개한다. 이는 80%의 사소한 다수가 20%의 핵심 소수보다 뛰어난 가치를 창출한다는 이론으로 '역(逆)파레토법칙'이라고도 한다. 예를 들어 옷가게 쇼윈도에 진열되어 주요 매출을 차지하는 20%의 인기 있는 옷들은 금세 판매량이 낮아지지만, 안쪽에 진열되어 잘 팔리지 않는 80%의 옷들은 꾸준하게long tail 판매된다. 이 꼬리 부문에 해당하는 옷들의 총 판매량이, 인기가 있는 쇼윈도 옷들의 총판매량을 더 압도한다는 것이다. 파레토법칙과 롱테일법칙은 모두 경제학 이론이다. 다만 파레토법칙은 경제학 뿐만 아니라 다양한 분야에서 채택되었지만 롱테일법칙은 경제학에서만 차용된 한계를 가지고 있다.

그러나 롱테일법칙은 조직관리와 조직문화 측면에서 중요한 함의가 있다. 성과가 없어 보이는 80% 집단도 조직의 성과에 기여를 하고 있다. 어차피 100%가 다 잘할 수는 없다. '80%가 주어진 몫을 하고 20%가 성과를 낸다면 공동의 성과가 아닐까?' 80%의 유용성을 인정한다면, 롱테일법칙과 파레토법칙을 동시에 조직관리에 적용할 수 있고, 그렇게 되면 조직 구성원 중에서 쓸모없는 구성원은 없게 된다. 모든 구성원은 어떤 방향성에서든 조직의 성과에 기여하고 있다. 다만 단기성과와 장기성과로 구분될 뿐이다.

우리는 성과를 측정함에 단기성과에 집중한다. 그리고 그 성과에 따라 보상을 한다. 그러나 장기성과의 측면을 본다면 단기성과에 대한 보상에는 문제가 있다. 너무 단기적 관점에서 결정하다보면 조직문화가 어려워지게 된다. 보여주기 실적에 매몰되며 보상의 차이로 위화감이 발생되기 때문이다. 조직 내 위화감은 구성원 사이의 자발적이고 건설적인 정보와 자원의 '교환'을 방해한다. 구성원 간 정보와 자원의 교류가 활발해야 하지만 단기성과에 집중하다보면 공동의 성과보다는 자신의 성과에 치중할 수밖에 없다. 20% 소수에 대한 80% 다수는 교환을 멈춘다. 그러니 성과라는 것이 20%밖에 되지 않는다. 반면 20% 소수는 성과를 위해 자신이 가진 것을 쥐어 짜내다보니 번아웃burn-out에 노출되어 버린다. 그리고 조직을 떠난다. 결국 남은 80% 사이에서도 교환은 멈추고 조직의 성장은 후퇴하게 된다. 남은 80%에서 20%가 새로 만들어지고 조직은 성장 동력을 점점 더 잃어간다.

조직의 구성원들은 20%든 80%든 조직의 장기적인 공동의 성과를 위해 기여하고 있음을 믿어라. 파레토법칙을 따르는 리더라면 롱테일법칙도 적용할 수 있다. 구성원에 대한 그러한 믿음이 신뢰이고 그것이 조직의 사회적 자본이다. 파레토법칙에 의거하여 조직을 경쟁시키기보다는 롱테일법칙에 의거하여 조직을 이끄는 전향적 태도가 필요한 이유는 사회적 자본인 '신뢰'를 얻을 수 있기 때문이다. 신뢰를 바탕으로 구성원 간의 교환이 이루어진다. 그러한 교환 속에서 민주주의 조직문화가 싹트는 것이다. 적어도 비영리조직이라면 두 개의 법칙을 동시에 믿어야 하는 이유이다.

역설적 가치들의 역동적 공존

20세기 초만 해도 한 가지만 잘해도 먹고살던 시절이었다. 그러나 현대사회에서는 다양한 능력과 노동의 유연성을 요구받는다. 좀 더 먼 미래사회에서는 신체장애가 없더라도 노동시간의 유연성을 채울 수 없으면 그것 또한 약점이 되어버린다. 미래의 인재에게 요구되는 역량은 하나의 전문성보다는 접속성과 개방성이다.

사람만 그런 것이 아니다. 조직도 예전에는 한 가지의 경쟁력만 있어도 시장에서 생존이 가능했다. 변화가 느렸기 때문이다. 그러나 급변하는 현대사회에서는 한 가지 경쟁력만 가지고는 오래가지 못한다. 흔히 '선택과 집중'의 시대라고 한다. 조직의 경쟁력 확보를 위해 특정한 부분을 선택하고 집중하는 것은 그리 어렵지 않다. 선택과 집중의 진정한 문제는 급변하는 시대 상황 속에서 선택한 경쟁력을 매번 빠르게 바꾸어야 한다는 것이다.

보호와 자립, 집권과 분권, 자율과 통제, 개인과 집단 등 상호

배타적인 가치들이 조직에서 모순된 상황을 일으킨다. 이전에는 둘 중 하나만 선택에서 경쟁력을 확보하면 되던 때였기에 상호대립으로 인한 모순은 그다지 없었다. 그러나 오늘날의 사회는 양자 모두 선택할 것을 조직에 요구한다. 이러한 상황은 조직에 갈등과 딜레마를 야기한다. 갈등은 상호 배타적 가치들이 서로를 억압하는 것이 지속되는 상황이다. 딜레마는 상호 배타적 가치 중 어느 하나를 선택할 것을 강요받는 상황이다. 이런 상황이 지속되면 구성원들은 혼돈에 빠지고 조직에 대한 신뢰를 거둔다.

"우리 원(관)장은 조석으로 마음이 변해, 원(관)장의 이중메시지에 어떻게 할지 모르겠어, 원(관)장이 너무 통제적이야.", "우리 직원들은 너무 자율을 원해, 직원들이 무엇을 원하는지 정말 모르겠어." 이런 넋두리는 배타적인 가치들을 서로 인정하지 않고 어느 한쪽만을 강요할 때 발생한다.

반면, '역설'은 상호배타적인 가치 중 어느 하나를 선택하거나 강요하지 않는다. 상호 대립적이라도 서로의 가치를 인정하는 것이다. 세상이 너무나 빠르게 변함으로 어느 하나를 선택하기보다는 다양한 가치를 수용하는 것이다. 사람의 생각을 획일화시키는 것이 아니라 사람마다 가지고 있는 가치들을 존중하는 것이다.

역설의 문화는 가치들이 서로 상충되고 대립되고 경쟁적이더라도 그것을 수용하고 인정하고 공존하게 한다. 설령 양자의 충돌로 모순된 상황이 벌어지더라도 바로 그것이 조직의 에너지로 전환된다. 그 에너지는 새로운 대안들로 창출된다. 심리학자 칼 융은 인간은 본래 모순적이라고 했다. 그러나 인간의 그러한 모순성이 인간을 성장시키는 에너지를 부여한다고 한다. 그러므로 조직의 모순상황을 갈등이나 딜레마적 관점으로 이해하는 것이 아니라 역동적 관점으로 바라보아야 하는 것이다. 이것을 '역설적 가치들의 역동적 공존'이라 한다.

'역설적 가치들의 역동적 공존'은 민주주의 특징이다. 상호배타적 가치들을 수용하는 것은 다양성을 인정하기 때문이다. 가치들이 다양하면 다양 할수록 균형을 찾아간다. 민주주의는 다양한 사고와 인식들, 그리고 개별적 경험을 인정함으로써 균형을 찾아가는 것, 그 균형은 누구든지 합리적 의사결정을 할 수 있다는 것, 누구에게나 사회와 조직에 기여할 수 있는 기회가 주어진다는 것이다. 그러므로 역설적 가치가 인정받는 민주주의가 작동되는 조직의 구성원들은 차별받지 않고 참여의 기회를 보장받는다.

'역설적 가치들의 역동적 공존'은 경쟁력이다. 다양성이 인정되고 균형을 찾음으로써 경쟁력이 확보된다. 선택과 집중은 어느 하나를 선택하고 버리는 것이 아니라 다양성의 인정을 통해 균형을 찾는 것이다. 그 균형 속에서 선택하고 집중하는 것이다. 다양한 가치들이 모두 인정받고 선택되어 균형을 잡았음으로 모든 구성원들의 가치가 존중된다. 가치를 존중받은 구성원들에게는 몰입이 일어나고 그것이 조직의 경쟁력을 키운다.

다양한 가치들이 인정받고 공존할 때 건강한 조직문화가 형성된다. 리더는 자신만의 가치를 주입하려기보다는 다양한 가치들을 취합하고, 자신이 추구하는 가치가 조직의 가치 속에서 균형을 찾도록 할 필요가 있다. 이를 공유가치라고 한다. 그러나 조직이 내세우는 공유가치는 리더의 '선언적 가치'와 '실제적 가치' 속에서 극심한 혼돈을 겪는 것이 비일비재하다. 선언적 가치는 리더 혼자만의 가치일 수 있다. 실제 작용하고 있는 조직의 가치에 대한 탐색이 필요하고 궁극적으로는 역설적 가치들의 역동적 공존이 실현되어야 한다. 미래의 조직 경쟁력은 다양성이다. 다양성의 확보는 선택을 강요하는 양자택일이 아니라 모두를 존중하는 양자수용의 문화 속에서 얻어질 수 있다. 그것이 바로 조직민주주의이다.

지속하는 성장에는 균형이 필요하다

대형 건설현장 붕괴사고를 보면 슬라브에 콘크리트가 어느 정도 타설되었을 때쯤 발생한다. 슬라브를 떠받치는 지지대(support, 삿뽀도-지지대의 일본식 표현)가 더 이상의 콘크리트 하중을 버티지 못하고 무너진다. 슬라브 타설 방법은 전체 보(하중을 견디는 수평 구조재)에 먼저 반쯤 가량 부은 다음에, 슬라브 밖에서 부터 크게 원방향으로 돌면서 중심 쪽으로 타설하게 된다. 이는 하중을 분산시키기 위함인데, 어느 부문에만 집중하여 타설하면 균형이 깨지면서 무너지게 된다. 때문에 슬라브 붕괴사고는 하중이 원인이기도 하지만, 타설의 편중과 균형을 잃어서 발생되기도 한다.

우리나라 노동자들은 참 열심히 일한다. 건물이 쭉쭉 올라가는 이유도 노동자들의 헌신으로 가능한 것이다. 하지만 그 이면에는 공사기한을 맞추기 위한 강행이 성행한다. 대형공사에는 간혹, 위에서는 타설하고 밑에서는 목수들이 지지대를 받치는 일이 동시간에 일어나기도 한다. 그러다보니 지지대를 정해진 개수 만큼이 아니라 겨우 지지할 정도로만 받치는 경우가 있는데, 이것이 붕괴의 결정적 원인이 되는 것이다.

간혹 폭설이 내린 후, 공원의 목재 정각들이 뒤틀리는 경우가 있는데, 이는 폭설이 내린 후에 정각지붕의 눈을 완전히 치우지 않고 한쪽만 치우다 말거나, 쌓인 눈이 자연적으로 녹을 때 일조량의 차이에 의해 일정 부문만 녹고 다른 부분은 녹지 않기 때문이다. 한 마디로 균형을 잃게 되어 발생되는 형상이다. 마우나오션리조트 붕괴사고(2014, 경북 경주)도 부실시공이 그 첫째 원인이기도 하지만, 폭설이 내린 산간 지역의 지형 특성상 산림에 의해 태양이 비치는 곳이 편중될 때 이와 비슷하게 균형을 잃을 수 있다는 추론도 가능하다.

성과를 이루어내는 것은 구성원들의 헌신이다. 그러나 탄탄한 조직이라고 하더라도 균형을 잃게 되면 언제든지 무너질 수 있는 위험이 있다. 조직의 변화를 위해 다양한 시도들과 조직진단 컨설팅을 시도할 때, 균형을 잃지 않고 접근해야 하는 이유이다. 컨설팅을 하다보면 고객의 요청을 해결하기 위해서는 전사적으로 진단해야 하는 필요성이 자주 감지된다. 결국 조직의 변화는 어느 한 부문의 변화로는 이루기 힘들다. 조직의 모든 시스템과 프로세스들이 유기적으로 연결되어 있어 하나를 건드리면 (예기치 않게)옆에 있던 또 하나를 건드려야 하는 경우가 흔하다. 이것은 당연한 반응이다. 특정 부문만 조치하면 균형을 잃기 때문이다.

예전의 성과들은 특정한 직종과 집단들에 의해서도 가능했다. 그러나 지금과 같은 다양성의 시대, 융복합의 시대에 있어서는 다양한 직종들의 협업이 필요하다. 그렇게 해야 하는 이유는 동일한 집단에 의해 주도되는 성과와 변화들은 균형을 잃을 수 있기 때문이다. 균형을 찾아갈 수 있는 가장 좋은 방법은 이종집단을 만나는 것이다. 조직 자체 내에서 균형을 찾아 가는 것뿐만 아니라 다른 집단과의 협업을 통해 균형을 찾는 것이 미래사회의 조직변화 모습이다.

어떤 슬라브나 정각이 무너지는 이유는 불균형에 있다. 한국사회나 한국의 비영리조직들은 구성원들의 헌신으로 지어진 건축물이다. 그러나 특정 직종만으로 이루어지는 성장과 변화는 점점 더 한계가 분명해 질 것이다. 또한, 언제든지 균형을 잃을 수 있는 위험을 안고 있다. 그러므로 균형 있는 성장을 위해서는 다양한 집단들을 조직에 유입시키거나 참여를 유도하거나 네트워크를 활용한다.

네트워크는 균형을 찾는 것이다. 매번 만나는 사람들만 만나서 정보와 의견을 얻고자 하는 것은 이미 균형을 잃은 것이다. 다른 직종을 만나는 것이 네트워크이고 연대이다. 특정 직종만으로 구성된 집단은 위험하다. 다양한 직종들이 유입되어 협업할 수 있도록 지금까지의 채용과 육성 방식, 그리고 성과보상 프로세스에서의 차별과 배제의 요소 등은 개선되어야 할 과제이다. 이러한 과제의 해결 속에서 균형을 찾아야 한다. 균형을 찾아가면서 그 동안 만나지 않았던 사람을 억지로라도 만나야 한다. 그렇게 다른 직종이 유입되고 만나다보면 그들과 경쟁도 해야 하는 상황도 겪게 된다. 한마디로 불편해지는 것이다. 하지만 그렇게 하지 않고서는 언제든지 균형을 잃고 무너지게 된다.

균형 속에서 연대를 찾기 위해서는 분권화와 자율성이 필요하다. 함께 하는 구성원이라면 모두 옳은 판단을 내릴 수 있고 그 결정은 합리적이라는 믿음을 보여주면서 지지해주는 것, 모든 구성원에게는 존중받아야 할 고유의 성향과 특성이 있고 그것을 인정하는 것이다. 그러므로써 공통의 목표를 실현해 나간다. 그것이 진정한 연대이자 네트워크이다. 조직의 균형은 그렇게 잡아가는 것이다.

리더

Social Worker VS Paper Worker

'너무 형식적인 것 아닐까요? 물론 그래, 형식적이라는 것을 부정할 수 없어. 그러나 어쩌겠는가? 외부의 이해관계자가 바라잖아?' 형식적인 업무가 주어졌을 때, 흔히 오고가는 대화 양상이다. 하지만 외부 이해관계자들이 원하는 것은 형식이 아니다. 단지, 원하는 정보를 원하는 단어들과 숫자로 알고 싶어 할 뿐이다. 문제는 형식에 대한 과도한 충실함이고 그 충실함은 기관이 선택한 것이다. '어떻게 하면 요구하는 대로 잘 전달될 수 있을까?'를 고민도 하지만, 그 반면에 필요 이상의 내용이 적히기도 한다. 흔히 외부 이해관계자들이 그러한 충실함을 원한다고 하지만 그들은 원하지 않는다. 그들도 바삐 움직인다. 그러한 방대한 양을 볼 시간적 여유가 없다. 정작 그것을 원했던 것은 조직이다. 선택은 조직의 리더가 한 것이다.

'연중 보고서는 누구에게 보고하는 것일까?', '사업계획서는 누가 보려고 작성하는 것일까?' 연말은 사업계획서를 쓰는 시기가 아니고, 연초는 사업보고서를 쓰는 시기가 아니다. 전략이 나오는 시기이고 이를 실행하는 시기이다. 하지만 이 시기의 핵심과업은 보고서와 계획서 작성이다. 생산되는 보고서와 계획서는 그렇게 형식적일 필요는 없다. 핵심적인 사업의 평가와 계획이 실용적으로 담겨 있으면 된다. 보고서와 계획서를 보는 사람은 지역사회나 외부 이해관계자가 아니라 조직 구성원들이기 때문이다. 보고서와 계획서를 만들어 외부에 발송하였을 때, 유의미 하게 읽는 사람은 거의 없다. 의미 있게 볼 수 있는 시간적 여유가 없다. 그런데 유독, 의미 있게 들여다보는 외부 이해관계자가 있다. 바로 외부 평가자들이다. 그러다보니 많은 시간을 들여 보고서와 계획서를 만들어 낸다. 매년 또는 3년에 한번 씩 방문하는 그들을 위해서 말이다.

리더의 선택이 필요하다. 얼마나 비효율적으로 일하고 있는지에 대한 자문이 필요하다. 이 모든 것이 다 비용이다. 초과 근로가 발생하는 것은 이러한 형식적 업무에 기인한다. 형식은 업무 만족도를 떨어뜨리고 이직을 발생시키고 수동적 조직문화를 만들어 낸다. 구성원의 동기부여가 저하되면서 저성과 조직이 되어버린다. 형식적 업무에 들어가는 투입량을 줄여나가야, 줄인 양만큼의 새로운 것들이 시도될 수 있다. 계속 손을 털어내고 가벼워져야 새로운 것을 쥘 수 있는 것이다. 양 손에 무언가를 계속 움켜쥐고 있다면 새로운 것을 어떻게 얻을 수 있겠는가?

'현장 워커social worker가 될 것인가? 페이퍼 워커paper worker가 될 것인가?' 라는 질문은 오직 리더의 결정에 의한다. 때문에 리더가 형식적인 과업의 양을 줄여줘야 한다. 이해관계자가 요구하는 형식에 대하여, 조직 나름대로의 기준을 조금은 낮추거나 바꾸어 보자. 그렇다고 일을 하지 않는 것은 아니다. 그렇게 확보된 시간과 여력만큼 지역사회 문제와 사회적 약자와 마주하는 시간이 주어진다. 리더는 그 시간을 구성원에게 위임한다. 위임된 시간 속에서 구성원의 자발성과 창의성이라는 기회가 주어진다. 이것이 리더의 역할이고 책임이다. 리더란, 과업을 부여하는 사람이 아니라 버려야 할 것 들을 결정해 주는 사람이다. 형식을 깨어버림으로써 구성원이 숨을 쉰다. 우리가 원하는 건강한 조직문화, 그리고 리더의 참 모습이다.

리더는 왜 형식에 갇히게 될까?

성공한 조직은 흔하다. 그러나 지속되는 조직은 흔하지 않다. 이미 성공의 경로를 경험했기 때문에 새로운 변화보다는 안주를 택하면서 성장을 멈춘다. 과거 성공했던 경험이 관성화 되어 변화하기를 거부하는 것을 '경로 의존성Path Dependence'이라 한다. 영문 타자기의 왼쪽 상단을 보면 Q-W-E-R-T-Y로 배열되어 있는데, 이는 수동식 타자기를 칠 때 팔이 엉키지 않도록 한 것이다. 오늘날 키보드는 엉킴의 문제가 없음으로 다른 시도들이 가능하나, 개선 없이 기존 경로를 선택해 버렸다.

조직을 이끌어 가는 방법은 다양하다. 영리조직이든 비영리조직이든 조직 경영은 목표를 향한 고도의 기술과 철학이라는 점에서 근원적으로 동일하다. 영리조직은 이윤 추구가 목표이고 비영리조직은 공동체의 이상실현이 목표이다. 목표를 달성하는 방식은 내 · 외부의 환경에 따라 각기 다른 선택을 해야 한다. 상황이 다르니 다른 방법을 써야한다. 그러나 유독 사회복지조직은 동일한 방

법을 선택한다. 그러니 결과물도 비슷하다. '어쩌다 이렇게 됐을까?'

사회복지조직에 주어지는 각종 평가와 지침에 대한 장 · 단점은 극명하다. 정부는 사회복지조직에 일정 기준을 요구했고, 많은 조직들이 그 기준에 맞춘 것은 장점이다. 그런데 여기서 문제가 발생한다. 평가와 지침의 폐해는 목표 달성의 방법을 지표에 맞췄고, 이로 인해 조직과 구성원의 자발적이고 창의적인 문화(방법)를 저해하고 있다는 점이다. 형식화 된 조직은 이 형식 안에서 평가를 받기 때문에 새로운 목표 달성 방법에 대해 저항한다. 심지어 문제의 발견까지도 지표에 따른다. 리더는 새롭고 건강한 문화보다 평가결과의 성공 경험에 취해버려 변화를 거부하고 그 안에 머물기를 선택한다.

여러 모금재단의 프로포절 양식의 장 · 단점도 확연하다. 문제해결의 논리적 접근을 통해 증거기반 실천을 제시했고, 많은 시설들이 그 기준을 맞췄다는 점은 장점에 속한다. 그러나 여기에서도 문제가 발생한다. 논리적 접근 속에서 속도가 늦어진다. 형식에 맞추다보니 내용은 뒷전이다. '프로포절 평가지표에 실현가능성을 넣는 것이 타당한가?' 실현가능한 것에만 돈을 주겠다는 것이니 사회의 기존 구조 속에, 평가자의 의도 속에 사회적 약자들의 욕구를 집어넣어 버린다. 이론적 배경과 경험적 근거가 굳이 필요한 것이 아니다. 영리조직의 보고서를 보라. 그들의 전략 계획 시 기존 이론이 있고 경험이 있다는 것은 누군가가 이미 '전략화 했다'고 판단한다. 이미 누군가에 의해 시장을 선점 당했기 때문에 후발주자이다. 우리의 조직문화는 너무나 경로 의존적이다. 그렇게 된 것은 외부의 형식에 종속됐기 때문이다. 리더는 제시당하는 형식에만 만족해 버린다. 외부의 요구와 형식에 부합하도록 조직을 이끄는 것이 리더의 역량 판단 기준이 됐기 때문이다. 그렇게 안주하는 사이 그 형식은 내부의 조직문화를 규제해 버렸고, 비영리조직은 아주 천천히, 그렇게 형식화 돼 버렸다. '구성원들에게 새로운 상상력이 부재한가?' 리더 당신의 입만 바라보고 있는 이유는 구성원들의 잘못이 아니라 형식에 갇힌 리더 자신이다.

형식의 틀을 깰 수 있는 방법은 문화를 움직이는 것이다. 외부의 형식과 척도가 지나친 가치가 되고 있는 지금, 성공의 기준을 건강한 조직문화를 만드는 것으로 바꾸어 보자. 문화를 움직이는 방법은 리더의 행동변화이다. 행동의 변화는 구성원들 보다는 리더에게 더 요구된다. 구성원들이 가진 틀보다도 리더가 구축한 틀을 깨는 것이 더 중요하기 때문이다. 형식을 깨기는 쉽지가 않다. 그래서 리더의 몫인 것이다.

그것이 사람을 사람답게 만든다

'조직의 문제를 어떻게 다루느냐?'에 따라 조직의 문화가 만들어진다. 외부 시장과의 경쟁이든, 조직내부의 문제이든 간에 그것을 다루는 과정 속에서 조직 문화는 하나씩 자리하게 된다. 구성원들의 시각은 다양할 수밖에 없고 자신이 중요하다고 보는 생각의 차이에 따라 문제를 다르게 해석한다. 중요한 것은 리더의 관점과 철학이다. 어떤 현상을 바라보는 리더의 문제의식, 그리고 해결 과정에서 '무엇을 중심을 두느냐?'에 따라 조직의 성과도, 조직의 문화도 달라진다.

한국 사회는 너무나 진부한 형식들이 존재한다. 이를 관료적이고 비효율적이라고 비판하면서도 옳게 일하는 하나의 방법이라고 믿는 경우가 많다. 사회복지조직을 보더라도 다양한 형식들이 존재한다. 일의 성과와는 별 상관이 없음에도 내용보다 형식에 너무 많은 의미를 부여한다. 관행적으로 짜인 형식은 조직의 발전을 저해한다. 미션과 전략, 계획과 평가, 조직개편 등을 통해 우리의 변화를 촉구해 보지만 잘 풀어내지 못하는 것은 이전의 절차와 형식으로만 접근했기 때문이다. 각각 파편화된 형식으로 접근했으니 서로가 부자연스럽고 어깃장을 낸다. 부자연스러우니 건강한 문화로 형성되기 어렵다. 조직 문화에 대한 철학보다는 형식과 성과에만 집중하는 데서 오는 문제이다.

관습에 저항하고 조직과 사회를 넓게 바라보는 리더가 필요하다. 주어진 형식과 규정에 얽매인 리더보다 건강하고 새로운 문화를 위해 행동하는 리더가 필요하다. 그러한 리더의 선택과 행동들이 건강한 조직문화를 만드는 토대가 되기 때문이다. 사회복지조직에 필요한 것은 수치와 실적보다 문화의 중요성을 고백하는 리더이다. 결국 리더의 가장 큰 공과는 '조직의 문화를 어떻게 만들었는가?' 이다.

그러나 우리가 문제를 대하는 패턴들은 너무 일률적이다. '문제를 좀 더 인간적으로 바라볼 수 없을까? 문제를 해결하는 것이 목표가 아니라 문제를 해결하는 과정이 목표가 될 수 없을까?' 문제에 매몰되면 사람을 문제해결의 도구로 인식한다. 극단적으로는 문제의 원인이 사회구조나 조직의 모순에 있음에도 불구하고 사람에게서 문제의 원인을 찾는 오류를 낳게 된다. 사람을 문제해결의 도구로 인식하는 순간, 조직의 모든 불행은 찾아온다.

구성원들에게는 생존의 욕구가 발동한다. 자신이 희생되지 않기 위하여 다른 제물을 찾게 된다. 직장 내 따돌림은 그렇게 만들어진다. 문제해결을 위해 선뜻 나서는 것을 꺼리게 된다. 직장 내 복지부동은 그렇게 만들어진다. 조직의 존재보다는 나의 자리가 더 중요해진다. 조직이 형식적이 되는 이유는 사람을 사람답게 대하지 않기 때문이다. 사람으로 존중받지 아니하기에 존중의 욕구는 먼 얘기가 되어버리고 소속감도 느끼지 못한다. 그들이 느끼는 욕구는 존중과 소속욕구의 하단에 있는 생존밖에 남지 않게 된다. 사람을 사람답게 대하지 않으면 구성원들은 생존을 위해 형식과 관습을 선택한다.

조직은 어디에나 문제가 있다. 문제도 대동소이하다. '그 문제를 어떻게 다루느냐?' 조직의 리더가 '무엇에 중심을 두느냐?' 에 따라 큰 차이가 만들어진다. 누구나 소속감과 존중의 욕구에 가득한 구성원들과 함께 일하기를 원할 것이다. 생존의 욕구 속에서 압박감과 타성에 젖은 구성원과 일하기를 원하지 않을 것이다. 그런데 조직에 남아있는 형식과 관습은 사람보다 목표를 우선시 하게 한다. 때문에 조직의 목표를 달성하기 위해 사람을 사람답게 다루지 않는다. 구성원은 불행해질 수밖에 없고 그런 조직에서는 성과가 있을 수 없다. 때문에 형식과 관습을 해체하기 위해서는 사람을 사람답게 대하는 것부터 시작되어야 한다. 어떻게 하면 사람을 사람답게 대하는 것일까? 여기 짤막한 시 하나를 소개한다.

주고 빼앗지 않는 것
그것이 사람을 사람답게 만든다

섬기고 지배하지 않는 것
그것이 사람을 사람답게 만든다

도와주고 부수지 않는 것
그것이 사람을 사람답게 만든다

키우고 먹어 치우지 않는 것
그것이 사람을 사람답게 만든다

그리고 필요하다면 죽고 살지 않는 것
그것이 사람을 사람답게 만든다
이상적인 것 그리고 거래하지 않는 것
그것이 사람을 사람답게 만든다

믿는 것 그리고 탐욕을 가지지 않는 것
그것이 사람을 사람답게 만든다

피터 모린Peter Maurin의 '그것이 사람을 사람답게 만든다.' 라는 시이다. 피터 모린은 도로시 데이Dorothy Day에 의해 시작된 미국의 가톨릭 일꾼Catholic Worker운동에 영감을 준 사상가이자 예언자이다. 1940년대 미국의 대공황시절에 도로시 데이는 환대의 집, 가톨릭 일꾼 잡지를 통해 노동의 중요성, '노동은 영성이다.' 를 주장하면서 사회에 큰 울림을 주었다. 2015년 프란치스코 교황의 미국방문 당시, 미 의회에서 상 · 하원 합동연설을 해 주목받았다. 연설에서 미국인의 정신에 영원히 흐르는 기본 가치를 만든 사람으로 강조한 인물이 '링컨 대통령, 마틴 루터 킹, 토머스 머튼', 그리고 도로시 데이였다. 피터 모린은 그러한 도로시 데이의 정신적 지주였고 친구였고 운동의 동반자였다. 피터 모린은 노동 자체가 인간성을 말살하는 것에 대해 저항하였다. 그가 주장한 푸른 혁명Green Revolution에서, 강요보다는 협동을 강조하는 사회, 노동자 자신이 주인 되는 사회를 지지하였다. 노동자, 학자가 서로가 통합되어 함께 일하고, 생각하고, 나누고, 기도하는 공동체를 꿈꾸었다. 가톨릭 일꾼 운동은 여전히 미국사회에 유효하다. 그리고 80년이 지난 우리나라의 노동현장에도 유효하다. 1940년 미국의 대공황과 1997년의 대한민국 국제구제금융(IMF, 외환위기)은 많이 닮아 있다.

오늘날, 노동이 인간성을 말살하여 왕따를 만들고, 성희롱이 일어나고, 노동착취가 일어나는 현상은 사람을 사람답게 대하지 않기 때문이다. 사람보다 형식과 관습이 우선되기 때문이다. 그러므로 피터 모린이 말한 '사람을 사람답게 만드는 리더'야 말로 조직에서 필요한 진정한 리더의 모습이다. 이러한 리더의 모습이 형식과 관습을 해체한다. 사람이 주인 되기 때문이다. 강요보다는 권한을 주기 때문이다. 일의 의미를 발견하기 때문이다. 피터모린의 주장은 조직민주주의와 많이 닮았다. 만약, 인간이 직장에서 일할 수밖에 없는 구조라면, 그는 조직민주주의를 지지하지 않았을까?

조직민주주의에서 리더는 사람을 사람답게 대해주는 사람이다. '공감과 긍정을 주고 의심하지 않는 리더, 구성원을 존중하고 억압하지 않는 리더, 성장의 기회를 주고 자신은 잠시 멈춰 있는 리더, 조직과 구성원을 위해 잠시 기다려 주는 리더, 원칙과 윤리를 준수하고 사익을 버리는 리더, 권한을 주고 자신의 힘을 분배하는 리더' 말이다. 그러한 리더가 조직을 조직답게 만든다. 그러한 조직이 구성원을 구성원답게 만든다. 그것이 바로 조직민주주의가 바라는 리더의 모습이다.

'섬'으로 남은 리더에게 필요한 것

법인으로부터 총애를 한 몸으로 받는 리더. 그리고 지역사회에서도 신뢰받는 리더. 그러나 조직으로 들어가 보면 외로운 '섬'과 같은 리더.

흔하지도 않지만 그렇다고 한번쯤은 경험해보지 않았다고 할 수 없는 리더의 모습이다. 이러한 리더가 흔히 하는 반응은 이렇다. '구성원들이 안 따라줘, 나만 애쓰는 것 같고 일이 잘 진행되지 않아, 구성원들이 새로운 의견을 내지도 않고 생각 없이 일해 ... ' 언듯 구성원들에게 책임을 전가하는 것 같지만 결국 이 말은 '리더가 잘못하고 있다.' 는 고백이기도 하다. 구성원을 뽑은 사람은 리더 자신이고, 그리고 육성의 책임도 리더이기 때문이다. 이 문제는 결코 구성원들의 무능이나 나태에 있지 않다. 그렇다고 리더의 나태와 무능과도 관계가 없다.

리더가 법인과 지역사회로부터 총애와 신뢰를 받는 선행조건은 리더의 태도와 역량이 아니라 우선적으로 신뢰를 받았기 때문에 가능하다. 법인과 지역사회가 신뢰를 보내는 이유는 그가 리더이기 때문이다. 다른 이유는 없다. 이러한 관계 속에서는 한쪽의 이익과 다른 쪽의 손실을 계산하는 것이 일어나지 않는다. 마치 이익과 손실을 합쳤을 때 제로가 되지 않는 논제로 '섬'과도 같다. 그런데 조직으로 들어가게 되면, 한쪽의 이득이 다른 쪽 손실과 합쳐져 제로가 되어버리는 '제로섬' 게임이 펼쳐진다. 리더의 외부적 신망이라는 이익과, 구성원들이 힘들어지는 손실을 합치면 제로가 되어버린다는 것이다. 이유와 해결책은 간단하다. 리더가 먼저 주어야 한다. 문제의 원인은 리더가 구성원들에게 주기보다는 받기를 먼저 원하기 때문이다. 리더가 외부로부터 리더이기에 조건 없는 신뢰를 받듯이, 리더도 역시 구성원이기에 조건이 없는 신뢰를 주어야 한다.

영화 컨택트(Contact, 1997) 이야기를 꺼내보자. 세계 12곳에 정체모를 우주선이 나타난다. 세계 각국은 우주선의 정체를 확인하고자 연대한다. 그러던 중 중국이 정보교환을 단절한다. 자국이 주는 정보가 자신에게 해가될 수 있다는 판단되었기 때문이다. 이러한 중국의 행동은 다른 나라에도 영향을 미처 세계가 단절되어 버린다. 영화의 메시지는 언어, 소통, 화합이다. 그리고 'Pay It Forward'를 제시한다. '먼저 주어라' 라는 의미이다. 단절된 국가

중, 어느 한 나라가 정보를 풀자 다시 정보의 연결이 일어나게 된다.

조직 안에서의 모든 갈등은 '누가 먼저 줄 것인가?' 에 대한 물음에서 시작된다. '누가 먼저 주어야 할까?' 답은 간단하다. 권한이 많은 사람이 먼저 주어야 한다. 힘의 방향은 그러하여야 한다. 마치 법인과 지역사회가 리더에게 신뢰를 주는 방향과도 같다. 만약 권한이 큰 사람이 먼저 주지 않는다면, 권한이 약한 사람의 힘이 이동하여야 한다. 이것은 명령과 통제에 의해서 작동된다. 조직 구성원들이 새로운 의견을 꺼내지 않고 눈치만 보는 이유가 이것이다. 리더 스스로가 답답함으로 스스로 공부하고 사업을 계획한다. 그러나 그 만큼의 갭이 생길 것이며, 그것을 하라고 명령할 것이다. 하지만 구성원들이 진정으로 받기를 원하는 것은 위에서 주어지는 과업이 아니다. 서서히 조직은 '제로섬' 게임의 장으로 전락하고 리더는 '섬' 으로 남게 된다.

그러면 '무엇을 주어야 할까? 구성원들이 원하는 것은 무엇일까?' 어느 책에도 나와 있지 않고 어떤 선현도 가르쳐주지 않는다. 리더들은 지금 이 순간에도 많은 것들을 구성원들에게 주고 있을 것이다. 하지만 그것이 '구성원들이 원하는 것일까?' 리더들은 구성원들에게 헌신적이다. 그리고 이타적이다. 그러나 한편으로는 너무나 일방적이다. 먼저 구성원들에게 물어보라. 구성원들의 의견이 무엇인지 물어봐야 하는 것이다. 그것에서부터 출발하여야 한다. 물론 시간이 걸린다. 먼저 주는 행위는 추운 겨울날의 햇볕이다. 여러 겹 껴입고 있는 외투를 벗기기 위해서 필요한 것은 통제와 명령이라는 차가운 바람이 아니라 리더의 따뜻한 마음이 전해지는 햇볕이다. 이것이 또한 리더의 진정성이자 선한 영향력이다.

리더는 불편함을 감수하는 사람이다

조직을 변화시키는 방법은 '사람변화, 구조변화, 절차변화' 3가지로 집약된다. 이 중 가장 쉬운 방법이 절차이고 가장 어려운 것이 사람이다. 사람을 변화시키기 위해 인재육성을 시도한다. 절차를 변화시키기 위해 명문화된 규정집을 개선시킨다. 구조를 개선시키기 위해 조직도를 변경한다. 이것이 우리가 주로 하는 소위 조직문화의 변화 방법이라는 것들이다.

그런데 이러한 조직문화 변화에 있어서 리더의 과업은 없다. 조직변화에서 인재육성이 되어야 할 대상은 리더가 아니라 오직 구성원들이다. 조직도가 변경되어도 리더의 역할과 권한은 그대로이다. 구성원들 사이에서의 변동이 있을 뿐이다. 모든 권한의 정점인 리더에게 절차의 개선으로 인한 변화요구는 없다. 오직 구성원들만이 변화된 매뉴얼을 숙지하여야 할 뿐이다. 수많은 개선의 시도 속에서 변화를 감수하여야 할 대상은 리더가 아니라 구성원인 것이다. 때문에 구성원들은 변화에 대해 수동적 반응을 보인다. 그리고 리더는 구성원들이 변화에 소극적이라고 불평한다.

변화를 감내하고 이끌어가야 하는 리더이기에, 리더에게 변화를 먼저 요구하는 것은 '적절하지 않다.'라고 주장할 수도 있다. 그러나 리더가 변화하지 않고 조직의 변화는 있을 수 없다. 변화의 정점이 리더이기 때문이다. 만약 리더가 변화하지 않고 조직의 변화를 요구하는 것은 '리더의 생각에 모든 것을 맞춰라'고 요구하는 것과 다름이 아니다. 그것은 변화가 아니라 개조이다. 수많은 새로운 시도들이 있었다. 그럼에도 혁신적인 변화를 체감할 수 없는 이유는 구성원의 저항이 아니라, 리더의 저항인 것이다. 리더의 생각이 변화하였다고 하더라도 '리더의 행동변화'가 없다면 혁신은 진전되지 않는다. 구성원들의 희생만이 있을 뿐이다. 그것을 우리는 기득권이라고 하기도 하며 꼰대라고 얘기하기도 하고, 심하게는 갑질이라고 한다. 결국 '기득권, 꼰대, 갑질'이라는 것은 자신의 기준에 맞추어 타인에게 행동할 것을 요구하는 태도를 말하는 것이다.

권력은 행동의 불편함을 싫어한다. 권력은 편의를 제공해 주기 때문이다. 이를 의전이나 예우라는 의미를 담아 표현하기도 한다. 이것은 사회에서 학습된 것이며 리더로서 당연히 누려야 할 권리라는 믿음이 있다. 의전과 예우는 형식과 규정이라는 절차로 명문화되고 유지된다. 이것이 편안함의 원동력이자 근거가 된다. 수많은 절차들이 개선되어도 리더의 편안함을 보호하는 것만큼은 변하지 않는다.

리더들은 불편해져야 한다. 구조와 절차의 변화는 리더 중심이 아니라 조직 차원의 변화를 도모하여야 한다. 리더 중심의 의사결정이 아니라 조직 차원의 의사결정이 내려져야 한다. 그 시작은 리더가 가진 자신의 권한을 분산시키고 권력을 내려놓는 것이다. 하지만 리더들은 자신의 권한에 대한 신화를 믿는다. 권한을 유지하는 것이 능력이자 덕목이라고 믿는다. 그 신화는 정해진 형식과 규정이라는 틀을 유지하고 지켜내는 것으로 표현된다. 조직문화에 있어서 변화의 시작은 그 틀을 깨어 나가는 것이다. 그 틀은 리더의 행동으로 깨어진다. 그러므로 조직 변화의 주체와 핵심은 자신의 불편함을 감수하고자 하는 리더의 자발적 행동에서 시작된다. 그것이 조직문화의 시작이다.

흔히 민주주의 조직문화를 추구하는 리더를 '마음이 착한 리더'라고 오해한다. 구성원들에게 의견을 묻고 결정권을 위임하며 자율성을 보장한다는 의미는 구성원들이 안락하게 일하라고 하는 것이 아니다. 구성원들의 복지에 신경을 쓰고 처우개선에 노력하는 것은 구성원들이 나태해지라고 하는 것이 아니다. 그것은 권한의 위임과 일의 의미를 발견함으로써 조직의 경쟁력을 확보하고자 내린 리더의 '독한 결정'이다. 단기성과가 아니라 장기적으로 보았을 때 민주주의 조직문화가 미래사회의 경쟁력이 있음을 굳게 믿는 '독한 선택'이다. 그렇다. 민주주의 조직문화를 추구하는 리더는 마음 착한 리더가 아니라 독한 리더이다. 굳이 불편함을 감수하면서까지 자신의 가치와 방향성을 굳게 믿고 기꺼이 불편함을 감수하는 '마음 독한 리더'이다.

임파워먼트와 당사자주의

'太上下知有之(노자의 도덕경 中)' 최고의 리더는 있다는 존재만 느끼게 하는 리더라고 한다. 노자는 또 이런 말을 한다. '위대한 지도자란 사람들이 우리 스스로 해냈어! 라고 말하며 리더에 대해 언급하지 않는 그런 사람이다.' 하지만 대개의 많은 리더들은 자신의 존재감을 들어내려는 속성이 있다. 그것이 리더의 덕목이고 존재감이라고 믿기 때문이다. 리더 자신을 조직에서 들어내 보이기 위해 많은 시도를 하게 되는데 이때 주로 손대는 것이 '관리와 통제'이다. 그런 이유로 형식적 업무들은 주로 관리와 통제의 프로세스 속에 포진해 있다.

계획서, 보고서, 평가서 등은 관리와 통제에 가장 많이 사용되는 도구들이다. 그리고 이 도구들은 주로 기획팀의 주요 업무가 된다. 기획팀은 이를 근거로 조직에서 영향력을 발휘한다. 때문에 많은 리더들이 기획팀이니 전략팀이니 하는 조직구조를 만들어 낸다. 이것은 사회복지조직에만 국한되는 이야기가 아니다. 상부조직인

시군구, 정부 등도 관리와 통제를 위하여 계획서, 보고서, 평가서를 요구한다. 그렇게 해서 만들어진 메카니즘이 점검과 평가이다.

리더들은 하소연한다. '현장이 답이다. 하지만 너무나 많은 상부의 관리와 통제로 인해 힘들다. 그러니 정작 하고 싶은 일을 할 수가 없다!' 이렇게 관리와 통제로 인한 부작용을 잘 알고 있는 리더이지만, 자신이 경험하는 똑 같은 관리와 통제방식을 조직의 구성원들에게 비합리적으로 부여한다. 다른 한편으로는, 조직의 구성원들에게는 변화하는 시대의 흐름에 맞추어 임파워먼트와 당사자주의로 실천할 것을 주문한다. 사회적 약자에게는 권한부여empowerment와 당사자주의를 외치는 리더들이지만 정작 조직구성원들에게는 관리와 통제방식을 사용한다. 매우 모순이다. 사회적 약자에게 필요한 임파원먼트와 당사자주의는 조직 구성원들에게도 필요하다. 조직 구성원들이 임파워먼트와 당사자주의에 의해 사회서비스를 실천하기를 원한다면, 그들이 먼저 임파워먼트와 당사자주의에 의해 일하고 있어야 한다. 구성원들이 경험하고 있지 못한 것이 실천으로 나올 리가 만무하다.

'비영리조직에 인사평가가 필요할까?', '다면평가, 상향평가, 교차평가가 의미 있는 것일까?', '비영리조직의 계획서와 보고서가 이렇게 학제적일 필요가 있을까?', '사업평가는 꼭 1년에 1번이면

족할 것을 굳이 4번을 해야 하는 것일까?', '프로그램 하나를 실행하기 위해 3~4번의 기안을 해야 하는 것일까?', '작성해야 될 보고서와 회의는 왜 이리도 많은가?' 모두 관리와 통제의 방식 속에서 작동하는 과업들이고 들어가는 비용과 여력도 만만치 않다. 모두 리더들이 만들고 리더들이 승인한 관리와 통제의 작동방식이다. 이들 과업들은 리더의 결정에 의해 버려야 할 것 들이다. 구성원에게 자발성과 창의성을 원한다면 먼저 이러한 과업들의 형식들을 깨어줄 필요가 있다. 그리고 조직 구성원들에게는 임파워먼트와 당사자주의를 실천하라. '그럼 관리와 통제는 어떻게 누가 하는가?' 라고 반문할 것이다. 관리와 통제는 리더가 하는 것이 아니라 시장과 사회가 하는 것이다. 조직의 핵심가치와 규범으로 조직 구성원 스스로가 하는 것이다. 리더가 있다는 존재만 알고 있고, 조직 구성원 스스로가 관리하고 통제하는 문화를 '건강한 조직문화' 라고 한다.

리더의 건강성은 조직의 건강성이다. 리더에게 힘이 있어야 구성원들에게 임파워먼트가 된다. 리더의 권한은 통제로 증진되는 것이 아니라 권한의 부여로 증진되는 것이다. 리더의 힘은 구성원들이 일의 의미를 발견하고 구성원 스스로 결정하고 시행할 수 있도록 불필요한 과업을 버려주는 용기이다. 그 용기는 조직의 목표를 중심으로 구성원들이 일할 수 있도록 외부의 과다한 요구에서 보호해 줄 수 있는 건강함이다. 그것이야 말로 리더의 존재감이다.

구성원의 다양성 존중과 행복은 어떻게 보장되는가?

'당사자주의, 인권의식 함양'이라는 현 시대의 이슈에는 다양성에 대한 존중이 깔려 있다. 사회복지조직에서 사회적 약자와 가난한 이들의 다양성 존중을 위해 진력하지만 막상 조직 구성원들의 다양성은 존중되지 않는 모순을 가지고 있다.

구성원들이 조직에서 선택할 수 있는 기회는 많지 않다. 조직을 입사지원으로 스스로 선택했지만 최종 선택은 조직에서 한 것이다. 그리고 그 이후부터는 소위 근로계약을 명분으로 과업이 주어진다. 조직은 구성원에게 임금과 복지, 그리고 경력개발을 제공하고 구성원은 조직에게 자신의 능력과 자원을 제공한다. 그러나 비용의 비효율성을 근거로 하여 임금과 복지는 최소한의 적정성으로, 그리고 경력개발의 선택의 폭은 매우 협소하게 주어진다. 이러한 일방적인 조직의 제공은 구성원의 동기를 저하시킨다.

조직은 '최대 다수의 최대 행복the greatest happiness of the greatest number'을 실현하고자 하는 공리주의적 성향을 가지고 있다. '개인의 공리 추구가 조직의 공리로 반드시 나타나지 않는다.'라는 믿음으로 규정과 매뉴얼로 개인의 사회적 행위를 규제한다. 조직의 공리를 위해 일방적이고 획일적인 기준으로 구성원의 행위를 규율하고 조정하는 것이다. 조직이 공리주의 입장을 취하는 것은 구성원의 선택이 자신의 쾌락(자신만의 행복)이라고 보기 때문이다. 그러나 사회서비스 노동자의 입장에서 보았을 때, 사회적 약자들의 행복을 위해 사회서비스 노동자들이 희생되는 것은 정당하지 않다. 수요자의 다양성 존중을 위해 공급자의 다양성이 훼손된다면 이 또한 정당하지 않다.

'구성원에게 선택의 폭을 넓혔을 때 공리가 아닌 개인의 행복을 위한 선택이 일어날까?', '그렇다고 그 선택이 개인의 행복만을 위한 선택일까?' 이 질문은 처해진 조직 상황과 선택의 조건들과 정보의 양 등에 따라 다양한 답이 나올 수 있다. 구성원을 믿고 지지하는 임파워먼트이든 공동체주의이든 공리주의이든 간에 획일화시켜 결론을 낼 수 있는 것들이 아니다. 다만, 다양성의 존중과 구성원의 행복이라는 것은 결과적 측면보다는 과정적 측면에서 바라보아야 한다. 즉, 개인에게 있어서 '존중과 행복'이라는 개념은 결과에 대한 비용과 편익분석이 아니라 과정 중의 '선택의 기회보장'

에서 더 강렬하게 반응한다. 결과의 값이 효율적이라는 성적을 받았더라도 선택의 기회가 없었다면 사람은 존중과 행복의 측면에서 그렇지 않은 것으로 받아들인다. 반면 선택의 기회가 있었다면 결과의 값이 나쁘더라도 존중과 행복을 체험한다.

상의하달식의 탑다운top-down방식이 구태의연한 의사결정체계로 받아들여지는 이유는 존중과 행복이 묻어나지 않기 때문이다. 그런 이유로 동기부여도 없을 뿐만 아니라 몰입과 헌신도 기대할 수 없다. 그에 반해, 버튼업button-up 방식은 절차상 까다롭고 느리지만 그 과정 안에 존중과 행복이 자리한다. 과정은 느려도 결과의 값이 좋은 이유는 결과도 결과이지만 구성원들에게 주는 존중과 행복감이 다르다. 그러므로 구성원들의 다양성을 존중하고 행복감을 증진하기 위해서는 임금, 복지비용, 학습비용을 늘리기 위한 고민보다 선택의 기회를 확대하는 고민이 더 중요하다. 그리고 조직의 공리기준을 좀 더 유연하게 설정하고 그 선택이 기준에 위배되지 않는 선에서 인정해주는 문화가 필요하다.

영화 알라딘(Aladdin, Walt Disney, 1992)에서 주인공 알라딘이 램프의 요정 지니와 첫 만남에서 이렇게 묻는다. '너의 소원은 무엇이니? 너라면 어떤 소원을 빌겠니?' 지니가 당황하며 답한다. '이제 것 나에게 그런 질문을 한 사람은 네가 처음이었어!' 말만

하면 소원을 들어주는 능력자 지니는 오로지 주인의 소원을 들어주기만 할 뿐 자신의 욕구는 한 번도 생각해보지 못했던 것이다. 필요한 것만 말할 뿐, 단 한 번도 물어봐 준 사람이 없었기 때문이다. 우리가 함께 하고 있는 능력이 있는 구성원들을 지니로 만들고 있는 것은 아닐까? 구성원들에게 선택의 기회를 보장하고 결정을 존중해 줌으로써 그들의 소원을 조직에서 풀어낼 수 있도록 해보자. '그 소원이 조직이 아니라 자신만을 위한 것일 것이다.' 라고 생각한다면 평생 그는 램프에서 살아야 할 것이다. 만약 들어주고 지지하여 준다면, 당신은 날아가는 양탄자에 올라타 있을 것이다.

구성원 모두가 지니일 필요는 없다. 한 사람만 지니이면 모두 양탄자를 탈 수 있다. '다수가 지니가 아니라고 해서 소원을 물어보기를 망설일 것인가?' 당신의 망설임으로 인해 당신도, 조직도, 사회도 행복할 수 없으니 당신이 믿는 것은 '최대다수의 최대행복'이 아니라 '최대 다수의 최대 무능'이다. 공리주의도 이도 저도 아닌, 그저 당신의 행복을 위해 존재할 뿐이다. 구성원의 다양성을 존중하고 행복을 주는 것은 리더의 몫이다. 우리는 행복하기 위해 일을 한다. 구성원이 리더의 조직을 선택한 것은 당신이 자신을 행복하게 해 줄 것이라 믿었기 때문이다.

모든 직원은
리더가 되어서 아침을 시작한다

아침이다. '이불을 박차고 출근하고 싶은가?' 직장인들은 일어나면서 오늘 할 일들을 생각한다. 그 순간 그는 리더이다. 그러나 직장에 오면 그는 부하가 되어버린다. 리더의 아침도 역시 리더로서 시작한다. 그리고 직장에 가면 일을 시키는 리더가 된다. '그 둘이 만나서 일을 하게 되면 행복한 조직이 될 수 있을까?' 아침에 리더로 일어난 직원은 리더의 일방적 명령으로 불행하게 되고, 명령을 한 리더도 뜻대로 되지 않기 때문에 불행해진다. 모두들 직장생활이 행복하지 않다. 그저 주말을 고대하며 남은 연차를 세어 볼 뿐이다.

주말아침을 생각해보라. 퇴근 후에 모임을 생각해보라, 주중과 주말의 만족도에 차이가 나는 이유는, 주중은 명령을 받는 시간이 많고 주말과 퇴근시간은 오로지 리더로서 살 수 있기 때문이다. 퇴근 시간이 되어도 집에 가지 않고 일부러 남아 있거나 밤거리를 배회하는 이유는, 집에 가면 가족들로부터 명령을 받게 되기 때문이다. 결코 일이 더 하고 싶어 남아 있는 것이 아니다. 직장에서 오래 남아있는 것이 눈치가 보이면 회식을 잡는다. 리더가 회식을 잡는 이유는 하루의 오랜 시간을 리더로 남고 싶기 때문이다. 집에 가면 명령을 할 가족이 없기 때문이다. 학교에 가고 싶지 않은 이유는 스스로 선택할 것이 없고 명령만 받기 때문이다. 군입대가 두려워지는 이유도 마찬가지이다. 연애감정이 식게 되고 결혼생활에 무의미해지는 시작은 오로지 상대방의 의견을 맞추어야 하는 것에 자신을 발견할 때이다.

명령을 받는 직원들은 행복하지 않다. 그저 남들이 하는 대로, 명령을 받는 대로 이행 할 뿐이다. 개인의 성장도 없을 뿐만 아니라 조직의 경쟁력도 상실된다. 그러므로 성장과 경쟁력을 원한다면 구성원에게 명령이 아닌 권한을 주어라. 일과의 대부분을 리더로서 삶을 계획하고 실행할 수 있도록 말이다. 그러므로 리더가 해야 할 일은 명령이 아니라 권한을 위임하는 것이며 문제가 있을 때 앞에 나서서 솔선수범하는 것이다.

스프링복이라는 아프리카 영양은 집단으로 생활을 한다. 이들은 한가로이 풀을 뜯다가 집단 중 어느 한 마리가 뛰면 맹목적으로 함께 뛴다. 뛰는 목적도 없이 달려가다가 강물에 집단 자살을 해버린다. 펭귄도 집단생활을 한다. 이들이 먹이를 잡아먹으려면 바다로 뛰어들어야 한다. 그러나 바다에는 포식자인 바다표범이 지키고 있다. 펭귄은 바다에 뛰어들기를 두려워한다. 그때, 펭귄 집단 중 한 마리가 바다에 뛰어들게 되면 다른 펭귄들도 바다에 뛰어든다. 그리고 자유로이 각자가 헤엄치면서 물고기를 잡아먹는다. 제일 먼저 뛰어드는 펭귄을 퍼스트 펭귄First Penguin이라고 한다. '조직의 구성원들이 스프링복이 되길 원하는가? 펭귄이 되기를 원하는가?' 집단 자살을 하는 스프링복과 일하고 싶은 리더는 없을 것이다. 그렇다면 리더 자신이 먼저 퍼스트 펭귄이 되어서 조직의 문제에 뛰어들어야 한다. 그리고 구성원들이 자유로이 헤엄칠 수 있도록 권한을 부여하라. 구성원들이 자유로이 문제들을 잡아먹을 것이다.

코이의 법칙Koi' Rule을 소개한다. 코이라는 물고기는 어항에서 기르면 5~8cm 정도 성장한다. 그러나 강물에서 자라면 120cm까지 성장한다. 같은 물고기이지만 사는 환경에 따라 성장을 달리한다. 자 이제 눈을 감아보자. 이제 당신은 물고기이다. 눈을 뜨고 주변에 어떤 물고기들이 헤엄치고 있는지 보라. 5cm의 코이가 헤엄치고 있으면 당신도 5cm의 코이이다. 그러나 120cm의 코이가 헤엄치고 있다면 당신은 지금 강에서 헤엄치고 있는 코이이다. 즉, 당신의 크기에 따라 구성원들의 성장도 달라진다. 크기를 키우려면 어떻게 해야 될까? 조직을 확대하여야 할까? 위수탁을 더 해야 하는가? 아니다. 권한을 주어라. 코이나 구성원이나 권한의 크기에 따라 성장한다. 리더인 당신이 키운 고래가 문제들을 잡아먹을 것이다. 축하한다. 당신도 이제 고래다.

무엇을 버릴 것인지 결정하는 방법

직무구조의 설계 방법 중, 집단을 대상으로 직무를 확대하는 제도를 '자율적 작업집단(현장 자율 경영팀)'이라 한다. 이 제도는, 구성원들에게 지시와 통제보다는 자율과 선택을 부여한다. 그렇게 하여 구성원의 사회적 욕구와 성장욕구를 충족시켜 문제해결을 촉진시키고 성과를 향상시킨다. 즉, 구성원에게 권한을 부여하여 자발성을 촉진하는 강력한 경영참여 제도이다.

제도의 시초는 1940년대 영국의 광산에서 시작된 자율경영조직empowered team, self-managing work team을 들 수 있다. 당시 영국의 석탄광부들은 상부의 지시 없이 지하갱도 안에서 독자적으로 결정을 내리며 채굴활동을 수행하였다. 기존의 석탄회사의 관리적 경영기법에서 벗어난 이 제도는 광부들이 스스로의 과업을 완수해 냄으로써 높은 생산성을 보여주었다. 이러한 자율경영조직은 스칸디나비아 반도와 미국과 일본으로 확대되어 제너럴 일렉트릭, 스벤카 한델스 은행, 프록터 앤드 갬블 등 기업에 차용되어 성과를 거두었다.

버릴 것을 결정해 주는 사람이 리더이다. 그러나 리더가 무엇을 버려야 할지에 대한 결정은 쉽지 않다. 리더에 대한 환상 때문이다. 우리가 알고 있는 리더의 모습은 '모든 것을 알아야 하고, 모든 의사결정을 내려야 하고 책임을 져야 한다.' 라는 믿음이다. 그러나 대개의 리더는 편향된 지식과 정보에 의존한다. 현대사회는 다양한 사회문제와 욕구들로 얽혀져 있어 한 사람이 모든 정보를 파악해내는 것이 쉽지 않다. 조직의 목표와 이슈에 대해서 누구보다 많은 시간을 고민하는 사람이 리더인 것은 맞다. 그러나 많은 시간을 들여 고민했다고 해서 그것이 합리적인 의사결정이라 볼 수는 없다. 이런 이유로 리더는 자신의 정보와 결정에 대해 불안감을 가질 수밖에 없고, 누군가가 자신의 정보를 보완해주길, 결정을 보완해 주길, 책임지고 일해주기를 원한다.

조직 구성원들과의 협업이 필요하다. 지하갱도(지역사회)에서 석탄(문제해결)을 찾아내는 사람은 땅위에 있는 리더가 아니라 지하의 광부들(현장의 워커들)이다. 형식적이고 비효율적이며 조직의 방향성을 흐리게 하는 과업이 무엇인지에 대한 경험은, 리더보다 현장의 구성원들이 더 잘 안다. 다만 구성원들이 형식적 과업을 버리는 결정을 하는 데에는 '제한' 이 있다. 그것을 깰 수 있는 사람이 리더이고 그것이 리더에게 주어진 과업이다. 이렇게 형식을 깨고 과업을 버리는 행위들이 반복됨으로써 구성원들의 선택과 결정이 실제 현장에서 일어난다.

버려야 할 것들을 결정하는 리더가 되고자 한다면, 우선 구성원들과 협업해야 하는 이유를 보자. 협업이란 구성원들의 자발성을 믿고 참여와 결정권을 인정하는 것이다. 그것이 자율경영조직이다. 더 이상 리더에 대한 환상 보다는, 다수 구성원의 참여로 이루어내는 자율경영조직을 꿈꾸자.

스웨덴의 스벤카 한델스 은행은 3무(無) 경영으로 유명하다. 이 은행은 본사에서 구체적인 목표를 정하지 않고 지사에서 목표를 잡는다. 대개의 은행 지사는 본사의 목표에 따라 실적을 올려야 하는 상황에서 일한다. 실적지표는 대출횟수와 매출금액이다. 당연히 신용도 보다는 리스크가 크더라도 고액 대출을 선호하게 된다. 2009년 세계금융위기와 서브프라임 모기지사태의 본질이다. 바로 무분별한 담보대출이다. 하지만 스벤카 한델스 은행은 지사의 경제 사회 등 여건에 맞게 목표를 잡았고 안전한 대출을 시행한다. 이런 이유로 스벤카 한델스 은행은 금융위기 사태에서도 흔들리지 않았으며 2011년 금융정보업체인 블룸버그가 선정한 세계에서 가장 튼실한 은행랭킹 2위에 오른다. 바로 3무 정책 중 하나인 '목표가 없다.' 인 것이다.

두 번째, 이 은행은 1960년대에 조직구조를 개편하여 부사장과 이사직급을 없애고 지역본부장과 본사 리더와 직접 보고하고 결정한다. 뿐만 아니라 상담 창구 직원이 대출승인을 해준다. 대개 은행은 상담창구 직원에게 권한이 없다. 대출담보 심사는 본사로 올라간다. 그리고 리스크 여부보다는 고액대출자를 승인해준다. 하지만 이 은행은 상담창구 직원이 대출심사를 하게함으로써 권한을 부여한다. 그 직원이 리스크를 더 잘 알고 있다는 믿음이다. 3무 중 하나인 의사결정의 적체가 없다. 마지막 3무 중 하나는 인센티브가 없다. 단 옥토고Oktogonen라는 펀드에 초과 수익금 중 3분의 1을 모든 직원에게 균등하게 배분한다.

비영리조직도 충분히 시도해 볼 수 있는 도전이다. 모든 팀에게 동등한 권한을 위임하는 방법, 또는 특정 팀에만 권한을 위임하는 방법이 있을 수 있다. 조직 내에 구성된 각종 위원회에게 권한을 위임할 수도 있다. 위원회의 특성에 따라 리더가 참여하는 위원회, 아예 참여하지 않는 위원회, 결정의 권한도 완전 이양할 수도 있고 부분이양 내지는 리더의 거부권을 둘 수도 있다. 방법은 다양하다. 하지만 그것을 시행하지 않는 것은 한 번도 경험해 보지 못했기 때문이다. 스벤카 한델스 은행도 경험을 해본 것은 아니었다. 하지만 그들은 목표와 권한을 버렸다. 아니 버린 것보다는 지사와 구성원들에게 위임하였다. 이것이 자율경영조직의 본질이다.

리더의 조건은?

맥클리랜드의 성취동기이론Achievement Motivation Theory에서는 높은 동기요인이 작용하는 구성원들이 모인 조직이 성공한다고 주장한다. 그 동기요인을 욕구로 분류하여 성취 욕구need for achievement · 소속 욕구need for affiliation · 권력 욕구need for power를 제시하였다. 이중 성취욕구는 맥클리랜드가 주장한 3대 욕구 중에서 기업가정신의 모태가 되었으며 성취욕구가 높은 사람이 조직의 리더가 될 확률이 높다고 하였다.

실제, 실적이 좋은 중간관리자들은 성취욕구가 높다. 그리고 실적이 좋은 중간관리자가 종종 리더가 된다. 아주 흔한 오류이다. 리더의 역량은 실적이 아니다. 대내외 네트워크도 아니다. 학력수준도 아니다. 리더가 되자마자 돌변하는 사람, 영특하던 사람이 꼰대가 되어버리는 이유는 오로지 성과위주로 판단된 자가 리더가 된 결과이다. 성과는 오로지 리더만의 것이다.

맥클리랜드는 성취욕구가 높은 사람이 경영자가 될 확률이 높다고 하였지만, 리더에게 필요한 욕구는 권력욕구라고 주장한다. 권력욕구란 한 마디로 '선한 영향력'이다. 즉, 리더가 되어서 자신의 성취를 위해 욕구를 활용하는 것이 아니라 구성원의 성취를 위해 활용하는 것, 이것이 바로 권력욕구의 선한 영향력이라는 것이다. 리더의 조건은 자신에게 주어진 권한을 '선한 영향력'으로 전환하여 조직을 이끄는 것이다. 선한 영향력이란 자신이 중간관리자 시절에, 자신이 성취하고 싶었던 과업을 달성했던 것처럼 구성원들도 그렇게 할 수 있도록 힘을 주는 것이다. 권력을 가졌으나 그 권력을 위임해 주는 것이다. 즉, 진정으로 권력욕구가 높은 리더는 자신의 권한을 위임하고 분산한다.

분권형 대통령제라고 해서 권력을 제한한다고 해서 대통령이 아닌 것이 아니듯이, 권력을 나눈다고 해서 리더가 아닌 것이 아니다. 오히려 분산된 권력이 조직과 사회와 시민(구성원)으로 부터 환류되어 권위로 되돌아온다. 이것이 진정한 권력이다. 그리고 나누어진 권력을 통해 참여가 일어나고 사회가 성장한다. 조직의 성장도 이와 같다. 권력형 기초자치단체장과 국회의원을 비판하고, 분권형 대통령제를 지지하면서도 조직의 민주주의는 운동권, 아웃사이더, 리더에 대한 저항세력 등의 시각으로 삐딱하게 바라보는 것은 모순이다. 사회가 민주주의를 통해 성장한다면 조직도 그러해야 한다.

조직이 모여 사회가 되는 것임에도 불구하고, 조직은 통제적이면서 사회는 민주적이어야 한다는 것은 모순이다.

'그럼에도 조직은 왜 발전하고 있을까?' 지금까지는 구성원들의 희생이었다. 그래서 일과 삶의 균형이 무너지고 있는 것이고 갑질 문화가 이슈화되고 있는 것이다. 이제는 성취욕구의 리더가 아니라 선한 영향력의 권력욕구형 리더가 필요하다. 그러나 권력욕구만 있다고 해서 선한 영향력의 리더가 되는 것은 아니다. 권력욕구를 동기부여하기 위해서는 불편함과 수고스러움을 받아들여야 한다. 리더의 권한이 분산되면 리더는 당연히 불편해질 수밖에 없다. 또한 리더의 성장이 아니라 구성원의 성장에서 동기부여 되어야 한다. 그것이 관계욕구이다.

관계욕구란 일을 하는 의미가 타인이 행복해지는 것에 있다. 관계욕구는 비영리조직 리더에게 최고의 정점에 위치한 욕구이다. 자신은 불편해지더라도 구성원의 성장에서 행복을 느끼는 관계욕구가 필요하다. 관계욕구가 바로 리더의 조건이다. 관계욕구가 강한 리더는 자신이 실무에서 겪었던 어려움과 그것을 극복했던 경험을 통해 구성원을 이해한다. 자신이 성취하거나 권력을 위해서가 아니라 자신과 함께 하고 있는 구성원들의 성취를 위해 노력한다. 그리고 그 성취를 위해 권력을 사용한다. 성과는 모두의 것이다. 그러한 리더가 있는 조직이 건강하다. 구성원들은 당신과 조직에서 일하면 행복할 것이라는 기대감으로 당신과 조직을 선택하였다. 당신에게 원하는 것은 관계욕구, 즉 행복이다.

리더에게는 우월감이 아니라 동질감이 있어야 한다

리더는 구성원들과 비교하여 뭔가 남다른 것이 있어야 한다고 믿는다. 물론 리더의 리더십을 보면 구성원들과 차이가 존재하기는 한다. 그러나 그 차이라는 것이 구성원과 비교하여 월등함을 말하는 것은 아니다. 흔히 리더들을 구성원들과 비교를 할 때, 자신이 무엇인가 가르칠 것이 있어야 하고, 명령할 수 있는 힘이 있어야 한다고 믿는다. 이는 구성원들이 원하는 리더의 이상형이기도 했다.

그러나 오늘날의 리더에게 필요한 것은 월등함이 아니라 동질성이다. 리더의 월등함이라는 것은 조직을 명령과 통제로 이끌기 위함이다. 리더가 조직을 이끄는 데에 있어서 구성원들이 동조하고 따를 수 있는 리더십이 필요하다. 그 리더십을 갖추기 위해 더 많이 공부하려 하고, 더 많은 권한을 가지려 하고, 더 많은 네트워크를 얻으려 한다. 리더의 힘이 내부로 흐르지 않고 외부로 흐르게 하는 주된 원인이다. 석 · 박사 학위를 취득하려는 것, 많은 회의에 참석하고 단체 등에서 역할을 얻으려고 하는 것, 나가서 일을 가지고 오는 것 등은 리더의 힘이 외부로 흐르고 있는 표징이며 월등함을 보여주기 위함이다. 그러한 활동은 조직에 아무런 도움이 되지 않을 뿐만 아니라 오히려 구성원들과의 갈등을 발생시킨다.

오늘날, 리더의 힘은 외부가 아닌 내부에 있어야 한다. 구성원들이 원하는 리더의 모습은 월등함이 아니라 동질성이다. 차이를 느끼게 하는 리더보다는 동질감을 느끼게 하는 리더를 따른다. 그것이 감성이다. 리더는 최종 책임을 져야 함으로 구성원들보다 더 많이 생각하고 고민하기 때문에 고독하다고 말한다. 이것이 리더의 월등함에 대한 오류이다. 구성원들도 역시 책임이 있고 조직을 위해 고민을 한다. 리더가 고독한 원인은 직무의 차이가 아니라 월등함에 의한 인식 차이에 있다. 월등함을 자위하며 스스로 고독하게 만드는 것이다.

동질감이란 무엇인가? '리더와 구성원들의 생각이 같다.' 라는 것이다. '같은 목표를 가지고 있고 이를 달성하기 위한 같은 문제를 직시하고 있으며 문제를 해결하기 위해 같은 고민을 하고 있다.' 라는 것이다. 구성원들은 절대, 리더의 학식이나 권력에 반응하지 않는다. 만약 반응한다면 그것은 자발적 행위가 아니라 권력에 의한 조건반사 일뿐이다. 동질감이 아니라 권력으로 구성원을 움직이려고 한다면, 그것이 반복되어 구성원들이 리더의 명령에 잘 따른다면, 당신은 1900년경에 파블로프I.P. Pavlov의 조건반사이론을 21세기에 증명해 낸 연구원일 뿐이다.

임원전용 주차장을 없앤 일화, 커피를 직접 타 마시는 일화, 대중교통을 이용하는 고위관료 등등 수많은 동질감 확보에 대한 미담에 주시하라. 그들이 왜 그렇게 했는지, 그리고 그렇게 해서 조직에 어떠한 변화와 성과를 이루었는지 확인하라. 절대 그들은 일부러 그렇게 하지 않는다. 그들이 가진 삶의 가치는 차이와 우월보다는 동질성이 중심이며 그것이 삶과 조직운영 하나하나에 반영되었을 뿐이다. 공동의 목표를 위해서는 리더가 동질감을 확보하여야 하고 그러려면 리더의 힘이 외부가 아니라 내부로 흘러야 하는 이유이다.

외부회의를 준비하고 참석하는 시간과 여력만큼 구성원에게 관심을 보여라. 멘토가 되어야 한다. 관심을 보이고 멘토가 된다는 것은 가치를 부여한다는 의미이다. 구성원에게 질문을 자주하라. 단, 길게는 하지 말고 듣는 데에 비중을 두어라. 듣는 행위는 존중을 의미하기 때문이다. 특권을 없애라. 동질성에 반하는 것은 리더와 구성원에게 차이를 두는 조직의 규정들이다. 리더에게 허용되는 편의라면 구성원에게도 허용되어야 한다. 실수를 보이는 것을 두려워할 필요는 없다. 어느 정도의 실수는 동질성에 긍정적 영향을 주게 된다. 진심어린 사과와 책임 있는 행동을 보여라. 그를 통해 리더 자신도 약점이 있고 도움이 필요하다는 메시지를 구성원에게 보내라. 취약한 것을 보이지 않고 숨기면 구성원들도 숨긴다. 실수라고 하더라도 진정성 있는 행동이 동질성을 확보할 것이다.

이 모든 동질성은 조직의 미션과 비전, 그리고 핵심가치와 행동규범 속에서 작동되어야 한다. 그것이 동질성을 찾아가는 목적지이기 때문이다. 조직의 목표를 찾아가는 과정에는 우월감보다는 동질성이 필요하다. 베트남의 기적 박항서 감독을 '아버지 리더십'이라고 비유하지만 그것은 동남아시아의 문화적 특성을 고려한 지엽적 해석이다. 베트남 축구 대표팀의 성공은 박항서 감독과의 동질성이다. 그는 대한민국과 베트남의 문화적 차이를 인식했고 그들의 문화를 인정했다. 동질성을 확보한 것이다. 비행기를 기다리며 공항 라운지에서 선수의 어깨에 몸을 기대고 잠이 든 사진, 그리고 대한민국에서 외면을 당했고 동남아시아에서는 2류로 분류되었던 박항서 감독과 베트남 축구 대표팀의 동질성이야 말로 성공의 원인이자 에너지이다. 그 에너지가 스즈키컵AFF Suzuki Cup우승 등 각종 국제대회 성과로 나타나 동남아시아 축구 강자라는 비전과 미션에 일치된 것이다. 구성원들이 당신에게 원하는 것이 바로 그런 것이다. 구성원들은 이미 당신이 똑똑하다는 것을 알고 있다. 대외관계가 탁월하다는 것을 알고 있다. 그것을 왜 더 보여주려고 하는가? 리더에게 원하는 것은 '나와 다르지 않다.' 라는 동질성이다.

권한과 자율성

전문가주의를 경계하라

전문가주의professionalism란 전문가에 대한 권위를 인정함과 동시에 그 이면에는 전문성이라는 권위가 부당하게 권력화되는 것을 경계하고 있다. 이들 전문가들은 인간의 욕구를 정의하고 그것을 충족시키는 사람들이다. 그리고 가지고 있는 지식이나 정보 등의 자원을 배분하면서 전문성을 인정받는다. 그것이 욕구를 필요로 하는 사람을 위한 권위라면 마땅히 인정받아야겠지만, 기득권을 유지하거나 집단의 생존을 위한 것으로 사용된다면 이는 변질된 권력이다. 그리고 이 권력은 욕구를 필요로 하는 사람들에게서 순종을 요구한다.

이제 아이들은 집에서 낳을 수 없다. 싫던 좋던 산부인과에 가서 의사에 의한 출산이 이루어져야 한다. 우리의 죽음도 이제 집에서는 안 된다. 병원에 가서 의사의 사망선고를 받아야 죽음의 단계가 마무리 된다. 만약, 이러한 정해진 프로세스를 거부한다면 위법한 것이 되거나 어려운 절차를 밟아야한다. 원하지 않는 과목이라도 학교라는 집단에서 정해진 과목을 배워야 하고 교사가 주는 지식을 받아야 한다. 만약 거부한다면 부적응자가 되고 미래를 보장받지 못한다. 그 틀 속에 들어가지 못하는 아이들은 거리로 나갈 수밖에 없고 저학력자가 될 수밖에 없는 구조이다.

그러나 자본이 있다면 이야기는 달라진다. 자본의 힘으로 의사나 교사를 집으로 오게 할 수도 있고 욕구에 따라 선택할 수 있다. 우리는 병원이나 학교를 필요에 의해 선택했다고 믿고 있지만 사실 우리가 선택한 것은 자본의 소유정도일 뿐이다. 전문가들은 소비자들이 소유하고 있는 자본의 차이에 따라 필요로 하는 욕구를 채워주면서 전문성을 인정받는다. 우리는 노무사 없이는 노무문제를 더 이상 해결하지 못하는 상황에 처해있다. 변호사 없이는 우리 스스로를 변론하지 못한다. 우리 스스로 변호하거나 문제를 해결하려한다면 그것은 무면허 행위이다. 공공조직에서는 그러한 변론행위가 받아들여지지도 않는다. 최소한 그들의 도장이라도 받아가야 한다. 이에 따르지 않는다면 '자격도 없으면서 아는 척을 한다.'는 비난받거나 처벌을 받는다. 이 모든 것들이 전문화된 세상에서 벌어지고 있는 현실이다.

오늘날 한국사회가 공무원 사회가 된 사유도 이와 다르지 않다. 사람들이 필요한 것이 무엇인지 결정해주고, 그것을 채울 수 있도록 승인해주거나 조건을 요구하는 전문가들의 행위처럼 공무원들도 그렇게 전문성을 발휘한다. 공무원들은 수많은 법과 지침의 해석과 적용, 그리고 재량권이라는 무시무시한 권력을 사용한다. 시민들은 자신의 필요를 채우기 위해서는 공무원의 진단에 따라야 하고 요구조건을 채워야 한다. 만약 그렇지 않다면 위법한 행위가 될 수도 있으며 자신이 원하는 것을 얻지 못한다. 일례로 자신의 집에 조그마한 비닐하우스 정원을 짓는다거나 창고나 원두막을 마련하는 것도 공무원의 허가를 받아야 한다. 건축법에 의해 적용받기 때문이다. 그렇게 사회는 관료화되어 간다.

비영리조직의 전문화를 위해 다양한 자격들이 법제화되었고 또 확대될 것이다. 법과 지침은 더욱 증가하게 될 것이고 이를 해석하고 적용하는 공무원의 권력도 역시 증가한다. 오늘날 우리 사회는 법제화 된 자격집단에 들어가거나 그것을 적용하는 공무원이 되지 않으면 생존할 수 없는 사회가 되어버리고 있다. 의사, 판사, 변호사, 교사, 공인중개사, 노무사, 그리고 공무원 신기루의 본질이 바로 이것이다. 전문화의 권력화.

이제 장애인재활상담과 정신보건, 의료, 학교의 영역은 전문가들에 의해 주도 될 것이다. 그러나 전문화의 목적을 위해 법제화되었다면 그 본질을 잊어서는 안 된다. 우리가 전문성을 확보하고자 하는 이유는 사회복지 집단을 유지하거나 사회구조를 지탱하기 위해서가 아니다. 우리는 사회적 약자를 대변하기 위한 전문가이지 결코, 사회의 이익을 대변하거나 사회를 유지하기 위해 기능하는 사람들이 아니다. 그렇기에 우리가 개별화와 인권을 주장할 수 있는 힘이 있는 것이다.

전문화에서 우려되는 점은, 집단이 일단 조직화되면 생존을 위해 권력화되고 권력을 유지하기 위해 사회적 약자를 필요로 한다는 것이다. 위수탁제도, 평가제도, 각종 사회서비스 병급규정, 사각지대 등 사회서비스분야의 모순 상황을 알면서도 침묵하는 것은 우리가 권력화되고 있다는 방증이다. 사회적 약자나 공동의 선을 위해 행동하지 아니 한 채, 집단의 권력유지를 위해 침묵하고 있기 때문이다. 우리가 경각심을 갖고 지켜봐야 할 이유이기도 하다. 사회서비스의 공공성 강화는 공공이 전문화되는 위험이 있다. 마지막으로 근래에 사회혁신의 필요성이 대두되는 이유는 정부의 공공성으로는 급변하는 사회문제를 해결하기 어렵기 때문이다. 그로 인해 지방행정 혁신, 주민센터 활성화, 커뮤니티케어 등 민간에게서 그 해결점을 찾기 위한 권한이 위임되고 있다. 그런데 왜 사회서비스만 공공성을 주장하는가?

나는 전문가일까?

우리는 전문가일까? 아니면 전문가주의에 빠진 전문가일까?

해결할만한 문제를 발견하는 것은 매우 의미 있는 일이다. 문제를 해결하기 위한 자발적 학습이 일어난다. 서적을 뒤적이고 인사이트insight를 얻을 만한 각종 세미나를 찾아다닌다. 여기까지가 전문가의 개인화 단계이다. 매우 순수한 단계이며 자신의 이익보다는 발견된 문제를 해결함으로써 공동의 선에 기여하는 것이 목적이다.

그러다가 자신의 문제의식과 뜻을 같이 하는 사람들을 만난다. 협업이 이루어짐으로써 문제해결에 한 발짝 다가선다. 이러한 성과가 알려지면서 또 다른 사람들이 모이게 되고 집단을 형성한다. 전문가의 조직화가 일어나는 단계이다. 대표를 선출하고 회비를 걷고 규정을 만들면서 문제해결의 본질보다는 서서히 집단의 유지와 관리에 관심이 모아진다. 그리고 마침내는 결국 집단의 권력화가 일어난다. 권력화 된 집단에서는 더 이상 전문가는 없다. 전문가주의에 빠져버려 공동의 선과 사회적 약자의 이익보다는 오로지 오직 집단과 자신의 전문권력을 유지하기 위해 움직인다. 표면상은 개인화와 집단화 단계의 모습을 보이지만 내부로는 집단의 권력화에 의해 작동되는 것이다.

몇 가지의 질문을 던져보겠다. 지난 3년간 호기심에 의해 문제를 발견한 적이 있는가? 아니면 주어진 문제를 해결하기 위해 몰두하였는가? 문제를 해결하기 위해 절차에 따랐는가? 아니면 절차를 생략하거나 간소화하여 접근하였는가? 문제를 해결할 때 다른 직종과 협업한 적이 있는가? 문제를 해결한 성과에 대해 스스로 평가하였는가? 아니면 외부의 평가지표에 따랐는가? 평가의 결과가 실패한 적이 있는가? 마지막으로 그 과정을 진행하는데 있어 안전을 우선하였는가? 해결과정이 느리지는 않았는가?

전문가주의는 주어지는 문제를 해결하기 위해 동일집단 안에서 만들어진 절차를 중시하고 성공의 여부는 외부의 지표에 의하며, 지나치게 안전을 우선시하고. 해결과정이 느리며, 실패보다는 성공의 경험을 우선한다. 마지막으로 전문가주의는 호기심을 불허한다. 오직 집단에게 주어진 목표를 달성하는 것에 의미를 두기 때문이다. 그리고 법과 지침, 매뉴얼을 선호하여 집단의 절차와 기준 안에 넣은 채. 그들이 해석하고 적용한다. 그것이 전문가의 권력이기 때문이다. 목표와 절차 안에서 벗어난다는 것은 전문가주의에 대한 도전이다. 스스로의 평가는 의미가 없다. 권력이 있는 평가자가 그들이 만든 지표에 의해 평가를 하여야 하고 평가제도와 인증제도에 대한 절대적 믿음이 있다. 그러한 제도가 활용되어야 생각을 규제할 수 있고 인증심사 인력으로 참여하여 또 다른 권력을 발휘한다. 실패는 용납되지 않는다. 실패란 전문가의 위치가 흔들린다는 의미이다. 자신의 실패를 인정한다는 것은 이미 전문직이 아니기 때문이다. 그런 이유로 어려운 과제는 다른 부서나 또 다른 전문가들에게 넘겨버린다. 다른 직종의 우월성을 인정하지 않는다. 인정하는 순간 전문성이 위태로워진다. 이러한 전문가주의에서 발생하는 모든 행태는 집단의 안전을 추구하는 경향이 짙다. 그러므로 매우 느리다.

상기의 전문가주의에서 발생하는 현상들을 보면 마치 관료주의와도 비슷하다. 그렇다. 전문가주의는 관료주의의 또 다른 이름이다. 관료주의 집단에서 보이는 유사한 특징이 전문가주의에서도 관찰되는 것은 우리가 마주하고 있는 사회적 약자를 위해 존재하기보다는 집단의 생존과 사회의 구조를 지탱하는 것으로 목적이 변질되었기 때문이다. 우리가 관료주의를 성토하고 있을 때, 우리 역시 관료가 되었다는 사실을 받아들이기에는 쉽지 않다. 그러나 우리 스스로가 그것을 인정하지 않는다면 새로운 변화라는 것은 있을 수 없다. 우리의 본질적 의미를 찾아가는 과정이 시작되지 못할 것이다. 스스로가 전문가주의에 빠져 있음을 인정할 때 일하는 의미를 재발견할 수 있을 것이고 전문가주의에서 탈출한 진정한 전문가가 될 수 있는 것이다. 전문가에게 필요한 것은 전문성이 아니라 헌신이다. 헌신을 통해 전문성이 발현되는 것이다. 그러므로 인간의 욕구와 지역사회의 헌신을 위하여 전문가주의에 저항하여야 한다. 우리 사회는 호기심과 실패, 자발적 행동과 협업, 호기심과 모험으로 가득 찬 비영리조직 활동가들이 필요하다.

전문가주의의 기술권력을 버려라

전문가의 부당한 권력화인 전문가주의에서는 그들의 권력을 공고히 하고자 기술권력을 사용한다. 의사, 교사, 변호사 등의 전문가집단은 어려운 단어와 한자, 영어 등으로 기술을 포장한다. 그리고 관련 법령 속에 사람들의 필요에 대한 기준을 규정하고 해석과 적용의 방법을 기술함으로써 개인이나 다른 전문가들이 자신의 영역을 침범할 수 없도록 한다. 게다가 그들의 기술과 법에 적용을 받아야 할 사람들을 환자 또는 문맹자, 피의자로 규정함으로써 전문가 집단과의 관계를 종속적 관계를 설정하여 버린다. 사람들은 그들의 욕구를 채우기 위해서는 전문가의 지시와 명령과 요구조건을 이행할 수밖에 없다.

'비영리조직의 전문가주의는 어떨까?' 우리의 존재가치의 중심은 인간의 욕구와 사회구조의 지탱 양자 간에서 어디에 위치하고 있는지 고민해야 한다. 사회구조를 지탱한다는 의미는 사회구조를 개선한다는 의미가 아니라, 사회적 약자의 욕구를 기존 사회구조가 지탱되는 선에서만 허용한다는 의미이다. 즉, 비영리조직의 전문가주의는 사회구조를 지탱하기 위해 사회적 약자들의 욕구를 '욕망'이나 '결핍'으로 구분한다. 사회적 약자들이 진정으로 원하는want것은 사라지고 욕망과 결핍으로만 규정한다. 욕망은 필요가 없는 것, 내지는 과다한 것으로 치부되고, 결핍은 규정된 기준에 조건이 충족될 때 자원이 분배된다. 진정한 욕구의 충족이 아닌, 욕망과 결핍으로만 통제하는 것이며 결핍을 채우는 범위 안에서 기준을 제시하고 사회적 약자들을 종속시킨다.

전문가주의의 대표적인 기술권력이 사례관리이다. 사례관리의 본질은 사람을 관리하는 것이 아니다. 의료모델의 환자는 관리하여야 할 대상이지만 사회적 약자와 지역사회는 아픈 환자가 아니다. 사례관리가 도전받는 이유 중에 하나가 '사람이 관리의 대상인가?'라는 물음이다. 이러한 도전에도 불구하고 '사례관리'라는 단어가 아직도 통용되는 이유는 두 가지이다.

하나는 사례관리에서의 '사례'는 '사람'이 아니라 '자원'이기 때문에 그러하다. 사례관리는 미국의 부시행정부 시절에 '정상화' 정책에 따라 사회적 약자들이 수용시설에서 지역의 사회구성원으로 전환되던 시기에 미국이 선택했던 실천기술이다. 즉, 민간의 자원을 사회적 약자들의 욕구에 연결시켜 효율성을 도모하겠다는 목적이었고 여기서의 '사례'는 '인간'이 아니라 '자원'의 영역이었다. 공공사례관리 회의에서 최종적으로 논의되는 사안은 '한정된 자원을 어떻게 분배할 것인가?'이며 병급의 유무를 파악해서 되도록이면 자원을 많은 수로 분배하는 것이다. 이로 인해 욕구의 해결정도가 아니라 분배의 양이라는 수치적 통계에 관심을 두게 된다.

두 번째 이유는 사례관리에서 '관리'라는 이 단어는 전문가주의에서는 결코 버릴 수 없는 명제이기 때문이다. 전문가란 자신이 관리하여야 할 대상이 있어야 하는 것이고 관리에 의해 통제하고 기준을 정하고 적용할 수 있는 관리기술을 가지고 있어야 한다. 관리라는 기술이 없다면 그들은 사회로부터 전문가로 인정받지 못한다. 전문가주의에서는 사회적 약자를 관리하기 위해 결핍을 규정하고 조건을 충족시키기 위한 기준을 제시함으로써 관리능력에 대한 전문성을 확보한다. 이러한 관리는 권력을 유지하기 위해서 결코 버릴 수 없는 전문가의 미덕이 되어버렸다.

또한 근래의 사례관리는 인간적인 기술이 아니라 통치적 기술로 변질되었다. 그리고 이 기술권력을 유지하고자 끊임없이 사례관리를 이론화하고, 법제화하고자 노력하고 있으며 결국 법에다가 사례관리를 못 박았고, 평가지표와 각종 유형별 관리안내 지침의 곳곳에 사례관리를 집어넣어 권력을 고착화하고 있다. 욕구가 아닌 자원을 관리하는 사례관리, 통치성 기술로 전락한 사례관리는 사회적 약자들의 삶을 개선시키지 못한다. 오히려 비영리조직 전문가주의에 의해 그들을 종속시킬 뿐만 아니라 집단의 생존을 위해 그들의 결핍을 견고히 함으로써 사회적 약자들의 의지마저 빼앗아 버린다. 기초생활수급권자 노인의 수급비가 기초연금만큼 차감되어 지급되는 이유, 65세 중증장애인이 노인이라는 이유만으로 급여시간이 감소한 노인장기요양보험으로 서비스가 전환되는 이유는 욕구가 아닌 욕망과 결핍으로 기준을 만들어 버린 전문가주의의 병폐가 법과 제도까지 오염시킨 극명한 예이다.

사례관리와 비슷한 전문가 통치기술은 슈퍼비전이 있다. 슈퍼비전은 구성원들을 향한 통치기술이다. 아무리 좋은 말로 애써 포장하려고 하더라도 슈퍼비전은 그 자체가 지도감독이다. 슈퍼비전의 내용을 보면 코칭, 멘토링 등 협업적 요소와 구성원들을 성장시키기 위한 방법론을 제시하고 있다. 하지만 큰 틀은 윗사람이 아랫사람을 통제하고 관리하기 위한 개념에서 벗어나지 못한다.

'전문가주의에서 탈출하는 방법은 무엇일까?' 사례관리와 슈퍼비전의 기술권력은 어떻게 전환되어야 할 것인가? 첫째, 과감하게 그 기술을 버려라. 우리가 하고 있는 이 행위는 결코, 수치적 통계로 나올 수 있는 것이 아니다. 효율성으로 측정할 수 있는 것이 아니다. 사례관리와 슈퍼비전이 이렇게까지 비영리조직에 확장된 이유는 효율성과 실적의 통계가 가능하기 때문이다. 보여주기 좋다는 것이고 관리하기 좋다는 이유이다. 그런 이유로 사회적 약자의 욕구가 욕망과 결핍으로 규정하는 우리의 행위가 정당한가를 되짚어 봐야 한다. 우리가 사용하는 전문성과 기술이라는 것이 구조의 유지와 통제를 위해 기능하는 것이라면 과감히 버려야 새로운 것이 나올 수 있는 것이다.

둘째, 허미니아 아이바라Herminia Ibarra는 '리더처럼 생각하고 리더처럼 행동하라How to Act and Think Like a Leader'에서 인사이트의 중요성을 역설했다. 인사이트를 갖기 위해서는 세 가지의 덫에서 벗어날 필요가 있는데 능숙함Competency Trap, 게으름Laziness Trap, 진정성의 덫Authenticity Trap이라는 것이다. 이 덫은 해오던 일만 하려는 것, 만나던 사람만 만나려는 것, 변화를 도모할 때 자신의 진정성에 대한 다른 사람들의 시선을 의식하는 것이다. 이 세 가지의 덫을 탈출하는 길은 억지로 다른 일을 도모하고 다른 사람을 만나는 것이다. 전문가주의에서 탈출하려는 시도는 쉽지 않다. 그러므로 새로운 장을 만들어보자. 집단권력을 유지하고 있는 협회와 학회보다는 다양성이 확보된 포럼을 만들어보자. 그 곳에서 다양한 이야기 나누고 사회적 약자 중심의 기술공유와 동반성장을 기대해 보자. 실적이나 통계, 이론을 이야기하기보다 실제적 사례와 기술에 대해 이야기 해보자. 자원의 관리는 공공사례관리에 그 기능을 넘겨주고,

사람 중심의 민간사례기술을 이야기할 시기가 도래했다.

사일로 효과와 사회서비스의 분절

사일로silo 효과란 조직 부서들이 서로 다른 부서와 담을 쌓고, 자기 부서 이익만을 추구하는 현상을 말한다. 사일로란 곡식이나 사료를 저장해두는 굴뚝 모양의 창고로서 사일로에 장벽을 치는, 부서 이기주의를 의미한다.

비영리조직은 일을 효율적으로 하기 위하여 사회적 약자를 기능별로 구분한다. 사람을 전인적 관점으로 접근을 한다고는 하지만 실제는 그렇지 않다. 일을 하는 방법을 보자면, 우선 사회적 약자를 소득의 수준으로 나눈다. 그 다음은 장애인, 노인, 아동, 청소년 등으로 분류한다. 구분된 기준 안에 들어오면 사회서비스가 제공되는 것이고 그렇지 않으면 사각지대에 놓여버린다. 즉, 송파 3모녀 사건이 일어난 이유는 소득의 수준으로 나눈 기준에 그들이 포함되지 않았고, 장애인, 노인, 아동, 청소년 등으로 분류된 기준에도 포함되지 않았기 때문이다. 기준 안에 들어올 수 없는 그들은 복지의 당사자가 아니라 노동의 대상으로 분류되었다.

어떤 방법으로든 국가가 정한 그 기준에 들어가야만 서비스가 제공된다. 장애가 있어야 장애인복지 부서가 개입하고, 노인이어야 노인복지 부서가 개입한다. 이것이 비영리조직의 사일로 모습이다. 일을 잘해내기 위해 부서를 만든 것임에도 서로가 친 장벽으로 인해 사각지대가 발생한다.

가난한 노인에게 지급해야 할 기초생활수급비가 기초연금이라는 소득이 발생하자 그만큼을 삭감해버린다. 기초연금은 보건복지부 연금정책국 기초연금과가 주관부서이고 기초생활수급비는 보건복지부 사회복지정책실 기초생활보장과 소관이다. 기초연금과 기초생활수급비에 대한 보충성원리가 논란이 아니라, 사일로(행정 칸막이)에 의한 부서 간 장벽이 문제이다. 가난한 노인에 대한 전인적 관점이 아니라 '소득이냐? 수급비냐?'라는 부서의 일로만 판단하기 때문이다.

24시간 장애인활동지원서비스가 필요한 중증장애인은 65세가 되면 노인장기요양보험제도 서비스로 전환되어야 한다. 전인적 관점으로 본다면 '장애인이냐? 노인이냐?'가 중요한 것이 아니라 24시간 도움이 필요한 국민이라는 것이다. 그러나 장애인활동지원서비스는 장애인정책국 장애인서비스과의 일이며 노인장기요양보험은 인구정책실의 요양보험제도과의 일이다. 두 부서 사이에 사일로가 만들어지고 65세라는 생물학적 나이로 서비스를 맡거나 떠넘기고 있는 것이다. 결국 중증의 장애인은 65세 노인이라는 이유로 급여시간이 감소한 노인장기요양보험을 이용할 수밖에 없다.

일을 잘하기 위하여 '부서 간 사일로'를 만들었으니, 법도 역시 사일로를 만들어야 했고 사회적 약자들을 그 사일로에 욱여넣는 형국이다. 사회서비스가 필요한 사회적 약자들의 인권이 무시될 수밖에 없다. 뿐만 아니라 사회적 약자들은 어떡하든 그 사일로에 들어가려고 가족관계까지 포기한다. 그래야 살 수 있고 그렇지 않으면 사각지대에 남을 수밖에 없다.

민간의 비영리조직으로 가면 이 문제는 더 심각해진다. 사회서비스는 아동, 장애인, 노인, 한부모 등으로 나누고, 거주서비스와 이용서비스로 또 분류된다. 이외에도 수많은 센터들이 기능적으로 나누어져 있다. 효율적으로 일을 하기 위함이지만, 결국 이 모든 것이 사일로로 작용될 뿐이다. 이러한 현장의 사일로는 사회적 약자들의 사회서비스를 제약하기도 하지만, 또 한편으로는 이러한 모든 것들이 협회로 구성되면서 현장의 연대를 가로막는다. 기능적으로 분류된 협회마다 이해관계가 다를 수밖에 없고, 공통된 이슈를 만들어내지 못한다. 오랫동안 민간비영리조직이 그들의 권한을 정부와 기초자치단체에게서 획득하지 못하고 위수탁, 과도한 평가, 저임금과 인력부족 문제가 해결되지 못하는 이유이기도 하다.

사일로 효과는 사회적 약자들의 사회서비스 개선과 민간 비영리조직의 연대와 구성원의 권한을 위해서도 반드시 부수어 버려야 할 장벽이다. 그 방법은 지배구조governance를 개선하는 것이다.

사일로 효과와 거버넌스

거버넌스governance는 흔히 협치(協治)라는 의미로 이해된다. 그러나 진정한 거버넌스의 개념은 서로 합심하여 일하는 것, 통치하는 것 이전에 다양한 이해관계자stake-holders들이 참여하는 '의사결정'의 '지배구조'를 말한다. 근래 거버넌스가 관심을 받는 것은 경쟁력 때문이다. 지방협치의 개념도 '공공과 민간이 함께 일한다.'는 의미 이전에, 시민들이 정책의 중요 이해관계자로 참여하여 경쟁력을 높이는 의사결정의 지배구조governance를 말하는 것이다.

사일로 효과를 해결하는 방법은 공동의 합의된 목표를 세우는 것이라 주장되기도 한다. 그러나 사일로에 의해 장벽이 만들어지는 이유는, 목표가 상실되어서 라기보다는 내부의 이해관계로만 결집되기 때문이다. 결집의 이유는 내부의 권력을 유지하기 위해서이다. 당연히 부서 간에 장벽을 세울 수밖에 없다. 그러므로 지배구조 개선이란, 다양한 이해관계자들이 참여하여 지배구조의 불균형 상황을 균형적으로 전환하는 것이다. 예를 들어, 민관협치가 제대로 작동하기 위해서는 이해관계자인 시민들이 의사결정에 참여하고 지역 현안에 공공과 마주하는 것이다. 이렇게 할 때 사일로가 깨지면서 진정한 지배구조의 개선이 일어나게 된다.

소수가 이끌어가는 사회가 아니라 다수의 시민들이 이끌어가는 사회가 민주주의이며, 그런 사회가 경쟁력이 높다. 기업도 그러하며 비영리조직도 그러하고, 민관협치도 같은 매커니즘이다. 때문에 사일로의 장벽을 개선할 수 있는 방법은 공동의 목표 이전에 민주성을 확보할 수 있는 다양한 제도들이 실제적으로 활용되어야 한다. 그러나 제도가 있다고 해서 사일로가 허물어지고 지배구조를 개선할 수 있을까?

기초연금과 기초생활수급비가 '보충성의 원리'로 갈등이 고착화되는 이유, 그리고 중증장애인들이 65세가 되면 활동지원서비스에서 급여 시간이 적은 노인장기요양보험으로 바꿔야 하는 이유는 동일하다. 즉, 부서 권력의 유지를 위한 사일로 장벽에 의해서이다. 이것을 해결할 수 있는 것은 '사회보장을 통한 국민의 삶을 증진한다.'라는 원칙적인 목표가 아니라 다양한 내외부의 이해관계자들이 참여하여 지배구조를 재편하는 것이다.

사회보장기본법의 제21조 '사회보장위원회의 위원구성'을 보면 1. 대통령령으로 정하는 관계 중앙행정기관의 장과 2. 다음 각

목의 사람 중에서 대통령이 위촉하는 사람으로서 근로자를 대표하는 사람, 사용자를 대표하는 사람, 사회보장에 관한 학식과 경험이 풍부한 사람, 변호사 자격이 있는 사람으로 되어 있다. 그러나 현재의 사회보장위원회의 위원구성을 보면, 정책수요자의 대표인 민간위원들은 공공기관의 장과 교수들이 차지하고 있다. 그들은 결코 정책수요자가 될 수 없다. 진정한 정책수요자이며 민간위원은 가난한 노인과 장애인이어야 한다. 그들이 정책의 이해관계자이고 당사자들이기 때문이다.

시·군·구의 지역사회보장협의체에 지역주민들이 위원으로 참여하지 못하고 교수와 공무원과 사회복지사들이 자리하고 있다. 노인장기요양보험, 건강보험, 국민연금을 결정하는 각 법령에서 정한 위원회의 구성도 역시, 기여자이며 당사자인 주민들이 참여하지 못하고 전문가들이 자리하고 있다. 가장 밀접한 이해관계자인 주민들이 당사자로 참여하지 못한 채, 오로지 공공조직의 수장과 교수와 전문가들이 위원으로 참여하여 의사결정을 하는 관행으로는 사일로의 장벽을 허물 수 없다. 사회보장의 충돌, 누수, 중복의 문제는 당사자인 사회적 약자들이 참여하여 의사결정을 할 수 있도록 지배구조를 재편하는 것이 대안이다. 부서권력의 이기주의는 외부의 이해관계자들의 참여와 권한의 부여가 아니고서는 스스로 해결되지 않는다.

돈이 없고, 못 배우고, 아프고, 힘이 없으면 자신들의 생존이 걸린 사회보장정책의 의사결정에 참여할 수 없을 뿐만 아니라, 소위 전문가들에 의해 자신의 삶을 맡겨야 하는 현재의 지배구조는 바뀌어야 한다. 통계와 이론으로 결정하기보다는 그들의 참여와 의견을 들어야 한다. 그들에게도 결정권이 있다. 그들은 무능하지 않다. 그들에게 권한을 주어라.

'권한에는 책임이 따른다'가 아니라 '책임에는 권한이 따른다'

"큰 힘에는 큰 책임이 따른다." 영화 스파이더맨(Spider-Man 2, 2004)의 대사이다. 주인공 파커가 말한 것이 아니라, 파커의 삼촌이 파커에게 한 대사이다. 권한과 책임에 대한 동기부여는 '누가, 어떤 의도로, 어떤 조건에서, 어떻게 말하느냐?' 에 따라 달라진다. 자신 스스로에게 권한과 책임을 부여하면 동기부여가 되지만, 타인이 자신에게 권한과 책임을 부여하면 의도에 따라 통제가 될 수도 있다.

또한, 권한을 부여할 때는 '행동에 대한 책임' 이 아니라 '책임이 있는 행동' 을 요구하여야 하는데, 책임을 지우기 이전에 권한에 대한 동기부여가 선행되어야 한다. 권한을 받아들일 수 있는 동기부여가 되어 있을 때, 스파이더맨으로서의 행동이 이루어지는 것이다. 동기부여가 없는 상황에서의 권한부여는 통제로 작용한다.

회의 중에, 말한 사람이 책임지는 문화가 있다. 새로운 제안을 꺼내려 해도 '말한 사람이 책임을 진다.' 라는 문화 속에서는 침묵

할 수밖에 없다. 만약, '말한 사람에게 권한이 주어진다.' 라는 논리라면 좀 더 이야기들이 풍성해질 수 있을 것이다. 회의 중 의견을 제시한 사람에게 권한이 주어지는 경우가 있기는 하다. 리더가 말할 경우이다. 리더의 제안은 책임을 지지 않고 구성원들에게 책임이 주어지는 반면, 회의시간의 권한도 리더에게만 주어질 뿐이다.

TFT라는 실행문화가 있다. 여기서 T는 과업task이다. 그리고 F는 권한force이다. 과업은 책임이며 권한은 결정권이다. 즉, TFT의 의미는 '과업' 이라는 '책임' 을 달성하기 위해 '결정권' 이라는 '권한' 이 부여된 '팀' 을 말하는 것이다. 그런데 대부분의 TFT는 과업(책임)만 주어질 뿐 권한(결정권)은 부여되지 않는다. 권한이 부여되지 않으면 과업이 해결될 수 없다. 결정권이 없기 때문에 속도가 나지도 않고 일의 의미도 부여되지 않는다. 결정적으로 리더가 과업의 방향에 대해 명확하게 제시해주지 않거나, 의사결정을 회피 또는 뒤집어버리는 일이 횡횡하면 TFT는 그저 부가적인 고된 과업이 될 뿐이다.

결국, 책임이라는 것은 약자의 것이 되어버린다. 힘이 없거나 순종적인 구성원의 것이 되어 버린다. 그러므로 약자에게는 책임이 따르고, 강자에게는 권한이 주어지는 문화로 양분된다. 이러한 조직에서'권한에는 책임이 따른다.' 는 리더의 선언은 '너희들은 책임을 질 수 있는 능력이 안 돼. 책임은 리더가 지는 것이니 너희들은 그냥 나를 따르라' 또는 '결국 내가 책임지는 것이니 내가 책임질 수 있는 것만 제안해!' 라는 리더 중심적 의사결정일 뿐이다. 하지만, 리더만이 온전히 책임을 지는 것은 아니다. 리더가 의사결정을 한다고 해도 결국 실행은 구성원들이 하는 것이다. 과업을 완수해내거나 의사결정이 바뀌는 과정을 겪었을 때, 그 일을 수습하는 사람은 결국 구성원들이기 때문이다.

그러므로 '큰 힘에는 큰 책임이 따른다.'는 명제는 '큰 책임에는 큰 힘이 따른다.' 라고 전환되어야 한다. 그렇게 될 때, 동기부여가 되는 것이고 '행동에 대한 책임'이 아니라 '책임이 있는 행동'이 나온다. 결국 책임을 진 사람들은 구성원이고 그 책임을 다하는 동력은 동기부여이며 그 동기부여는 권한, 결정권이기 때문이다.

구성원들이 '책임을 지려하지 않는다, 의견을 꺼내지 않는다, 소극적이다.' 라고 불평하는 리더들이라면, 구성원들에게 책임이 아니라 권한을 먼저 주어야 할 것이다. 권한은 두려움을 해소한다. 책임을 지지 않으려 하는 것은 주인의식이 없어서가 아니라 권한이 없음으로 일을 망칠 것 같은 두려움이다. 의견을 꺼내지 않는 것은 생각이 없어서가 아니라 권한이 없음으로 자신의 의견이 비난받을 것 같은 두려움이다. 소극적인 이유는 자발성이 없어서가 아니라 권한이 없기 때문에 자신이 일은 잘하고 있는지에 대해 동료와 상급자의 눈치를 봐야 하는 두려움이다. 바로 이러한 두려움을 해소하는 것이 권한이다.

실패에 대한 두려움은 더욱 크다. 새로운 프로젝트를 실행함에 있어 권한이 없다면 책임질 수가 없다. 일일이 일의 진행상황을 보고하여야 하고 팀이나 자신의 계획이 아니라 상급자들의 뜻을 따라야 한다. 일은 더디고 재미가 없어진다. 그리고 프로젝트가 실패한다면 자신의 무능이 증명되는 것임으로 최대한 안전한 범위 안에서 사업을 기획한다. 프로젝트가 새로운 것 없이 반복되는 이유이고 조직이 성장하지 못하는 요인이다. 방법은 권한의 증진이다. 행동에 대한 책임으로 두려움을 주기보다는 책임이 있는 행동을 얻어내기 위해 권한의 부여가 필요하다.

피터 드러커는 그렇게 말하지 않았어!

PDCA Plan, Do, Check, Action기법은 1960년대에 통계학자인 에드워즈 데밍W. Edwards Deming에 의해 유명해졌으며 데밍 싸이클이라고도 한다. 이는 품질관리 측면에서 PDCA 싸이클을 통해 품질을 개선할 수 있다는 것이다.

SMARTSpecific, Measurable, Attainable,Realistic, Timed기법은 피터 드러커Peter Drucker가 1950년 경영의 실제The Practice of Management에서 MBO Management By Objectives와 함께 소개하였다. 이는 목표를 달성하는 '관리'에 관한 것으로서 수많은 조직경영의 목표달성 기술과 보고서 작성 기법 등을 통해 확산되었다.

사회복지조직에서는 두 기법을 마치 대단한 기법인 양 적용하고 있지만, 60년에서 70년은 지난 것들이다.

PDCA는 품질에 관한 것이다. 상품에 관한 것이다. 인간과 사회를 접하는 사회복지조직에서 과연 이 기법이 타당한가에 대한 의문을 던져야 한다. 일을 해 나가는 하나의 방식일 뿐이지, 모두 그렇게 되어야 품질이 개선된다는 것은 아니다.

SMART기법은 목표 관리에 관한 것이지 목표 달성 방법에 관한 것이 아니다. '측정 가능해야 관리할 수 있다what gets measured gets managed'는 피터 드러커의 명언은 오해되고 있다. '관리managed'를 '평가Evaluation'라고 오역하여 '평가할 수 있어야 관리할 수 있다'라고 주장하기 위하여 평가주의자, 관리주의자들이 만들어 냈다. 실제 피터 드러커는 쉽게 측정할 수 있는 것만을 관리하는 것에 대해 우려하였다. 측정할 수 없다는 이유로 정말 중요하거나 유용한 정보들을 빠뜨려서는 안 된다는 것이다.

사람과 지역사회의 욕구와 문제를 접하는 사회복지조직에서 구체적이고, 측정가능하며, 달성가능하며, 실제적이고, 시간을 정해서 할 수 있는 일이라는 것은 없다. '그렇게 목표를 관리하라는 의미이지 그렇게 사업을 선택하고 진행하고 평가를 하라'는 의미가 아니다.

가장 큰 폐해는 정형화된 프로포절이다. 상기의 부적합한 기법을 차용함으로써 사람과 지역사회 문제는 실현가능한 것들로만 선택되고 있다. 사람과 지역은 계획(P)하고 실행(D)하고 점검(C)하고 조치(A)를 취하는 대상이 아니다. 실무자들은 관계를 통해, 문제를 발견하고 공감하고 상상하여야 하지만, 주어진 형식을 맞추려고 하다 보니 그 틀에 벗어난 사고를 하지 못한다. 우리가 차용하고 있는 기법들은 조직과 상품에나 적합한 것임에도 불구하고 그것을 맹목적으로 활용하기에 발생되는 문제이다.

급변하는 지역사회 환경변화와 다양한 인간의 욕구를 해결하는 데에 있어서 주어진 형식대로 접근해서는 안 된다. P(계획)가 아닌 D(행동)부터 할 수도 있다. 달성가능성하지도 않고, 측정가능하지 않아도 실행할 수 있어야 한다. 물론 실패할 수 있다. 그러나 실패해야 차후 좋은 계획이 나오는 것이다.

비영리조직에서 기존의 절차와 기법에서 벗어난 방법들이 전혀 활용되지 않는 것은 아니다. 조직의 리더들만 그렇게 한다. 그것은 권한이 있기 때문이다. 리더가 할 수 있는 결정권과 실행권이 있다면, 구성원에게도 그러한 권한을 위임하여야 한다. 위임받는 권한으로 새로운 기법들이 만들어질 것이다. 조직이 변화하고자 한다면, 리더는 기존의 절차와 기법을 요구하기보다는 구성원에 대한 권한을 위임해야 하는 것이다.

주어진 기존의 절차와 방법으로는 새로운 것이 있을 수 없다. 또한 사회복지조직이 마주하는 과업들은 사람과 지역을 다루는 것이기에 그렇게 논리적인 것이 아니다. 측정할 수도 없는 것들이 많다. 그럼에도 논리성을 따지는 절차와 평가도구에 의존할 수밖에 없는 것은 사회복지조직에 권한이 없기 때문이다. 우리는 너무나 주어진 틀 안에서만 움직인다. 하지만 지역사회와 사람의 문제와 욕구는 새롭게 규명되어야 한다. 몇 십 년 전 이론으로 측정하고 평가하기에는 너무나도 많이 변했다. 우리 스스로가 문제를 만나 공감하고 정의하고 새로운 대안을 상상하기 위해서는 사회복지조직에 권한과 자율성이 부여되어야 한다.

즐거움과 두려움 사이

'당신은 정규직인가? 비정규직인가? 당신은 지식근로자인가? 육체근로자인가? 당신은 기술자인가? 잡부인가?'

고용 기한이 정함이 없으면 정규직이고, 정함이 있으면 비정규직인 것은 아니다. 정규직이라고 하더라도 권한이 없는 구성원은 비정규직처럼 일한다. 단순 노무자도 스스로 결정할 수 있는 권한이 있으면 정규직의 삶이고, 반대로 고급 관리도 주어진 일만 하면 비정규직의 삶이다. 석박사의 학력이 높다고 지식근로자인 것은 아니다. 주어진 일만 하는 구성원은 컴퓨터 자판기를 열심히 두드려대는 육체근로자일 뿐이다. 그러나 건설현장의 노동자라고 하더라도 자신이 스스로 결정할 수 있는 권한이 있으면 그는 지식근로자이다. 비록 한 여름 뙤약볕에 뜨거운 슬라브에 올라가서 검게 그을린 얼굴로 땀을 범벅하며 일하는 노동자라고 하더라도 그가 스스로 결정하고 일을 마무리 하면 그는 기술자이고 지식근로자이다. 화려한 자격증들과 면허증이 있더라도 권한이 없으면 그 역시 시키는 일만 하는 잡부일 뿐이다. 그러나 아무런 자격이 없어도 자신에게 주어진 권한으로 스스로 결정할 수 있다면 그는 기술자이다. 즉, 세 가지의 질문에 대해 답을 낼 수 있는 기준은 바로 '권한의 유무와 정도'이다.

사실 비정규직이란 단어는 어느 법에도 없다.「기간제 및 단시간근로자 보호 등에 관한 법률」제2조제1호에 따른 '기간제근로자', 「근로기준법」제2조제1항제8호에 따른 '단시간근로자', 「파견근로자보호 등에 관한 법률」제2조제5호에 따른 '파견근로자'와 「고용보험법」제2조제6호에 따른 '일용근로자'를 통칭하여 '비정규직'라는 해괴한 단어가 만들어졌다. 그러나 결국 단시간근로자, 파견근로자, 일용근로자의 공통적 특징은 권한이 없다는 점이다. 즉, 비정규직이란 권한이 없는 노동자를 의미한다.

육체근로자라는 단어 역시도 어느 법에도 없다. 현행법에서는 지식근로자와 육체근로자를 구분하지 않고 통칭하여 근로자라 정의하고 있다. 화이트 칼라, 블루 칼라는 직종의 유형을 말하는 것이지 노동의 계층을 말하는 것이 아니다. 그러함에도 사무직을 고급인력으로 보고 생산직을 저급인력으로 바라보게 하는 이 관점은 권한의 유무와 관계되어 있다. 흔히 사무직은 명령을 하는 사람, 그리고 생산직은 이를 수행하는 사람으로 인식하고 있으며 이는 권한이 있고 없고의 차이에 대한 인식의 오류이다.

그러므로 정규직과 비정규직, 지식근로자와 육체근로자, 기술자와 잡부의 구분을 고용의 기간이나 자격증 유무나 학력의 정도로 구분하는 것은 아무런 의미가 없다. 즉, 권한의 유무와 정도가 노동의 가치를 구분하고 있다. 이제는 기존의 잣대에서 벗어나 새로운 관점으로의 전환이 필요하다. 스티브 잡스가 자격증이 있었겠는가? 그는 대학교 1학년 1학기 중퇴자이다. 애플의 기업총수는 정규직이 아니라 계약직 리더일 뿐이다. 그러나 그에게는 스스로 일을 결정할 수 있는 권한이 있었기에 정규직이고 지식근로자이며 기술자였고 혁신의 아이콘이 된 것이다.

구성원들에게 주어지는 '권한의 유무와 정도'는 심리적으로 즐거움과 두려움으로 작용한다. 권한이 있는 구성원은 즐겁게 일하지만 그렇지 않은 구성원은 매사가 두렵다. 일이 편하거나 이벤트들이 즐거움은 아니다. 즐거움이란 구성원들이 도전하고 배울 수 있는 시간과 공간을 제공받고 지지받는 것, 그리고 구성원 스스로 문제를 해결할 수 있도록 기회를 갖는 것이다. 사람들은 일의 의미와 가치를 발견하기 위해 그 조직을 선택하고 소속된 것이기 때문에 권한을 부여함으로써 즐거움 속에서 일하게 되는 것이다. 이렇게 일에 대하여 즐거움과 의미로 임하는 구성원은 자연스럽게 성장한다. 조직에서 구성원의 성장을 위해 교육계획을 잡고 내외부로 유명 강의를 찾아서 보낸다고 구성원이 성장되는 것이 아니다. 일에 대한 즐거움과 의미를 가진 구성원은 스스로 그것을 찾아내고 도전하여 스스로 성장한다.

두려움은 압박과 배제이다. 정서적으로 내가 일을 제대로 하고 있는지, 다른 구성원들이 자신을 어떻게 평가하고 있는지에 대한 압박이다. 인센티브 지급대상에서 소외되거나, 중요한 프로젝트와 의사결정 과정에서 참여하지 못한 채 명령대로 일을 하여야 하는 배제이다. 시키는 대로 일하고 남의 눈치를 보고 해오던 대로 일하는 것은 구성원에게 있어서 일이 중심이 아니라 외적인 요인에 더 많이 영향을 받기 때문이다. 즉, 정서적 압박감과 경제적 압박감이 작용하여 '눈에 띄면 곤란하니 최소한 중간만 가자'라는 인식이 자리 잡는다. 타성은 그렇게 만들어지는 것이다.

구성원들은 왜 소진될까? 번아웃burn out은 더 이상 태울 것이 없다는 것이다. 열정만으로는 더 이상 자신을 몰입시킬 수 없는 상황이다. 그것은 권한의 유무와 정도에 따라 즐거움이 더 이상 제공되지 않는 상황이며 오로지 두려움이라는 억압과 배제만이 구성원을 감싸고 있을 때 나타나는 것이다. 이는 곧 인권의 문제이기도 하다. 구성원들에게 몰입을 바라는가? 나에게 열정을 주고 싶은가? 인센티브나 금전적 제공은 오히려 소외의 두려움만을 가중시킨다. 권한 없이 중대한 일을 맡기는 것은 억압의 두려움만을 제공한다. 방법은 권한을 주어 동기부여가 일어나게 하여야 한다. 프로젝트를 계획하기 전에 참여의 기회를 제공함으로써 결정권을 주어라. 그 전에 프로젝트를 기획할 수 있는 선택권을 주어라. 권한의 부여가 바로 동기부여의 시작이며 일하는 즐거움이다.

사회복지조직에 자율성을 허하라

사회복지조직에 '자율성'이라는 것이 있을까? 근래에, 물론 그 이전에도 조직의 성장을 위해 권한위임이 필요하다는 각성들이 있었다. 하지만 권한을 위임을 하는 것이 아니라 과업을 위임하는 것에 머물렀다. 업무분장을 권한위임의 핵심으로 오해하고 있는 가장 큰 이유이다.

과업과 권한을 위임한다는 것은 조직의 통제를 기본 전제로 하여 주어진 과업을 달성시키고자 하는 관리적 개념이다. 그러나 자율성은 그보다 더 확장적이고 진보적인 개념이다. 자율성의 조건은, 조직에서 일방적으로 정해주는 과업이 없고 구성원이 정한다. 당연히 목표도 구성원이 정한다. 성공과 실패의 척도보다는 공유와 과정이 중요하다.

얼핏 보면, 방종이나 무책임과도 같은 이 자율성이 구성원들의 창의성을 살아 움직이게 한다, 소프트웨어 업체인 아틀라시안, 포스트잇을 만든 3M, 그리고 구글의 사이드 프로젝트Side Project는 구성원들의 업무시간 중 15~20%를 자유시간으로 주었다. 여기서 그 시간에 파생된 성과는 굳이 설명할 필요가 없겠다.

자유시간이 성공하는 이유는 조직의 통제에서 벗어났기 때문이다. 자유시간은 조직이 아닌, 자신 스스로를 통제하는 시간이다. 사람은 본디 자율적 존재이다. 그렇게 태어나고 길러지다가 제도권 안으로 들어오는 그 무렵부터 통제가 일상화된다. 통제된 일상에서의 성공이라는 것은 제도권에서 부여하는 고정화된 과업을 달성했다는 증명서일 뿐이다. 그러나 그 증명 속에서 언제나 갈망하는 것은 인간의 자율성이다. 쉬고 싶다거나 여행을 가고 싶다거나 하는 등의 욕구는 자율성 욕구의 다른 표현이다. 그러한 자유시간 속에서 새로운 상상력과 도전이 꿈틀거린다.

사회복지조직은 매년 해당 관리지침을 기다린다. 그리고 개별 법령에 의거하여 각 유형에 따르는 사업지침과 고시들을 기다린다. 그리고 그것을 평가할 지표를 기다린다. 그것이 우리에게 주어진 사회 제도권에서 부여된 과업이기 때문이다. 그리고 100% 달성하기 위해 정진한다. 일말의 15~20%의 자율성은 보장받지 못한다.

'15~20% 정도는 우리 스스로 정의한 문제를 해결할 수는 없을까?' 비영리조직의 변화와 혁신을 갈망하면서도 일이 진척되지 않는 것은 100%의 사업 달성율에 기인한다. 문제의 정의에서부터 변화와 혁신이 출발한다. 그리고 공감하고 상상하고 다양한 대안을 만들어낸다. 그 대안을 실현할 수 있는 것은 열정과 몰입이라는 것인데, 이 모든 것은 주어진 것이 아니라 우리 스스로 정의하고 행동할 수 있을 때 가능하다. 이것이 바로 자율성이다.

이러한 갈망은 조직뿐만 아니라 구성원들에게도 절실한 것이다. '업무 중 15~20%의 시간을 자유시간으로 하여 구성원 스스로 정의한 문제를 고민하고 해결하는 데에 쓰면 어떨까?' 라는 질문을 해본다. '구성원들이 일은 안하고 딴 짓을 해서 안 돼!' 라고 생각했다면, 바로 그 것이 정부와 사회의 입장이다. '자율성을 주면 주어진 일을 안 할 것이기 때문에 안 돼!' 결국 이 문제는 사회적 자본인 '신뢰' 에 관한 이야기이며 진정한 거번너스에 관한 이야기이기도 하다. 구성원을 믿지 않는 이상 자율성을 부여하기 쉽지 않다. 정부가 당신의 조직을 믿지 않는 이상 자율성은 부여되지 않을 것이다. 사회가 서로를 믿지 않는 이상 이 사회는 강력한 법과 지침만으로 사회가 통제될 것이다. 결국 믿는 것은 공권력이다. 믿지 않을수록 신뢰가 쌓이지 않을수록 우리의 권한이 공공영역에서 권력화된다. 어쩌면 이 사회의 중앙집권화와 관료주의는 우리 스스로가 만들었다고 해도 과언이 아니다.

'인간은 자율적 존재이며 조직은 그러한 인간들의 집합이다. 그리고 그것이 경쟁력이다.' 당신이 이 명제를 믿는다면, 신뢰를 기반으로 한 거버넌스가 시작될 수 있다. 그 출발은 당신의 조직에서부터이다. 공적으로 비영리조직에 사이드 프로젝트를 발동해보자. 8시간 노동시간에 휴게시간 1시간을 보장하는 것부터 시작하자. 쉬는 시간은 단순히 휴게나 노는 시간이 아니라 자발성과 창의성이 발현되는 시간이다. 최대한 충분히 쉬면서 네트워크와 생각이 공유될 수 있는 공간을 조성하고 '휴게시간의 보장'을 조직 곳곳에 명문화하고 시각화할 필요가 있다. 이것이 정착이 된다면 30분을 추가적으로 사이드 프로젝트로 부여하자. 일 휴게시간 포함 90분 안에서 구성원들이 그동안 고민했고 나누고 싶었던 이야기를 꺼낼 수 있는 문화를 조성한다면 노동 재생산뿐만 아니라 기대하는 새로운 사고들이 발현될 것이다.

또한, 장기비전과 년 단위 사업을 100% 꽉 찬 계획으로 기획하기보다는 85%정도 만으로의 여유를 두고 기획하자. 나머지 15%는 사업을 진행하면서 구성원들이 채워 넣을 수 있도록 마련된 공간이다. 정부도 마찬가지이다. 사회복지조직에 100%의 실적을 요구하기보다는 85% 정도만 요구하고 나머지는 조직의 실행과정에서 자율적으로 채울 수 있도록 정책을 디자인하는 것도 필요하다. 정부에서 상상하지도 못한 문제를 자율적 조직이 발견해 내고 해결하여 빈 부문을 채워 넣을 것이다. 다시 말하지만, 결국 자율성은 신뢰의 문제이다. '신뢰는 누가 먼저 주어야 할까?' 신뢰는 권력이 크고 많은 곳에서 부터 시작된다. 힘이 없는 사람이 힘이 큰 사람에게 잘 보여서 얻어지는 것은 신뢰가 아니다. 신뢰는 위에서 아래로 먼저 흐르고 환류가 되는 것이다. 그리고 그 신뢰란 분권화, 자율성, 연대를 믿는 사회적 자본으로 작동된다.

우리 스스로가 자율성을 통제한다

사회복지조직을 영리조직이나 공공조직과 비교할 수 있는 특성은 자율성이다. 영리조직은 효율성을 위해 철저하게 분업화되어 있고 사회의 공공이익보다 조직의 수익추구를 위한 강력한 규제가 작동된다. 공공조직은 특성상 위계적이며 관리주의 형태를 지향하고 행동의 준거는 법이다. 비영리조직은 그에 반해 자율성을 특징으로 하는데, 법과 규제보다는 민간조직의 자발성과 창의성을 핵심 동력으로 한다. 사회혁신의 주체가 영리조직과 공공조직에서 민간조직으로 이동하려는 움직임은 사회가 마주하고 있는 문제의 해결은 더 이상 법과 규제로는 해결할 수 없고 민간의 자율성이 그 대안으로 기대되기 때문이다.

그런데 사회복지조직의 자율성은 사회의 기대에 부응하지 못하고 있다. 어떤 조직보다도 강한 규제를 받고 있으며 관리주의와 기능주의로 작동된다. 자율성이 핵심인 비영리조직의 강점을 살리지 못한 채 경쟁력은 점점 더 퇴보하고 관료적 조직으로 퇴화되는 현상의 원인은 자기통제에 있다. 장기적 보상을 보장받기 위해 자율성보다는 스스로를 통제하고 있는 것이다.

흔히 사회복지조직의 자율성을 발휘할 수 없게 된 원인을 시군구의 강력한 통제와 자원 의존성을 든다. 틀리지 않은 말이다. 하지만 상부조직의 강력한 통제와 법의 준거에서 자유로운 조직은 현대사회에서는 있을 수 없다. 유기적으로 연결되어 있으며 서로에게 영향을 주고받는 사회구조 속에서는 모든 조직들이 사회 규칙 안에서 움직일 수밖에 없다. 자원 의존성도 마찬가지이다. 영리기업도 소비자의 소비와 구매력에 의존하며 공공조직도 시민의 세금에 의존함으로 그들도 역시 자원 의존성에서 자유롭지 않다. 그러므로 외부의 통제와 자원 의존성으로는 비영리조직의 비자율성 문화를 설명하기는 역부족하다.

사회복지조직의 자율성이 퇴보하는 이유는 외부 요인보다는 내부 요인의 영향이 크다. 첫째, 통제의 안정성이다. 자율성은 실패에 대한 책임을 요구한다. 자율적 판단과 행동에 의한 결과가 실패할 경우 그에 대한 책임을 져야 하는데 그렇게 되면 기대하고 있는 장기적 보상에 리스크가 생긴다. 주어진 법과 지침만 이행하면 장기적 보상이 주어지는 관성 속에서 자율성보다는 통제와 관리를 선택한다. 새로운 도전과 모험보다는 우리 스스로가 자율성을 규제하고 있다는 것이다.

둘째, 책무성에 대한 오해이다. 비영리조직은 사회로부터 요구되는 결과에 대한 책임이 있다. 그러나 이것을 법과 지침의 준수로만 이해해서는 안 된다. 이런 오해는 조직 자체 내의 고도화된 매뉴얼을 만들어 낸다. 법을 지키는 것은 아주 당연한 것이다. 그러나 그 법을 지키기 위해 구체적인 매뉴얼을 만들어 낸다는 것은 책무성이라기보다는 통제장치에 가깝다. 그리고 법을 준수하고 있다는 것을 보여주기에 급급하다. 반면, 책무성으로 인해 만들어진 매뉴얼이 업무의 증가를 배가시키고 그만큼 자율성을 통제한다. 상기의 통제의 안정성을 위해 책무성을 끌어다 쓰는 형국이다.

셋째, 결과적 공정성이다. 사회복지조직의 평가지표가 난해해지는 것은 '변별력' 때문이다. 그런데 이 변별력의 요구는 사회복지조직에서 시작된 것이다. 평가무용론 중 하나가 지표의 변별력이었는데 결국 우리 스스로가 발등을 찍었다. 위수탁 심사에 사업기간의 성과를 측정하여야 한다는 요구도 사회복지조직에서 시작되고 있다. 나름 타당한 것이지만 결국 성과측정은 실적주의로 변질될 것이다. 조직 내에서도 인사평가의 공정성 시비가 생기면 결국 교차평가, 외부평가, 동료평가 등 새로운 지표들을 만들어낸다. 이 모든 것들이 선의에 의해서 시작되는 것들이지만 결국 통제의 수단으로 전락하고 자율성을 통제한다. 하지만 비영리조직의 성과측정, 인사평가는 그리 쉬운 것이 아니다. 비용과 노력만 들어갈 뿐 개선은 더디기만 한 반면, 자율성이 훼손되는 우(愚)를 범한다.

사회복지조직의 자율성을 확보하기 위해서는 외부 요인보다는 내부 성찰이 필요하다. 통제의 안정성보다는 도전과 실패를 권장하고 기다려주는 문화, 법과 지침, 매뉴얼보다는 규범과 체크리스트를 통한 구성원 중심의 실행적 문화, 결과적 공정성보다는 절차적 공정성으로 변화하는 문화가 필요한 것이다. 실패해도 기회가 보장된 사회가 복지국가이다. 그래서 사회적 안전망이 있는 것이며 국민들은 국가를 믿고 도전하고 실패하고 마침내는 성공하여 사회에 기여하는 것이다. 조직 역시도 실패를 인정해주고 기회를 보장해줌으로써 자율적 도전을 유도하여야 한다. 기여와 성장은 반복되는 실패와 도전 속에서 얻어지는 것이다.

법과 지침의 준수는 준법사회에서 당연한 것이다. 당연한 것을 지켰다고 책무성을 실현했다고 주장하는 것은 아무런 것도 하지 않고 밭을 지키기만 했다는 게으른 소작농의 항변과도 같다. 우리에게 밭이 주어졌으니 그것을 지키는 것만으로 책무성을 다하는 것이 아니다. 주어진 자유로움 속에서 새로운 도전을 하여야 하는 것이 우리의 책무성이다. '무엇을 심을 것인가? 어떤 도구를 쓸 것인가?' 는 주어지는 매뉴얼이 아니라 우리의 선택에 달렸다. 우리의 과업은 영리조직의 매출실적처럼 년 단위로 평가되는 것이 아니다. 지역사회와 인간의 문제와 욕구는 과정 속에서 판단되어야 한다. 결과적 공정성은 장기간 누적된 우리의 실천을 보고 판단되어야 하고 그것을 이루어내는 과정의 평가가 더 중요하다. 그렇게 될 때, 우리의 유산이 누적되고 마침내는 사회문제의 해결과 인간의 존엄성이 실현될 것이다.

우리의 일자리는 사라지지 않을까?

사회서비스의 일자리는 사라질까? 칼 프레이와 마이클 오스본의 미래고용에 관한 보고서(The future employment Carl Frey, Michael Osborne, 2013_이하 미래고용 보고서)를 보면, 컴퓨터에 의해 대체가능성을 분석하기 위해 두 가지의 접근 방법을 이용하였다. 하나는 컴퓨터로 자동화가 가능한 직업군에 '1'을 배정했고, 자동화가 불가능 하면 '0'을 배정했다. 그리고 특정 업무수행에 요구되는 인지와 처리Perception & Manipulation, 창의성Creativity, 사회적 지능Social intelligence을 변수로 활용하였다. 보고서에 따르면 미국노동시장의 47%가 10~20년 내 사라지는 고위험군이며 임금이 높을수록 고학력일수록 위험하였다. 특정 직업군을 살펴보자면 텔레마케터는 0.99로서 대체가능성(사라질 가능성)이 매우 높고 판사는 0.4, 그리고 성직자는 0.0081, 사회복지사(케어)는 0.00035로써 대체가능성이 매우 낮았다. 미래 고용보고서뿐만 아니라 일자리를 예측하는 대부분의 통계를 보면 사회서비스 일자리는 대체가능성이 매우 낮고 오히려 증가한다는 것이 정설이다. '과연 그럴까? 이와 반대로 텔레마케터

는 사라질 운명인가?'

사람들은 논리나 정해진 절차가 아니라 암묵적으로 이해하는 방식으로 일하는 경우가 많다. 사람들이 별 노력 없이 할 수 있는 일들의 경우에는 통계나 컴퓨터 프로그램으로 명쾌한 법칙들이나 과정을 밝힐 수 없다. 이를 폴라니의 역설Polanyi's Paradox이라고 한다. '사람들은 말할 수 있는 것보다 더 많은 것을 알고 있다We can know more than we can tell'는 철학자 마이클 폴라니Michael Polanyi의 말에서 연유한다. 즉, 암묵적 직업은 기계로 대체되기 어렵다는 것이다. 텔레마케터는 사라질 수 있다. 단, 주어진 절차에 의해 녹음기처럼 반응하면 그렇다. 만약, 텔레마케터가 주어진 매뉴얼이 아니라 자신의 사고 흐름 안에서 소비자의 요구를 상담하고 그 안에서 욕구를 발견할 수 있다면 이야기는 달라진다. 변수인 창의성과 사회적 지능이 올라가는 암묵적 행동이기 때문이다.

암묵적 행동에 의하지 않고 주어진 절차와 매뉴얼에 따라 기계처럼 일을 한다면 사회서비스 일자리도 안전하지 않다. 명령과 통제의 사회에서는 암묵적 행동이 불가능하기 때문이다. 사회서비스 일자리가 지시와 통제, 그리고 명령과 매뉴얼에 따라 움직이는 조직문화라면 그 일자리는 충분히 기계에 의해 대체가능하다. 미래고용보고서를 보면 사회복지사가 0.00035로써 대체 불가능하지만 괄호 안에 '케어'라고 기재된 것에 주목하라. 사회서비스 일자리라고 하더라도 암묵적 행동이 아닌, 주어진 매뉴얼대로의 행동영역이라면 대체가능성이 높은 것이다. 사회서비스 일자리라고 하더라도 관리와 통제기술의 행정이라면 소멸가능성이 높다. 서비스 과정 중에 욕구를 파악하고 즉각적인 자원을 연계하는 '케어'라는 직접서비스를 제공한다면 대체가능성은 낮아진다. 단, 주어진 매뉴얼대로 서비스를 제공한다면 '케어'라도 대체가능성은 높아질 것이다.

결국, 일자리의 증가와 감소의 판단은 직종이 아니라 직무에 관한 것이다. 직무의 내용이 기계적이지 않으며 암묵적인 행동이 필요하고 이를 위해서는 자율성과 자기 결정권이 인정되는 직무는 대체 불가능하다. 기계가 모방할 수 없는 폴라니의 역설이 작동되기 때문이다. 매뉴얼에 따라 일하는 사람들은 외적동기에 의한 이윤동기가 작동함으로 금전적 보상과 인센티브로 일한다. 그러나 암묵적으로 일하는 사람들은 소명이라는 내적동기가 작용하며 그들에게 필요한 것은 자율성과 권한이라는 것이다. 그리고 그들은 미래사회나 현대사회나 대체불가능하다. 그러므로 일자리의 두려움보다는 '일의 의미'를 만들어내는 것이 필요하다. 주어진 대로 일하면 주어진 대로 산다. 매뉴얼대로 일하지 말고 자발적으로 일하게 하라. 그러려면 자율성과 권한을 주어라. 우리의 일은 기계로 대체될 수 있는 일이 아니라고 주장하기 이전에 그러한 문화를 만드는 것이 중요하다. 매일 반복되는 업무, 주어지는 규정과 매뉴얼은 효율이라는 경제논리에 의해 통제와 관리를 하기 위함이다. 미래사회에서 통제와 관리가 가능하다면 굳이 인간이 그 일을 할 필요는 없어진다. 인류역사상 기계에 의해 대체된 직업을 보면 그런 맥락들이다. 결국 사회서비스 일자리의 대체가능성은 자신 스스로의 선택여부에 달려있다.

미래를 예측하는 방법은 그것을 창조하는 것이다. 창조는 자율과 권한이 주어진 인간에게만 가능한 것이다. 미래사회의 일자리에 대한 다양한 분석들이 있지만, 결국 확장과 소멸의 기로는 '주어지는 대로 일을 할 것이냐? 아니면 자율적인 권한을 가지고 있을 할 것이냐?'에 달려 있다. 그 선택 속에서도 '얼마나 주도적이며 창의적으로 접근했느냐?'에 따라서 대체 불가능한 직종에서 일하는 미래사회의 인재로 거듭나게 될 것이다. 그리고 그러한 인재들이 살아 숨 쉬는 집단이 미래에 생존한다.

동기부여

사회복지사가 속도를 제어할 수 있을까?

미래사회는 기술혁명의 깊이와 범위가 상상 이상이고, 게다가 속도까지 빠르다는 것이 위기의 본질이다. 이 깊이와 속도를 제어할 수 있는 것이 정책이다. 그러나 정책으로 속도를 제어하는 것을 '누가 할 수 있을까?' 정부와 국회는 가시적인 지표와 빠른 성과를 통해 권력을 유지하려고 한다. 기업 역시도 속도가 빠른 것이 이윤의 추구에도 유익하다. 결국 이 속도를 제어할 수 있는 집단은 시민사회, 특히 비영리조직들이다.

'비영리조직은 기술의 속도를 제어할 수 있을까?' 주어진 절차와 예우를 맹목적인 판단의 기준으로 삼는 한, 결코 속도를 제어할 수 없다. 속도를 제어할 수 있는 유일한 방법은 주도성과 참여성을 가진 정책이기 때문이다. 속도를 제어하기 위해 정책을 제시해야 하지만, 절차의 대상인 비영리조직에재원을 대주고 있는, 성장주의자인 정부와 국회, 기업들에게 '과연 그런 주장을 할 수 있을까?'

1970년대의 경제개발 시기에 정부는 속도를 내기 위해 고속도로와 철도를 건설하였다. 이때, 가난한 사회적 약자의 속도는 고려되지 않았다. 고려되었다면 정부가 원한 속도를 맞추지 못했을 것이다. 이전까지는 조금 느린 사람, 조금 빠르게 가는 사람으로 나뉘었지만, 이 시기 이후로는 속도의 불평등이 발생하였다. 자연스럽게 이동의 속도와 행위가 소득에 따른 차이와 구분의 상징이 되어버렸고, 쟁취하여야 하는 권리로 인식되었다. 이동약자들은 지금도 이동권 확보를 위해 투쟁할 수밖에 없다. 만약, 정부의 속도에 대해 시민사회나 그 누군가가 그것을 제어하였다면 저상버스 도입이라는 것이 그렇게 힘든 정책은 안 되었을 것이다. 우리 모두는 속도를 선택한 것이었다.

현대사회의 속도에 대해 더 이야기 해보자. 우리는 일을 하기 위해 속도를 내야하고 속도를 내기 위해 차를 산다. 때로는 차량대출을 갚기 위해 속도를 내어 일해야 한다. 우리는 좀 더 속도를 내기 위해 접근성이 편한 역주변이나 도심에 집을 구입하려고 한다. 일터에 빨리 도착할 수 있는 집을 구매하기 위해 사람이 몰리다보니 집값이 오르고, 우리는 또 집값을 갚기 위해 속도를 낸다. 우리는 속도를 내기 위해 더 많이 일해야 한다. 모두 다 속도를 내다보니 차량이 몰려 도심이 정체된다. 차량의 유해배출물에 의한 미세먼지를 탓하면서 자신의 차는 공회전을 하고 있다. 미세먼지의 원인은 바로 이 속도이다. 미세먼지의 본질은 부자들의 속도에 맞추기 위해 균형을 잃어버린 '에너지 공정성'의 문제이다. 성장이라는 신기루를 제시하면서 더 빠른 속도와 더 많은 노동시간을 요구한 '불평등'의 문제이다. 과연 이 속도를 누가 제어할 수 있을까?

'인간의 존엄과 가치증진'이라는 주제로 2016년 세계사회복지대회가 서울에서 열렸다. 그런데 대회의 개회식에서 예기치 않았던 일이 일어났다. 전국장애인차별철폐연대(이하 전장연)가 개회식 단상에 올라가 장애등급제와 부양의무제 폐지를 촉구하는 기습 피켓시위를 했다. 이들은 한국의 처참한 복지현실을 세계에 알리고자 하였다. 불행히도 이들은 경호원에 의해 무참하게 끌려 나와야 했다. 그들이 단상에 올라갈 수밖에 없었던 이유는 보건복지부가 그들의 요구를 지속적으로 외면해왔기 때문이었고 마침 대회에 당시의 보건복지부 장관이 참석하기에 이를 재차 촉구하기 위함이었다.

전장연의 활동 중에 장애인 이동권을 위한 시외고속버스의 저상버스 도입운동이 있다. 장애인 등 이동약자들도 명절에 고향에 갈 수 있는 권리가 있다는 주장이지만 대다수의 시민들은 이에 동의하지 않는다. 동의하지 않는 이유는 저상버스가 시민들에게 불편함을 준다는 이유이다. 빨리 출발해야 하는데 휠체어 장애인이 타고 내리는 시간만큼 기다려야 하기 때문이다. 전철을 타고 이동약자의 이동권에 대한 퍼포먼스를 본 시민들의 반응은 '장애인들이 휠체어를 타고 전철을 타서 승차시간이 오래 걸린다.' 라는 핀잔이었다.

세계사회복지대회에서 그들이 끌려 내려와야 했던 이유도 불편함에 있다. 예정되지 않았던 그들의 등장으로 그만큼 기다려야 하기 때문이다. 또한 정해진 매뉴얼대로 식순이 이루어져야 하는 것이고 내빈들에 대한 예우를 지켜야하기 때문이다. 그러나 그들은 남이 아닌 우리의 동료이자 이웃이다. 그리고 그들의 주장은 정당하다. 하지만 우리들은 그들이 끌려 내려올 때 침묵했다. 정작 그들을 옹호해 준 사람들은 대회에 참석한 외국의 동료들이었다. '우리는 그들 이야기를 들어야 한다.' 는 공동행동을 통해 세계사회복지대회 폐막식에야 공식적인 질의응답을 나눌 기회가 주어졌다. 2016년 세계사회복지대회는 아직도 진행형이다. 언젠가는 또다시 선택할 기회가 주어질 것이다. 그때 우리는 '속도를 선택할 것인가? 아니면 그들과 함께 올라갈 것인가?' 주어진 절차와 예우를 뒤로 하고 잠시라도 속도를 멈추기를 희망해본다.

급변하는 혁신은 대다수의 집단에게 이익을 주기는 하지만, 사회적 약자의 희생을 요구한다. 점진적 혁신은 비록 속도는 더디어도 사회적 약자의 희생을 감소시킬 수 있다. 그러나 정부나 시장은 급변하는 혁신에 매력을 느낀다. 이윤창출과 정권의 유지 때문이다. 때문에 속도를 제어할 수 있는 집단은 우리들이다. '과연 어떻게 제어할 수 있을까?'

2019년 봄, 7일 동안 고농도의 초미세먼지(PM-2.5)가 지속되어 미세먼지 저감조치가 발효된다. 환경재앙이라는 것이 인간에게는 불가항력적이라 사람들은 애먼 하늘만 바라 볼 뿐이었다. 원인은 다양하지만 90% 이상은 공장과 자동차, 발전소 등에서 발생하는 미세먼지는 인간이 자초한 환경재앙이다. 해결은 너무나 간단하다. 자동차 이용을 줄이고 공장과 화력발전의 가동율을 감소시키면 된다. 자동차 운행을 제한하는 차량 2부제를 '미세먼지 저감 및 관리에 관한 특별법'에 명시하자는 움직임이 있다. 환경운동단체도 이 주장에 동의한다. 그러나 한번 생각해보자. 이산화탄소와 질소산화물을 많이 배출하는 사람들은 빠르고 큰 차를 타는 부자들이다. 그리고 그들에게는 차량이 한 대만 있는 것이 아니다. 때문에 차량2부제를 시행할 경우, 그들은 짝수 차와 홀수 차를 번갈아 이용함으로 생활에 큰 불편함이 없다. 반면 소형 또는 경차 한 대를 소유한 서민들의 발이 묶여 버린다. 그들은 부자보다 이산화탄소와 질소산화물을 덜 배출한다. 하지만 정책의 대상은 그들을 향한다. 결국 부자들이 배출한 먼지에 의해 서민들의 차를 멈추어야 한다. 그리고 더 일찍 출근해야 할 것이고 집에 더 늦게 귀가할 것이다.

인본주의 급진적 사상가 이반 일리치는 그의 저서 『행복은 자전거를 타고 온다』(Energy and equity, 1974)에서 이렇게 말한다. "에너지 사용에 상한선을 두는 것이야 말로 높은 수준의 공평성을 특징으로 하는 사회적 관계를 이룰 수 있다. 에너지 소비의 한계를 인정하여야 하고 이를 넘어서면 불행이 온다." 미세먼지의 원인도 바로 이 속도이다. 속도를 내면 낼수록 유해 배출물은 증가한다. 속도를 위해 공장이 가동되고 전기가 필요하다보니 화력발전소가 가동되어야 한다. 역시 유해 배출물이 증가한다. 우리는 이 속도에 의해 불행해지고 있으며 마침내는 숨쉬기 위해 차량을 멈춰야 하는 처지가 되었다. 차량 2부제는 권력자들의 대안이다. 동의할 수 없다. 미세먼지의 본질은 부자들의 속도를 맞추기 위해 균형을 잃어버린 '에너지 공정성', 속도의 문제이다. 성장이라는 신기루를 제시하면서 더 빠른 속도와 더 많은 노동시간을 요구한 '불평등'의 문제이다.

'공정성이 훼손되고 불평등이 야기되는 속도의 문제를 누가 해결할 것인가?' 우리나라의 고속도로최대 제한속도는 120km/h이다. 그러나 자동차 계기판의 최대속도는 240km/h 이상이다. 제한속도는 정책의 속도이고 최대속도는 기술의 속도이다. 이동약자들이 자유롭게 시외 저상버스를 탈 수 있다면 120km/h의 차이이지만, 그들이 탈 수 없는 조건에서 속도제한 정책이 없다면

240km/h 이상의 격차가 발생한다. 가진 자는 240km/h 이상의 에너지를 소비하지만 가난한 이들에게는 그만큼이 불평등한 사회이다. 이반 일리치의 주장처럼 에너지 사용에 상한선을 두든지, 아니면 시외 저상버스 도입을 목 놓아 외치는 것이야 말로 우리들의 몫이다. 너무나 당연시 되고 있는 속도 지상주의와 속도의 불평등 속에서 사회복지사들이야 말로 그것을 제어할 유일한 집단이어야 할 것이다.

2003년 역사 속으로 사라진 초음속 여객기인 콩코드가 새로운 모습을 준비 중이다. 콩코드는 빠른 속도(음속의 두 배 속도, 런던에서 뉴욕까지 주행시간 3시간 반) 만큼 많은 문제가 있었는데, 폭발음과 같은 소음, 적은 좌석과 높은 연료소모로 경제성이 낮다는 것이었다. 당연히 소득이 높은 사람들만 이용하던 이 여객기는 2000년 이륙과 동시에 엔진에서 발생한 화재로 추락하고 만다. 하지만 속도에 대한 인간의 갈망은 2020년을 기점으로 새로운 도전을 준비 중이다. 이전 초음속비행기와 다른 점이 있다면 저소음 일뿐 이전의 콩코드와 같이 빠르고 비싸다. 인간의 속도에 대한 야망은 이처럼 끝이 없다. 2020년, 콩코드와는 또 다른 도전이 준비되고 있다. 자동차 안전기술의 역사와 함께 하는 볼보가 야심찬 계획을 발표한다. 볼보를 탄 탑승자의 사상자를 없게 하겠다는 그들의 비전에 따라 주행속도를 시속 180km/h로 제한하는 차를 내놓겠다는 것이다. '과속이 있는 한 볼보의 기술로는 인간의 생명을 담보할 수 없다.' 는 그들의 결정은 매우 의미심장하다.

'당신은 속도의 콩코드를 타고 싶은가? 180km/h로 제한된 볼보를 타고 싶은가?' 기술혁명이나 경제성장이라는 속도의 유혹은 안전과 인권을 중심으로 바꾸어 결정되어야 한다. 결국 무엇을 선택할 것인가는 그 시대의 시민사회가 무엇을 추구하고 있는지, 결정과 행동의 동기는 무엇에 달려 있다는 것이며 그것이 바로 인권과 안전이라는 것이다. 그러므로 비영리조직은 기술과 발전 속에 내포되어 있는 안전과 인권이라는 사회적 가치를 언제나 충실히 지켜내어야 한다. 속도를 줄이는 정책으로 실현될 수 있도록 연대와 수평적 권력을 행사하여야 할 것이다. 이것은 선언이나 마음가짐만으로는 될 수 없다. 우리의 일터에서 무엇을 지켜내어야 하고 어떻게 촉진시켜야 할 것인지에 대한 끊임없는 자문과 실천을 필요로 한다. 우리들은 사회적 약자를 위해 속도를 낮추기 위한 연대에 동기부여가 되어 있는가? 이 질문은 이미 오래 전부터 시작되었다.

구성원은 무엇으로 동기부여 될까?

소진이 되는 이유는 일이 힘들어서 라기 보다는 제대로 동기부여를 받지 못해서가 아닐까?

'사람들은 어떻게 동기부여 될까?' 리처드 라이언Richard Ryan과 에드워드 데시Edward L. Deci는 자기결정성 이론에서 모티브 스펙트럼Motive Spectrum에 의한 동기부여에 대해 설명하였다. 구성원들에게는 직접동기와 간접동기가 있다. 직접동기는 즐거움, 의미, 성장에 관한 것으로써 일과 개인의 가치, 신념과 매우 밀접한 관계를 가진다. 간접동기는 정서적 압박감, 경제적 압박감, 타성에 관한 것으로써 이는 주로 외부 요인과 관계를 가진다.

직접동기가 높은 사람은 적응적 성과에 목표를 두고 일을 하여야 한다. 적응적 성과란 명령과 통제가 아니라 자발적으로 일을 계획하고 실행하는 것을 말한다. 간접동기가 높은 사람은 전술적 성과 내에서 일을 하여야 하는데 매뉴얼과 지침 등에 의한 관리나 통제 하에서 일을 하는 것을 말한다. 만약, 직접동기가 높은 사람에게 매뉴얼과 지침에 의한 전술적 성과를 제시하면 성과가 감소하게 된다. 또한 간접동기가 높은 구성원에게 권한을 부여하면 어떤 일을 할지 몰라 하거나 태만하게 된다. 직접동기는 내부에서 통제되고 간접동기는 외부에서 통제되는 것이 강함으로 직접동기와 간접동기를 파악해 내고 적절한 성과목표를 제시하는 것이 동기부여에 있어 중요한 과제가 된다.

사회복지조직의 구성원은 '직접동기가 높을까? 간접동기가 높을까?' 이 논제에 따라서 권한을 위임할지, 아니면 매뉴얼과 지침으로 통제할 지가 정해지게 된다. 공공조직보다는 민간조직에 자율성과 탄력성이 있다고 본다면 비영리조직을 선택하는 구성원들의 특성은 직접동기가 높을 것으로 추측된다. 그렇다면 구성원의 직접동기에 의한 동기부여 요소를 간과한 채 법과 지침의 전술적 목표에 집착하고 있는 문화는 개선되어야 한다. 직접동기가 높은 구성원은 금전적 보상에 반응하지 않는다. 오히려 그러한 보상이 동기부여를 낮추기도 한다. 그들이 추구하는 동기는 보상이 아니라 즐거움, 의미, 성장이기 때문이다. 그러나 간접동기가 높은 사람은 금전적 동기에 반응하게 되는데, 그들의 추구하는 동기는 정서적 압박감, 경제적 압박감, 타성이기 때문이다. 그러므로 보상에 대한 조직의 정책을 고민할 때, 조직의 구성원 모두가 직접동기가 높거나 간접동기가 높은 것이 아니라면 천편일률적으로 적용해서는 아니 된다.

평가가 높은 조직이나 구성원에게 인센티브가 지급되기도 한다. 직접동기와 간접동기의 측면에서 보자면 그렇게 좋은 제도는 아니다. 금전적 보상보다는 성과를 바탕으로 더 많은 자율성과 권한을 부여함으로써 즐거움과 의미, 성장 동기를 촉진하는 것이 더 효과적이다. 예를 들어 공적 평가에서 우수한 기관에 선정된다면 정부나 기초자치단체의 사업, 그리고 모금기관과 기업 프로포절 등의 심사 시에 가점을 주는 방향이다. 반대로 비리나 인권이슈가 발생한 곳이라면 기금사업의 심사 시에 패널티를 줌으로써 조직의 민주성과 투명성에 대한 동기부여를 기대할 수도 있다.

결국, 우리가 일을 하는 이유는 즐거움과 의미, 성장을 발견하고자 하는 것이며 그러한 구성원들이 일하는 조직의 성과가 높다. 그러한 구성원들이 원하는 것은 금전적 보상이 아니라 일에 대한 더 많은 권한을 가지고 공공의 선에 기여하고자 함이다. 그들은 다시금 즐거움과 의미, 성장의 기회와 동기부여를 제공받는다. 그러함에도 비영리조직에서 인재와 조직을 다루는 매카니즘은 정반대의 전술적 성과와 간접동기, 그리고 금전적 보상을 쓴다. 이런 상황에서는 조직과 구성원 간의 부조화가 일어나 소진이 발생하게 된다.

동기부여는 서로의 믿음에서 출발한다

인간에게는 누구나 잠재된 에너지가 있다. 그리고 이 잠재력을 통해 긍정적인 방향인 자아실현경향성self-actualizing tendency으로 나아간다. 인간이라면 누구나 그렇다. 물론 인간은 때때로 잔인하고 이기적이며 미성숙하게 행동하여 실망을 주는 경우도 있다. 그러나 그러한 인간들이라도 내면에는 자아를 실현하고자 하는 동기인 '자아실현경향성'이 있다. 자아실현경향성을 촉진하는 것은 그들의 감정을 이해하고 수용하여 주는 것이다. 즉, 상대방을 고유의 인격체로 인정해 주는 것이다.

만약, 리더가 그것을 '촉진'해주는 어떠한 '관계'를 맺을 수 있다면, '구성원 중심'의 '관계'를 형성할 수 있다면, 구성원은 그 관계 안에서 성장을 위한 잠재력을 발견하게 되고, 그 변화와 함께 성장할 것이다. 내담자 중심, 학습자 중심을 주장한 인본주의 상담의 창시자인 칼 로저스의 인간중심이론Person-centered Therapy에 기반한 자아실현경향성과 촉진적 관계에 관한 이야기이다.

'촉진적 관계는 어떻게 이루어질까?' 바로 구성원 중심의 대화이다. 그리고 대화기법으로 3가지가 필요하다. 진솔성genuineness은 권위보다는 자신에 대한 이해, 그리고 은폐보다는 자신의 감정과 태도를 솔직하게 표현하는 것이다. 무조건적 긍정unconditional positive regard은 상대방의 자아실현경향성을 신뢰하고 아무런 조건 없이, 비판 없이 긍정하는 것이다. 어떠한 예외적 조건 없이 긍정하여 주는 것이 바로 무조건적 긍정이다. 마지막으로 공감empathy은 정확한 감정의 이해, 상대방의 입장에서 느끼고 경험하는 것이다. 리더가 3가지의 대화조건을 활용하게 되면 촉진적 관계가 형성될 것이고, 마침내 구성원은 잠재력을 활용하여 자아를 실현하게 된다. 그러므로 촉진적 관계는 명령하거나 가르치거나 감독하는 것과는 완전히 다른 이야기이며, 만약 리더가 이러한 통제적 대화로 구성원과 관계를 형성하고자 한다면 구성원들은 잠재력을 쓰지 않을 것이고 자아의 실현을 거부할 것이다.

비영리조직의 인재육성 시스템인 '슈퍼비전'의 의미는 '지도감독'이다. 위계적인 활동이다. 선임자와 후임자, 경력자와 신입, 리더와 직원을 구별하여 출발한다. 한쪽은 주는 사람이고 한쪽은 받아야 하는 사람이다. 아무리 좋은 말로 포장을 해도 그 자체가 명령과 통제의 시스템으로 발휘된다. 슈퍼비전을 위해서는 선행조건으로 리더가 직원을 판단하여야 하기 때문이다. 교육적, 행정적 슈퍼비전은 구성원들을 단기적으로 향상시킬 수 있지만 잠재력을 활용하게 하지는 못한다. 가르치고 지시하는 명령의 행위이기 때문이다. 그렇다고 지지적 슈퍼비전이 잠재력을 사용하게 하는 동기부여로 작용하는 것도 아니다. '잘했어', '훌륭해'라는 긍정적 피드백은 구성원을 판단하는 행위이기 때문이다. 언젠가는 상대방에게 '실망이군', '이것이 최선인가?'라는 판단을 내릴 수 있는 지시와 명령의 행위인 것이다.

만약, 장기적이고 긍정적인 변화를 원한다면 비영리조직은 촉진적 관계를 활용하여야 한다. 그것이 휴먼서비스를 지향하는 비영리조직에 적합하기 때문이다. 사회적 약자와의 대화에서 '슈퍼비전이 필요할까? 촉진적 대화가 필요할까?' 슈퍼비전으로 육성되는 구성원들이 사회적 약자와 만났을 때 '슈퍼비전을 사용할 것인가? 촉진적 대화를 사용할 것인가?' 문화 자체가 슈퍼비전, 지도와 감독이니 자연스럽게 사회적 약자의 대화 속에서 슈퍼비전이 작용한다. 사회적 약자를 지도하고 가르치고 판단하는 통제의 행위가 이루어진다. 사례관리 역시 슈퍼비전이 아니라 촉진적 대화가 더 유익하다. 사회적 약자를 판단하는 것이 아니라 '진실 되게 긍정하고 공감'함으로써 사회적 약자의 잠재력을 활용하게 하는 것이 더 유익하지 않겠는가! 그럼에도 불구하고 비영리조직이 슈퍼비전을 선호하려는 이유, 사례관리가 통제의 도구로 전락해버리고 있는 이유는 사람이 아닌 실적(숫자)을 신뢰하기 때문이다.

당신이 경험했을 수도 있는 과거를 한번 회상해보자. 이제까지 한 번쯤은 촉진적 관계에 의해 자신의 잠재력을 발휘하고 자아를 실현하려는 경향성을 보인 적이 있을 것이다. 만약 한 번도 없었더라도, '자기 자신과 촉진적 관계를 형성하는 리더를 만날 수만 있다면, 나는 충분히 나의 잠재력을 발휘하여 자아실현경향성을 보일 것이다.' 라고 자신에게 말할 수 있을 것이다. 바로 그것이다. 당신이 만약 촉진적 관계를 형성했던 리더와의 관계 경험이 있다면, 이제 당신이 촉진적 리더가 되어라. 당신이 그러하듯이 당신의 구성원도 자신의 에너지를 사용하게 될 것이다. 당신이 비록, 촉진적 리더에 대한 경험이 없었다고 하더라도, 당신의 동료와 구성원들도 당신과 같이 촉진적 리더를 만나면 변화하고 성장할 수 있는 내재된 잠재력이 있는 인간이라는 것을 믿어라.

동기부여는 서로에 대한 믿음에서부터 출발한다. 내가 원하듯이 상대방도 원하며, 나에게 잠재된 에너지가 있듯이 상대방도 잠재력이 있으며, 내가 촉진적 리더를 만나면 변화하고 성장할 수 있듯이, 상대방도 촉진적 리더를 만나면 변화하고 성장할 수 있는 훌륭한 인간임을 믿어야 한다. 그 믿음과 함께 대화를 시작해 보자. 동기부여는 그렇게 시작된다. 그러면 그들이 춤을 출 것이다. 자유롭게 헤엄을 칠 것이다. 당신이 원하는 것이 지도감독, 통제에 움직이는 조직이 아니라 스스로 도전하는 구성원들과 함께 일하는 조직이라면 말이다.

바벨탑은 왜 무너졌을까?

구약성경의 창세기에 나오는 인간들이, 탑을 쌓아 하늘과 가까워지려 했던 이유가 궁금해진다. '신과 동등해지겠다.' 는 구약의 의미는 신의 계시를 받기보다는 인간의 뜻을 전하겠다는 인간적 욕망이지 않았을까?

서로가 메시지를 전하려고만 할 때 소통은 단절된다. 듣기보다 말하려고 하는 것은 자신의 의견을 강요하고자 하는 폭력과 다름이 없다. 그러므로 소통은 메시지를 상대방에게 전하려 하기보다는 상대의 메시지를 받아들임이 더 중요하다. 끊임없이 자신의 의견을 주장하고 설득하고 상대를 자신이 바라는 존재로 바꾸려고 하는 것, 이것이 인간사와 조직의 갈등요소이다.

역사적으로 보았을 때 소통은 예상외로 그렇게 주목받지 못했다. 수렵생활 시대에는 소통의 필요성이 크지 않았다. 단순작업이기 때문이다. 농경시대에도 소통이 주목받지 못한 것은 수렵보다는 공정이 복잡해도 시간적 여유가 있었기 때문이다. 산업시대의 소통도 역시 주목받지 못했다. 왜냐하면 매우 단순한 생산노동이었고 인간을 바라보는 관점은 테일러Fredrick Winslow Taylor의 과학적 관리론이었기 때문이다. 시간과 동작 속에 갇힌 기계적인 인간 말이다. 매뉴얼과 기능주의에 의해 기계적으로 일하다보니 소통과 생산성은 관계가 없는 것이었다.

그러다 마침내 메이요George Elton Mayo의 호손Hawthorne공장의 계전기 조립 실험, 면접실험, 관찰시험에서 소통의 중요성이 발견된다. 작업시간의 단축, 간식의 제공, 작업환경의 개선 등을 달리하여 실험집단과 통제집단을 비교하였더니 작업조건을 개선시킨 실험집단의 생산성이 높아졌다. 그러나 개선시킨 변수를 제거했을 때도 실험집단의 생산성이 동일하게 유지되었다. 실험집단의 생산성이 증가한 원인은 자신들이 중요한 실험의 관찰대상이라는 동기부여가 작용되었기 때문이다. 호선공장에서의 실험을 통해 생산성에 관계된 비공식집단과 인간관계의 중요성, 그리고 마침내는 소통의 중요성이 제시된다. 그러나 안타깝게도 호손공장에서 밝혀진 호손효과와 소통의 중요성은 그리 부각되지 못한다. 1920년대는 과학적 관리론의 시대였기 때문이다. 굳이 그런 것을 도입하지 않아도 노동자의 공급이 원활하고 빠르게 기계들이 돌아가며 생산성을 받쳐주었기 때문이다.

오늘날, 소통의 중요성이 부각되는 것은 치열한 경쟁 속에서, 내부 이슈들이 끊임없이 변화를 요구하고 있기 때문이다. 단순하기보다는 복잡하고, 빠른 시대의 변화, 그리고 이전 세대와는 전혀 다른 욕구를 가진 노동자들. 이러한 시대의 흐름 속에서 어떻게 하면 생산성을 높여 경쟁력을 확보할 것인가의 고민의 결과가 바로 '소통'이다. 구성원들이 일사분란하게 과업을 해결하여 성과를 내는 위대한 조직의 모습에서 소통을 발견한 것이다. 이러한 상황 속에서 어느 조직보다 단연 돋보이게 높이 올라서려고 하지만 이내 무너져 내린 조직이 많다. 마치 구약시대의 바벨탑처럼 말이다. 소통이 어렵고 조직이 무너지는 이유는 바벨탑과 같다. 상대의 메시지를 들으려 하기보다 내 이야기를 전하려고만 하기 때문이다. 바로 경청의 문화가 필요한 이유가 여기에 있다. 신에게 자신의 이야기를 하려고 하기보다는 신의 메시지를 들으려고 하는 태도가 필요한 것이다.

1960~70년대의 비틀즈The Beatles에 대해, 당시의 기성세대는 4명의 멤버가 똑같은 검정 정장을 차려입고 머리 스타일도 비슷해 보였다고 한다. 누가 누군지 몰랐으며 새로운 음악장르에 환호하는 젊은 세대를 이해하지 못했다. 만약, 방탄소년단 7명의 멤버가 비슷해 보인다면 당신도 역시 1960년대의 영국 기성세대와 같은 생각을 하는 사람일 것이다. 비틀즈의 'Let it be'를 한번 쯤 들어보았

을 것이다. 해석하자면 '그대로 놓아 두어라' 정도이다. 의역하자면 '있는 그대로 인정' 하라는 의미이다.

소통은 다양성과 상대방을 인정하는 것에서부터 시작된다. 지나치게 통합된 조직, 통합되려고 하는 조직은 다양성을 인정하지 않는다. 비틀즈와 방탄소년단의 멤버들을, 생소한 노래를 하는 '통합된 그룹' 정도만 인정한다면 소통은 이루어지지 않는다. 반면, 각 멤버를 고유하며 다양한 개별적 인격체로 인정할 때 드디어 노래가 귀에 들리고 그룹이 좋아지는 것이다. 자발적인 경청이 시작된다. 개별적인 나의 존재를 인정해 주고 나의 노래를 들어주는 '경청의 팬' 이 있으니 동기부여는 자연스럽게 촉진되어 좋은 노래를 만든다. 그리고 그룹과 팬과의 진정성 있는 소통이 시작된다. 구성원들이 가지고 있는 다양한 인격적 요소가 인정될 때, 소통이 시작된다.

소통은 주인의식을 제공한다. 주인의식이란, 주인이 갖는 의식이다. 그러한 주인의식을 갖는 사람은 주인이기에 이야기를 경청할 수밖에 없다. 주인의 메시지를 거부하는 종은 일감도 못 받거니와 적정한 대우를 받지 못한다. 만약 조직이 구성원을 주인으로 인정한다면 조직은 구성원의 메시지를 경청할 것이다. 자신의 메시지가 경청 받고 있다고 느끼는 구성원은 자연스럽게 주인의식을 가질 것이다. 또한 자연히 동기부여가 촉진된다. 구성원의 이야기를 경청하지 아니하고 명령하고 통제하는 조직은 구성원이 주인되기를 요구하지 말아야 한다. 명령을 듣고 관리당하는 주인은 없기 때문이다.

다양성과 인정, 주인의식은 민주주의이다. 민주주의는 국민의 이야기를 경청하는 것이다. 경청하기 위해서는 국민의 다양성을 존중하고 소득이든, 출신이든, 장애가 있든 없든, 국민 한 사람으로의 인격체로 인정되어야 한다. 그러면서 구성원은 주인으로 대우받아야 할 것이다. 그러니 조직민주주의는 구성원들의 개별적 다양성과 인격이 존중되고, 그들이 주인이 되는 것을 의미한다. 또한 구성원들의 메시지를 조직이 경청하는 것이다. 바벨탑이 무너진 것은 언어의 혼잡이 아니다. 받아들임의 소통이 단절된 것이다. 서로의 이야기를 경청하지 않은 것이다. 상대를 주인으로 인정하지 않는 것이다. 조직이 갈등하는 이유는 받아들임의 경청의 문화가 명령과 통제에 의해 단절되었기 때문이며 구성원을 주인으로 인정하지 않기 때문이다.

소통이란 경청이다. 이것은 'Let it be', 받아들임을 의미한다. 강요나 명령이 아닌 조직의 주인으로서 다양성과 인격체로 인정을 받는 것이 소통의 시작이다. 동기부여는 그렇게 시작된다. 자발적이고 창의적이고 도전적인 구성원들과 일하고 싶다면 우선 그들의 말을 들으라. 당신의 구성원들이 어떠한 문제든 해결할 수 있는 슈퍼

히어로가 되길 원한다면 역시 그들의 말을 들으라. 그리고 그들에게 요청하라. 'What is your name? Speak yourself'(BTS Unicef 연설 中) 당신의 이름은 무엇인가요? 당신의 목소리를 내어 주세요.

요르단 강가에 바벨탑으로 닫혔던 신의 음성이 들려온다. "이는 사랑하는 나의 아들이니 너희는 그의 말을 '들으라' "

권한과 권력의 동기요소

'누구를 승진시켜야 할까?' 구성원들 중에는 승진을 원하는 사람이 있고, 그렇지 않은 사람도 있다. 승진을 원하는 사람이라고 해서 일을 열심히 하는 것도 아니고, 승진을 원하지 않는다고 해서 열심히 일하지 않는 사람도 아니다. 또한, 일을 열심히 한다고 해서 승진을 시켰더니 전혀 다른 모습으로 퇴보하는 구성원도 있다. '어떤 인재를 승진시켜야 조직에서 원하는 효과를 얻을 수 있을까?'

개인에게 질문을 해보자. '승진하기를 원하는가? 원한다면, 왜 원하는가?' 승진에 대한 동기는 두 가지 요인으로 축약될 수 있다. 하나는 승진을 통해 '권한'을 얻을 수 있다는 것이며 또 하나는 '권력'이 주어진다는 것이다. 내적동기가 강한 사람은 외적인 보상보다는 일 자체가 주는 즐거움과 호기심 등의 욕구충족에 의해 일을 한다. 그 욕구를 충족할 수 있는 기반이 바로 '권한'이다. 반면 외적동기가 강한 사람은 자아실현보다는 급여나 처우, 편안함 등의 외적 보상에 의한다. 그리고 그 욕구를 충족해주는 것이 바로 '권력' 이다. 때문에 내적동기로 권한을 추구하는 구성원의 승진은 도전과 변화를 도모하는 기폭제 역할을 하지만, 외적동기로 권력을 추구하는 구성원의 승진은 자신이 점령한 처우와 보상, 그리고 편안함을 유지하는 것으로 작용된다.

대개의 사회복지조직의 조직도를 보면 관(원)장 아래에 국(부)장이라는 직위가 있다. 그런데 국(부)장의직위의 원래 개념은 총무라는 직무였다. 총무는 조직의 안살림 등을 도맡아하던 보직의 개념으로 직책보다는 직무에 가까웠다. 사회복지조직이 확장되면서 조직이 규모를 갖게 되는데, 이때 총무라는 직무는 직위로 모습을 바꾼다. 여기에는 두 가지의 이유가 있는데, 첫째는 조직의 사업이 커지면서 관(원)장을 보좌할 만한 직책이 필요했던 것과 또 하나는 구성원들의 동기부여였다. 지금도 그렇지만 구성원들이 승진을 하는 경우가 극히 드물었고, 관(원)장이 되기에는 자리도 부족하고 시기도 오래 걸리기 때문에 동기부여 차원에서 국(부)장이라는 직위가 만들어진 것이다. 나름 그 이유가 타당하기는 하고, 여러 장점이 있는 것도 사실이지만 여기서 여러 문제가 발생하기도 한다. 가장 큰 문제는 관(원)장과 국(부)장이라는 카르텔이 형성되면서, 무소불위의 권력이 만들어진다는 것이다. 조직의 비리나 인권문제가 발생된 조직을 들여다보면 이 두 직위의 막대한 권력이 자리하고 있다. 그리고 이 권력은 원활한 소통을 가로막기도 하며, 구성원들에 대한 권한의 위임을 주저하게 만들며, 권력유지에 조직의 많은 에너지를 소모하거나 지나치게 집중하게 만들어 버린다. 이로 인해 조직의 민주성과 투명성을 확보하지 못하게 됨으로써 구성원들의 동기부여를 저해한다는 것이다.

'구성원들이 관(원)장, 국(부)장으로 굳이 승진할 필요가 있을까?' '그렇게 규모가 크지도 않은 비영리조직에 국(부장)이라는 직위가 필요할까' 만약, 승진하고자 하는 이유가 기득권을 유지하기 위한 '권력'이 아니라 일의 의미를 찾는 '권한'이라면, 굳이 승진할 필요도 없고, 굳이 관(원)장이나 국(부)장이 될 필요는 없다. 영리기업의 조직을 보면 COO(최고운영책임자 Chief Operating Officer, CHO-인사최고책임자, CMO-마케팅최고책임자, CFO-재무최고책임자, CSO-서비스최고책임자)라는 직책이 있다. 이는 능력에 따라서 권한과 책임의 직책을 부여하는 제도이다. 굳이 상위 보직으로 승진을 하여야만 자신의 내적동기를 실현하는 것이 아니라 주어진 현재의 직위 안에서 권한과 책임을 부여받는 것이다.

국(부장)으로 승진하지 않아도 주어진 직위 안에서 자신의 욕구와 능력을 펼칠 수 있는 권한과 책임, 그리고 그에 대해 보상이 이루어진다면 굳이 승진할 필요가 없다. 그렇게 된다면 소수의 몇 사람에게만 주어지는 직위를 차지하기 위해 경쟁할 필요도 없다.

또한 권한이 다수에게 분배됨으로써 조직의 민주성과 투명성을 확보할 수 있다. 이러한 조직에서의 관(원)장의 몫은 더 이상 관리와 통제의 역할이 아니라 파트너십과 협의의 노릇이 요구된다. 또한 구성원들도 자신이 가진 능력에 의해 다양한 경로로 경력개발을 할 수 있게 되고, 하고 싶지 않은 승진을 억지로 할 필요도 없게 된다. 그러므로 구성원들에게 필요한 역량도 역시 관리와 통제의 역량이 아니라 개별적 역량이 요구되는 변화를 얻게 될 것이다. 마침내는 조직과 모든 구성원들이 요구하는 동기요소는 권력이 아닌 권한으로 인식된다.

'권력을 원하는가? 권한을 원하는가?' 대다수의 구성원은 권한을 원한다. 일의 의미를 발견하고 자신이 하고 싶은 일하기를 원한다. 그런데 권한을 얻기 위해서는 승진을 해야 하는 구조 속에서 살고 있는 것이다. 그러다보면 권한이 권력으로 변질되면서 내적동기에 의한 동기부여는 외적동기로 퇴색된다. 이러한 악순환의 굴레를 개선할 수 있는 방법은 승진이 아니라, 현재의 직위에 역량과 동기에 따라 직책을 통한 권한과 책임을 부여하는 방법이다. 직위나 직급이 아니라, 권한과 책임을 부여하여 동기부여 요소를 더 촉진하는 것이다.

행복하게 일하던 구성원이 승진이 되자 의욕이 없고 짜증을 내는 이유는 자신이 원한 것은 권한이었는데 책임만 주어졌기 때문이다. 또한 매력 없는 관리자로서의 역할이 부여되었기 때문이다. 불행한 구성원은 선택할 수밖에 없다. 권력지향으로 변형되든가, 조직을 이탈하든가, 승진으로 올라간 급여만큼만 일하는 것이다. 어떠한 선택이든 구성원도 불행하고 조직도 불행하다. 그러므로 일의 의미를 자기 자리에서 발견할 수 있도록 승진이 아니라 직무와 권한을 부여하는 방법으로 전환할 필요가 있다. 일 잘하는 구성원이 원하는 것은 권력이 아니다. 자신이 행복할 수 있는 일과 그것을 실현할 수 있는 권한이라는 동기부여이다.

사람들은 왜 일할까?

사회정책을 디자인할 때 세 가지 중요하게 고려되는 지점이 있다. 첫째, 효율적이어야 하고, 둘째, 사회로부터 승인을 받아야 하고, 셋째 근로동기를 저해하여서는 안 된다. 사회정책은 이런 이유로 모순에 빠지게 된다. 두 가지를 충족하는 정책을 만드는 것은 가능하지만 세 요인을 모두 충족하는 정책을 만드는 것은 쉽지 않기 때문이다.

특히, 효율성이라는 조건은 사회정책에 있어서 비용대비 효과를 기대하는 것인데, 그 자체가 벌써 모순된 상황이다. 사람들 삶의 개선을 측정하기 어렵다 보니 자활이나 빈곤의 극복을 수치로 가늠하려고 한다. '사회보장급여액이 얼마나 투자가 되어야 원하는 효율성을 확보할 수 있는 통계수치를 얻을 수 있을까' 경제주의자의 입장에서 보면 적게 쓰고 많은 효과를 얻어야 하는 것인데 삶의 질은 그렇게 얻어질 수 있는 것이 아니다.

이러한 고민은 조직 구성원들에게 '얼마를 지급해야 일을 열심히 할까?', '몰입과 열정을 끌어내기 위한 금액은 얼마가 필요할까?' 하는 물음과도 동일하다. 우리가 일을 하는 근본적 이유는 돈 때문이 아니다. 인간은 일의 의미와 자아를 발견하고, 사회에 기여하기 위해 일한다. 마찬가지로 사회적 약자의 일에 대한 동기도 이와 다르지 않다. 다르다고 인식하고 있다는 것은 사회적 약자를 치료와 관리의 대상으로, 그리고 무능하고 무력하다고 이미 규정하고 있는 것이다. 그러한 고정된 인식 속에서 지급되는 사회보장급여액으로는 사회적 약자의 자활과 빈곤의 극복을 기대할 수는 없다.

'가난한 사람들은 왜 새우깡에 깡소주를 마실까?' 간단하다. 그 만큼의 비용만을 사회가 승인하기 때문이다. 사회가 오징어 안주에 맥주를 마실 것을 승인하면 그것을 마실 것이다. 가난한 노인들에게 기초연금 30만원이 지급되자 기존 기초생활수급비 51만원에서 30만원을 차감하고 지급한다. '보충성의 원리'라는 현학적인 말로 이것을 설명하려 하지만 사실 이유는 간단하다. 가난한 노인들 삶은 월 51만원이 적정하다고 사회에서 승인하였기 때문이다. 그리고 그 사회의 승인은 '보충성의 원리'가 아니라 '효율성'이다. 그리고 그 효율성의 이면에는 가난한 사람들, 사회적 약자의 자활이 아니라 그 정도에서 머물 것을 바라는 사회적 기준이 작동한다.

조직의 구성원도 임금지급액의 정도가 일의 동기를, 몰입과 열정을 끌어낼 수 있는 동기부여 요소는 아니다. 조직의 생존을 위한 근로동기의 촉진을 목적으로 임금지급률을 책정한다고 하지만 사실 이도 역시 효율성의 원리와 조직의 기준이 자리하고 있다. 즉, 조직의 구성원이나 사회적 약자들이나 일의 동기를 자극하기 위함보다는 이미 조직에서 정한 기준에서만 머물기를 바라고 있는 것이다. 그러므로 임금지급액이나 사회보장지급액이나 경제주의자가 논하는 효율성을 근거로 하여 접근한다면 근로동기는 자극되지 않는다.

일하고자 하는 동기, 몰입과 열정의 동기는 금전적 보상이 아니라 다른 곳에 있다. 그리고 근로동기라는 것은 효율성으로도 측정할 수 없는 것이기에, 사회정책을 효율성, 근로동기, 사회적 승인의 세 요소를 모두 충족시키려고 하는 시도 자체가 모순이다.

미래의 신뢰사회를 구축할 수 있다고 보는 블록체인block chain 기술의 핵심은 작업증명POW: Proof of Work이다. 블록과 블록을 연결하기 위해서는 새로운 블록의 블록해쉬Block HASH를 계산해내어야 하고 블록해쉬를 계산해 내려면 논스nonce값을 계산하여야 한다. 그런데 이 과정 안에서는 어떤 방식이든 간에 컴퓨터와 전기료 등의 비용과 막대한 시간 투자가 필요하다. 이러한 과정이 없으면 개방형 블록체인은 그 시스템이 멈추어 버린다. '그런데 누가 어떠한 선의로 이렇게 참여하겠는가?' 블록체인을 고안한 사토시 나카모토는 블록체인에 선의로 참여한 사람에게는 동기가 필요하다고 보았고 그것이 바로 암호화폐인 것이다. 신뢰사회를 구축하기 위한 선의에는 보상이 필요한 것은 맞다. '그러나 그것이 화폐이어야 했을까? 다른 가능한 보상은 없었을까?'

사회적 약자이든, 조직구성원이든, 블록체인의 참여자이든 우리가 일을 하는 본질적 의미에 대한 성찰이 필요하다. 동기부여를 위해 금전적 보상으로 접근하는 것이 적절하지 않다는 것을 익숙히 알고 있으면서도 우리는 여전히 그 방법을 쓴다. 하지만 우리 스스로는 알고 있다. 내가 일을 하는 이유는 금전적 이유 이전에 다른 것이라는 것을 말이다. 그리고 근로동기는 효율성과는 거리가 멀다는 것을 말이다.

우리가 흔히 알고 있는 대표적 식충식물인 파리지옥은 온도와 습도가 높은 조건에서 잘 자란다. 파리지옥이 꽃을 피우는데 파리를 꼭 잡아 먹어야 되는 것은 아니다. 별도의 비료도 필요 없이 적정한 햇볕과 물이 있으면 잘 자란다. 파리지옥이 피운 꽃을 본 사람이라면, 우리의 편견이 얼마나 무서운지 깨닫는다. 파리지옥이 필요로 하는 것은 파리가 아니라 여느 식물과 마찬가지로 햇볕과 물이다. 그것만으로도 아름다운 꽃을 피울 수 있다. 편견은 아름다운 꽃을 더럽게도, 그리고 무섭게도 만들어 버린다.

마찬가지로 구성원들이 필요로 하는 것은 금전이 아니라 햇볕이라는 '일의 의미'와 물이라는 '권한'이다. 금전으로 작동할 것이라는 당신의 편견은 구성원들을 무능하거나 돈벌이만을 위해 일하는 사람으로 만들어버린다. 파리지옥의 덫이 닫히는 것을 보기위해 재미삼아 건드리면 엄청난 에너지를 소모하게 만들어 성장에 악영향을 준다. 섣부르게 구성원을 금전으로 동기부여하려는 시도도 마찬가지이다. 당신에게 있어 구성원들은 파리가 아니라 햇볕과 물을 필요로 하는 너무나 소중한 '꽃'이다. 사회적 약자들이 필요로 하는 삶의 터전도 파리(금전)를 잡아 먹어야하는 지옥이 아니라 햇볕(일의 의미)과 물(권한)이 제공되는 정원이다.

사람들은 왜 나눌까?

1990년대 만해도 식당에서 식사를 하다보면 껌을 파는 사람이 꽤 많았다. 우리는 그들에게 기꺼이 지갑을 열었다. 식사 후 껌을 씹는다는 것도 좋기는 하였지만 비록 시중가보다 비싼 껌이라고 할지라도 그것을 통해 나눔을 실천한다고 믿었기 때문이다. 그런데 어느 날 부터인가 '껌을 파는 사람들 중에는 건물이 몇 채가 된다느니, 고급 외제차를 타고 다닌다느니, 껌을 판 돈이 조직폭력배들에게 간다느니' 하는 소문이 돌기 시작했다. 그리고 우리들의 나눔의 행위는 멈추어 버렸다.

사회정책을 디자인하는데 있어서 사회적 승인이 필요하다. 이 사회적 승인이란 '사회적 약자나 가난한 사람들을 위해 사용되는 세금을 어느 정도로 분배할 것인가?' 에 관한 것이다. 한마디로 요약하자면 배분동기이다. '얼마나 주어야 일을 열심히 할까?' 라는 물음처럼 '얼마나 나누어야 시민들이 승인할까?' 라는 물음이다. 앞서 제시한 근로동기와 배분동기는 동기부여의 측면에서 보면 다르지 않은 메카니즘을 가지고 있다.

사회보장급여액이 충분하게 지급되지 않은 이유는 바로 사회적 승인과 연결되어 있기 때문이다. 우리가 껌을 파는 사람들에게 나눔을 멈춘 것처럼 우리가 자원을 나누는 그 대상이 어느 정도의 수준에서만 분배를 용인한다는 것이다. 근로에 대한 보상도 이와 같다. '보상을 너무 많이 하면 일을 하지 않게 될 것이니' 임금분배 역시 어느 정도의 수준에서만 그것을 용인한다. 사회적 약자의 자활과 조직 구성원의 성장을 위한 근로동기 촉진을 위해 분배를 한다고는 하지만 사실 그 기저에는 사회와 조직이 정한 기준이 작동하고 있다.

분배의 동기를 매슬로우의 욕구 5단계를 통해 가설을 세워 볼 수 있다. "첫째, 인간은 분배에 의해 남이 나보다 나아지는 것을 원하지 않는다(생존의 욕구). 둘째, 인간은 자신이 처해진 사회구조가 변화되지 않는 선에서 불평등을 허용한다(안전의 욕구). 셋째, 분배가 요구되는 상황에서 자신이 소속되고 싶은 대상이나 집단이 분배를 원하지 않는다면 분배를 거부한다(소속의 욕구). 넷째, 인간은 존중을 받을 수 있는 상황이나 범위 안에서만 분배를 허용한다. 반대로 자신의 명예와 권력에 손상이 온다고 예측되면 분배행위를 거부한다(존중의 욕구). 다섯째, 생존과 안전, 그리고 소속과 존중이 필요하지 않거나 구축된 인간은 분배를 허용한다(자아실현의 욕구)."

이다. 이를 간단히 요약하자면 분배의 사회적 승인은 개인과 집단의 '욕구가 허용'되는 기준 안에서 이루어진다는 것이다.

조직이든 사회이든 분배의 동기를 승인받는 것은 쉽지 않다. 그 이유는 제시한 바대로 개인과 집단의 욕구와 밀접하게 관계되어 있기 때문이다. 이 욕구는 생존, 안전, 소속, 존중, 자아실현 등 인간내면의 권리에 관한 것이다. 이를 '권리허용치'라고 가정한다. 때문에 사회정책에 있어서 효율성 논의뿐만 아니라 사회적 승인을 얻어낸다는 것 자체도 상당한 모순적 상황이다. 결국, 일을 한다는 것과 일에 대한 보상이라는 것은 금전적 보상과 효율성, 그리고 사회적 승인을 통해 규명하기가 쉽지는 않다.

'노동과 분배의 동기부여는 무엇인가?' 이 이야기는 자연스럽게 기본소득 담론으로 이어진다. 근로의 유무와는 관계가 없는 기본소득이라는 개념 자체가 효율성, 근로동기, 사회적 승인이라는 기존 사회정책의 모순적 상황과는 대립된다.

이제 기본소득이라는 명제는 좌파정권이나 급진 사회주의자들의 소유물이 아니다. 자본주의 집단이라고 부를 수 있는 세계경제포럼WEF, The World Economic Forum이 주최하는 2016년 다보스 포럼Davos Forum의 주제가 '포용적 성장'이었다. 그리고 여기서 다룬 주제가 기본소득이다. 마크 저커버그, 일론 머스크, 샘 올트먼 등 실리콘밸리의 CEO들이 주장하는 것 또한 기본소득이다. 그들이 주장하는 기본소득은 자본주의 공동체를 유지하기 위한 필요조건이기 때문이다. 그러나 기본소득의 재원이 자본주의에서 축적된 그들 기업의 수익이고 이들은 이것을 기꺼이 사회에 환원하겠다고 주장하는 것은 또 다른 이야기이다.

'그들은 왜 그 일을 했을까? 그들은 왜 나누어야 한다고 주장하는 것인가?' 그들에게 있어서 더 이상, 일을 한다는 것과 그들 통해 얻어지는 부의 축적은 아무 의미를 주지 못한다. 최종 목적은 어찌 되었던 간에 공동체의 유지라는 사회적 기여이다. 결국 자아실현의 욕구까지 온 것이고 때문에 기꺼이 분배하고자 하는 것이다. 결국 모든 것은 의미에서 발견된다. 일을 하는 의미, 나누고자 하는 의미는 우리에게 동기를 부여한다. 단, 사람마다 그 의미가 작동하는 순간이 다른 것은 각자에게 주어진 '권한과 자율성', 그리고'권리 허용치'가 다르기 때문이다.

욕구는 문제가 아니라 권리이다

어려운 업무를 두고 고민하고 있는데, 어느 구성원이 자발적으로 돕고자 지원을 하고, 조직과 팀의 발전을 위해 혁신적인 제안을 하며, 굳이 말을 안 해도 정해진 규정을 준수하는 구성원이 내 곁에 있다면... 게다가 한 두 명도 아니라면, 그것이 조직의 문화여서 너무나 당연한 것이라면...

직무기술서나 명세서, 그리고 매뉴얼이 아무리 구체적이고 완벽하다고 하더라도 이러한 이타적인 행동은 담아낼 수도 없거니와 이것을 구성원들에게 문서나 규정으로 강제하거나 명령할 만한 것이 못된다. 강제적이거나 보상이 보장되거나 보상을 예측하는 것이 아니라 구성원의 자유재량으로 발생하는 행동은 조직의 성과와도 관계가 높다.

직무에 대한 최소한의 요구를 넘어서는 이러한 행동을 1980년대 초반에 오건Organ과 동료들에 의해 조직 내에서의 자발적 도움

행동을 '조직시민행동Organizational Citizenship Behavior'으로 정의하였다. 자발적 행동 이외에도 조직에서 요구하는 최저 수준 이상을 수행하는 양심적 행동, 갈등과 문제가 발생해도 불평이전에 스스로 해결하려는 신사적 행동, 구성원들 간의 갈등이 일어나기 전에 스스로 예방하고자 하는 예의적 행동, 조직과업을 책임감을 가지고 적극적으로 참여하는 공익적 행동이 있다.

중요한 것은 조직시민행동을 촉진시키는 요인이다. 요인은 크게 5가지로서 감독(리더의 슈퍼비전), 승진(공정성과 기회), 급여(적정성과 합리성), 직무(주어진 일), 동료(함께 일하는 구성원)이다. 5가지 요인을 매슬로우가 주장한 5개의 욕구로 비교하자면 감독은 존경의 욕구, 승진은 자아실현의 욕구, 급여는 생존의 욕구, 직무는 안정의 욕구, 동료는 소속의 욕구일 수 있다. 즉 조직시민행동의 촉진요인은 구성원의 욕구와 관계되어 있으며 각 개인이 추구하는 욕구의 달성여부가 만족도에 영향을 주고 이 만족도가 조직시민행동의 원천일 수 있다.

욕구의 만족이 조직시민행동에 영향을 주는 이유는 일의 의미를 발견했기 때문이다. '일의 의미를 발견했다.'라는 것은 자아의 실현만이 아니라 생존이든, 소속이든 구성원이 추구하는 각자의 욕구를 충족한 것을 의미한다. 각자의 욕구충족이 만족감을 주며

이 만족감이 조직시민행동을 촉진한다는 것이다. 이렇게 일의 의미를 발견한 구성원은 직무몰입과 조직몰입을 경험하게 되며 이 몰입 수준에 의해 조직의 성과창출에 기여하고 조직의 목표를 달성한다.

조직이 구성원들의 만족에 관심을 가져야 하는 이유이며 그 해답은 욕구의 충족(만족)이다. 우리가 마주하는 사회적 약자들의 욕구에 관심을 가지고 있듯이 조직에서도 구성원들의 욕구만족을 위한 고민이 필요하다. 그것이 구성원들에게 필요한 동기부여이기 때문이다. 해결방법은 너무나 간단하지만 욕구를 문제로만 바라보기에 인지적 불편함으로 어려움을 겪는다.

욕구를 문제로 치부하는 시각을 전환하라. 사회적 약자의 '문제'는 '욕구'이다. 그리고 이 욕구는 '권리'이기도 하다. 인간을 진단주의로 바라보는 관점이 사회적 약자를 보호와 시혜의 스티그마stigma를 부여하듯이 조직 내에서도 구성원의 만족보다는 성과에만 집착하고 관리와 통제의 대상으로 대한다. 때문에 구성원의 욕구를 긍정적으로 바라보지 못한 채, 성과달성을 방해하는 장애물로 진단하고 문제화해 버린다. 조직에서 자신이 충족하고 싶은 욕구를 문제로 진단한 상황에서는 만족이란 있을 수 없기에 조직시민행동은 일어나지 않는다. 조직은 불만족한 구성원에게 기능주의와 매뉴얼을 들이대며 기계처럼 대한다.

구성원이 가지고 있는, 또는 요구하는 바를 조직의 문제로 간주하는 문화는 지양되어야 한다. 문제가 아니라 구성원의 욕구이자 권리이며 그것이 충족되어야 조직시민행동이 촉진되어 성과로 연동된다. 조직의 성과달성을 위해 '자아실현'이라는 최상의 욕구를 가진 구성원들만이 필요한 것이 아니다. 생존이든, 소속이든, 자아실현이든 간에 구성원들의 욕구는 문제가 아니라 권리로서 존중되어야 한다. 사회가 다양한 욕구의 충족 속에서 유지되고 발전하듯이 조직도 역시 다양한 욕구를 가진 인간들의 충족 속에서 성장한다. 모두 동일한 욕구라면 갈등이 있을 뿐이다.

구성원의 만족은 조직시민행동과 관계되어 있으며 조직의 성과에 영향을 준다. 만족은 곧 욕구의 충족을 의미하며 동기부여를 촉진한다. 그러므로 성과를 원한다면, 조직시민행동을 하는 사람들과 함께 일하고 싶다면, 구성원들의 욕구를 인정하라. 욕구는 문제가 아니라 권리이며 동기부여의 원천이다.

평가와 보상이 필요할까?

인사평가의 목적은 무엇인가? 과거의 잣대로 보면 상벌의 개념이 크다. 하지만 현대사회에서는 조직과 구성원 간의 갭gap을 줄이는 것이 목적이다. 갭이란 조직의 목표와 구성원의 역량 간의 차이이다. 즉 조직목표를 달성하기 위해서는 구성원의 역량이 뒷받침되어야 하지만 개인적, 구조적 이유에 의해 제한되는 경우들이 존재한다. 인사평가란 그러한 요인들을 평가를 통해 확인하여 제거함으로써 목표에 도달할 수 있도록 지원해 주는 도구이다. 차이를 줄인 만큼 동기부여가 강화되며 조직의 목표달성에 가까워지게 된다.

만약, 인사평가가 상벌의 개념이 아니라 차이를 줄여주는 목적이라면 '평가는 곧 보상'이라는 당위성이 흔들리게 된다. 사람이 일을 하는 진정한 이유는 생존의 욕구를 넘어, 일의 의미를 찾고 존재의 의미를 발견하기 위함이다. 때문에 차이를 줄여서 상위의 욕구에 도달할 수 있게 된다면, 이것이야 말로 조직이 구성원에 줄 수 있는 가장 큰 보상이다. 즉, 상(賞)이 보상이 아니라 일work 자체가 곧 보상인 것이다. 구성원 스스로가 하고 싶은 일을 선택하고 결정하는 것, 그리고 그에 상응하는 권한을 받는 것만큼 일의 의미를 발견하는 일은 없을 것이다.

그러나 사람들이 일을 하는 이유를 생존의 욕구로만 한정한다면 보상은 금전의 지급으로 협소하여 진다. 하지만 금전적 보상은 동기부여가 될 수 없다는 것이 많은 연구결과에 의해 증명되었다. 자 여기 소마퍼즐 7개의 덩어리와 퍼즐조합 3개, 잡지 3개가 있다. 실험군과 비교군을 2개조의 조로 나누어 4일 동안 3번의 실험을 다음과 같이 실시하였다. 첫 번째 세션에서는 퍼즐조합 3개를 조합이 성공할 때마다 하나씩 보여주며 맞춰보라는 지시를 내렸다. 각 조는 호기심을 느끼며 무난히 조합을 마친다. 두 번째 세션에서는 실험군에게 성공하면 돈을 준다고 하였고, 세 번째 세션에서는 돈이 떨어져 못준다고 하였다. 그리고 매번 2번째 퍼즐이 끝났을 때 시간을 입력하여야 한다는 이유로 '실험자가 나가 하고 싶은 것을 하라' 라는 메시지를 남기고 실험진행자가 나가버린다.

결과는 이렇다. 실험집단은 돈을 준다는 두 번째 세션에서는 소마에 보다 많은 관심을 보였고 관심을 보인 시간이 5분이 증가하였다, 비교집단은 평소와 같았다. 돈이 없다고 말한 세 번째 세션에서는 실험집단의 관심이 적어지고 잡지를 본다. 관심을 보인 시간은 전 세션보다 2분이 감소하였다, 그러나 비교집단은 관심을 보인 시간이 8분이 증가하였다. 즉, 금전적 보상은 처음에는 동기를 자극하지만 시간이 갈수록 동기요인을 오히려 감소시킨다. 오히려 현금보상이 없으면 시간이 오히려 동기요인을 더 자극한다. 인간의 동기부여는 돈으로 되는 것이 아니라는 이러한 실험은 수도 없이 많다.

이외에도 평가와 보상의 효과는 긍정적 보다는 부정적인 것이 더 많다. 개인이나 부서이기주의(경쟁대상이 외부가 아닌 내부), 도전의식 상실(정해진 목표에만 몰입하여 변화에 둔감), 보여주기 성과에 집착(본질적 성과보다는 지표위주), 비윤리적 선택의 발생 등이다. 특히 사회서비스 조직에는 더욱 그러하다. '과연 인간의 욕구를 다루는 사회서비스를 측정할 수 있는 성과와 지표라는 것이 있을까?' 목표를 관리하기 위해 인사평가를 한다고 하지만 그 목표자체가 인간의 욕구이며 이를 수행하는 구성원 역시도 인간임으로 이를 평가하고 보상을 한다는 자체가 모순이다. 만약 금전적 보상이 커진다면 사회적 약자의 실질적인 삶의 개선보다는 실적의 논리 속에서 비윤리적 행동을 조장하는 위험이 있다.

포상을 주기 위해서는 인사평가를 해야 한다는 논리는 오래된 잘못된 관행이다. 포상을 시행하기 위해서 꼭 인사평가를 해야 하는 것은 아니다. 또한 인사평가를 시행한다고 해서 포상을 꼭 해야 하는 것도 아니다. 인사평가와 보상이라는 두 제도의 목적에 따라 연관될 수도 있고 그렇지 않을 수도 있다. 인사평가의 목적은 상벌이 아닌 차이를 줄이는 것임으로 굳이 보상이 따라올 이유는 없다. 조직에서 포상제도가 꼭 필요하다면, 실적이나 성과보다는 태도, 능력에 대한 포상을 할 수도 있다. 경로는 다양하다. 그 첫 번째 시도로 '평가는 곧 보상'이라는 오랜 관행을 끊어보자. 구성원들이 일의 의미를 발견하고 파트너십을 발휘할 수 있는 인사평가와 포상제도로의 개선이 필요하다.

스벤카 한델스 은행의 성과보상제도인 옥토고Oktogonen의 사례를 보자. 그들이 굳이 현금을 지급하지 않고 성과금을 각자의 펀드에 균등 분배하는 것은 현금보상이 동기부여를 저해하기 때문이다. 또한 성과의 공헌도는 이미 급여로 보상을 받았음에도 불구하고 인센티브로 차등 지급하는 것은 동기부여를 저해할 뿐만 아니라 위화감을 조성한다. 여기에다가 인센티브를 지급하기 위한 고도화된 인사평가를 만들어야 하고 전사적으로 인사평가를 진행하는데 발생하는 수많은 행정비용도 무시할 수 없다. 또 인사평가의 최종결과를 구성원들에게 이해시켜야하는 과정에서 발생하는 자원의 낭비와 조직분위기 저하의 문제도 있다. 때문에 현금지급 방법보다 각자의 펀드에 균등 분배하여 지급하는 것이 현명한 선택인 것이다. 이러한 예를 차용하여 하나의 팁을 제시하자면 연말 인센티브를 현금지급이 아니라 퇴직급여에 납입하여 주는 방법이 있을 수 있다. 스벤카 한델스 은행의 옥토고 펀드와 유사할 수 있는 당의 조직만의 독특한 방식이 될 수 있다.

실적을 측정하려 하지 말고 태도에 주목하라

'인간을 대하는 비영리조직에서 성과를 측정할 수 있다고 믿는가? 그 성과를 수치화할 수 있다는 신화에 빠져있는 것은 아닌가?' 비영리조직은 인간의 욕구와 지역사회와 마주한다. 목표는 욕구충족의 정도이지 처리 개수가 아니다. 그러나 관료주의로 움직이는 정부와 기초자치단체에서 요구하는 잣대는 계량화 된 실적이다. 실적에 목이 달린 리더들은 그것이 정답이 아님을 알면서도 구성원들에게 요구할 수밖에 없는 굴레에 갇혀있다.

'우리는 신발을 팔지 않고 서비스를 판다'는 미국의 신발 · 의류 온라인 회사인 자포스Zappos. 파는 개수에 연연하지 않고 서비스의 품질에 주안점을 두고 있다. 이 회사는 아마존에 12억 달러라는 거금(환산하면 대략 1조 5천억원)으로 매각되었다. 아마존이 자포스를 인수한 것은 자포스의 매출이 아닌 그들의 기업문화였다.

자포스 안에 컨텍센터contact center에는 400여명의 전화 상담원이 있다. 이들에게는 고객 서비스를 위한 의사 결정권을 100% 직원의 재량에 맡기고 있다. 그리고 이들의 성과를 측정하는 방법은 개인감정교류personal emotional connections PECs이다. 자포스의 CEO 토니 세이는 인바운드in bound에 의한 통화시간이나 횟수의 실적요구가 불합리한 행동을 유발한다는 것을 간파했다. 그래서 정통적인 전화 상담원의 실적지표인 인바운드 대신에 개인감정교류라는 지표를 고안한다. 이는 고객과의 유대관계를 얼마나 형성했는가를 판단하는 도구이지만 그것을 정확히 과학적으로 측정하기는 곤란한 단점이 있다. 그러함에도 이 도구를 쓰는 이유는 목적 자체가 정확성이 아니라 집단의 목표에 부합하는 행동을 만들어 내는 데에 있기 때문이다. 자포스는 응대 전화한통에 10시간이 넘는 것을 기록으로 인정하고 자축하는 기업문화를 가졌다.

대표적 감정노동자인 전화상담원의 스트레스는 고객의 폭언이나 무리한 요구 등에 있지만 내부적으로는 상담원마다 그리고 팀마다 부여된 1일, 1개월간의 통화시간과 횟수라는 계량화 된 실적 때문이다. 이를 달성하기 위해 고객서비스가 제대로 이루어지지 않을 뿐만 아니라 감정노동과 함께 육체노동이 가중됨으로써 서비스의 질이 하락한다. 그러나 자포스의 개인감정교류는 비록 정확한 측정은 곤란한 반면 자포스가 추구하는 신발을 팔지 않고 서비스를 파는 기업목적을 달성할 수 있는 도구로 작용했다.

비영리조직에서의 성과는 숫자로 측정될 수 있는 것이 아니다. 비영리조직은 프로그램의 수, 이용자의 수, 배분의 수를 파는 조직이 아님에도 불구하고 이를 팔기 위한 행정력과 비용이 차출되고 정작 마주하여야 하는 인간의 욕구와 지역사회는 배제된다. 자연히 구성원들은 자신이 임하고 있는 일의 의미와 가치와는 상반된 숫자에 매몰될 수밖에 없다. '상담의 수, 후원자 유치의 수, 프로그램의 수가 무엇이 중요한가?' 이렇게 수치적으로 목표를 정해주면 일의 의미는 퇴색된 채 숫자를 채우기 위한 행동이 일어난다. 여기에다가 보상체계까지 결합되면 돈을 받기 위한 비윤리적 행동까지 일어난다. 치명적인 동기부여의 저해요소이자 조직의 리스크이다.

방법은 실적보다는 태도attitude에 주목하자. 우리는 그동안 기술, 지식, 태도라는 인적역량 요소에서 '태도'를 너무나 등한시 해왔다. 이는 경영기술을 차용하고 적용하는 과정에서 비영리조직의 특성을 고려하지 않은 채 기업경영식 시스템을 도입한 결과이다. 그리고 태도라는 것이 측정하기 어려운 인적요소이기에 성과보상과의 연결에서도 어려움이 있기 때문이다.

태도를 측정하는 것은 자포스의 사례처럼 정확하지 않을 것이다. 그러나 비영리조직의 목표와 방향에는 부합한다. 그러함에도 비영리조직의 핵심고객인 인간의 욕구와 지역사회와 마주하기 위해서는 태도로 전환되어야 할 것이며 그 전제조건은 이러하다. 첫째, '태도의 측정을 성과와 연동하지 말 것, 둘째 무엇보다도 비영리조직은 실적이 아니라 태도가 중요하다는 것을 고백할 것' 이다. 이것이 전제된다면 태도에 주목할 수 있을 것이며 비로소 핵심가치와 행동규범을 설정하는 것이 비영리조직의 과제가 될 것이다.

우리는 그동안 미션mission과 비전vision, 그리고 전략strategy이라는 프로세스에 따라 움직여 왔다. 그러나 간과하고 있는 것이 바로 핵심가치와 행동규범이다. 이는 정성적 지표인 미션, 정성적이면서도 정량적인 비전, 그리고 정량적 지표인 전략을 이어주는 매개체이다. 그리고 여기에서 태도가 다루어진다. 우리가 태도를 측정하지 못하고 실적으로 측정하는 이유는 정량적 요소인 비전과 전략에 매몰되어 있기 때문이다. 정부와 지자체가 실적을 원하기 때문이다. 그러한 이유로 비영리조직에서 매우 중요한 가치와 규범을 다루지 않는 우를 범하고 있다.

Super-Vision VS Super-Viewsion

인재를 육성하고 자기계발을 하는 최종 목표는 Specialist(전문가)가 되는 것이다. 중요하게 다루는 교육영역과 정보자원은 자기영역이다. 자기영역이라 함은 크게는 복지라고 할 수 있지만, 더 정확하게 말하면 노인, 장애인, 아동 등의 사회적 약자의 유형에 따른 영역이다. 다른 영역에서의 정보획득은 그리 중요하지 않다. 자신의 영역에서의 전문성 구축이 과제임으로 다른 영역의 정보를 획득하는 것은 그 다음의 과제가 된다.

우리는 전문가 집단이라는 교육을 받으며 양성되었고 그것에 대한 높은 자부심이 있다. 이렇게 전문성을 추구하는 조직에서 나타나는 중요한 육성개념이 슈퍼비전이고 선임자의 지식과 경험이 중요한 관건이다. 슈퍼비전을 좋게 말하면 선임자가 후임자에게 전문적인 피드백을 주는 것이라 볼 수 있지만, 나쁘게 말하면 관리감독, 통제이다. 슈퍼비전은 보건과 의료, 교육 등에서 많이 쓰는 개념이고 이런 집단에서 추구하는 인재상은 앞서 말 한대로 Specialist

이다.

이러한 전문가 집단의 단점은 다양성이 저해되고, 폐쇄성과 순혈주의 문화에 있다. 그로 인해 문제의 발견과 해결이 힘들어진다. 지배계급의 경험과 지식이 가장 중요한 자산이기 때문에 강력한 위계문화가 형성된다. 슈퍼비전은 권력을 고착화시키는 도구로 변질된다. 또한 전문가 집단의 특성상 자기 분야에는 강점이 있지만 다른 영역에 대해서는 잘 모름으로 활동 영역이 자신의 분야에만 국한된다. 문제해결에 있어서 선임자의 지식과 경험을 중시함으로 새로운 창발적 아이디어로 문제를 해결하는 데에는 저항에 부딪힌다. 그러므로 문제의 대안을 새롭게 고민하기 보다는 선임자의 의견에 따라야 하는 문화가 형성됨으로 수평적 조직문화와는 거리가 멀다. 결국 폐쇄성과 순혈주의의 폐단은 다양성과 상상력의 부재로 이어지고 문제의 발견과 해결에 어려움을 가중시킨다.

오늘날은 Generalist와 다양성이 필요한 시기이다. 다양성을 확보하는 과제는 동기부여의 문제이기도 하다. 사회복지는 원래 다양한 학문에 기반한다. 집단 자체가 다양한 집단이어야 한다. 그러므로 깊게 들어가는 스페셜리스트 뿐만이 아니라 넓게 보는 제너널리스트가 필요하다. 정보의 획득을 자기 분야 외에 타 영역의 데이터 범주까지 넓혀야 한다. 지식정보화사회에서는 지식정보의 양

뿐만 아니라 취득기회까지 동등하다. 누구나 얻을 수 있고 얻은 정보도 새로운 것이 아니다. 정보는 이미 자기영역에는 넘쳐나고 있는 것임으로 경쟁력을 위해 다른 영역의 정보가 필요하다. 때문에 정보의 범주를 넓혀야 되는 필요성이 있다 보니, 전문성을 넘어 접속성과 개방성이 필수 역량으로 자리한다. 또한, 구성원들이 모두 한 분야에만 관심이 있는 것은 아니다. 때론 엉뚱한 관심사라고 하더라도 현대사회에는 그 엉뚱함이 새로운 도전과 대안으로도 연결된다.

이러한 문화에서는 관리감독 기능의 슈퍼비전이 아니라 조망력의 슈퍼뷰전Super-Viewsion을 필요로 한다. 다양하게 바라보고 해석하고 적용하는 것을 의미한다. 자신의 분야를 마이크로하게 보면서도 때로는 넓은 시야로 다른 영역의 문제와 대안들까지 바라보는 개인의 능력과 조직문화를 말한다. 넓은 시야와 안목, 다양한 경험이 필요함으로 이들의 인재육성 목표는 제너럴리스트이며 제너럴한 문화 속에서 육성된다.

전문가들과 의견을 협의하고 합의해 내는 사람이 제너럴리스트이다. 이들은 정보의 다양성을 추구한다. 타영역에 대해 존중(연대, 네트워크)하고 인정(자유, 자율성)하는 자세와 태도를 가지고 있음으로 자연스럽게 수평적 조직문화(평등, 분권화)를 추구하는 것이다. 스페셜리스트와 제너널리스트가 교감하는 조직문화에서는 교류와 연대, 그리고 정보의 환류와 공유가 매우 중요하게 인식됨으로 폐쇄성과 순혈주의는 찾아보기 힘들다. 그러므로, 제네럴리스트들이 추구하는 시장(市場)은 자신의 시장에만 머물지 않게 되며, 보다 넓은 사회영역으로 확장된다. 이러한 새로운 확장이 구성원들에게 또 다른 동기부여의 요소로 자극된다.

그러나 아쉽게도 우리 사회복지 조직문화에서는 스페셜리스트를 선호한다. 앞서 제시한 바대로 전문가 문화는 폐쇄적이고 순혈주의이다. 이러한 문화 속에서는 단절과 위계를 요구하게 되고 미래사회에서 성공하지 못한다. 다양성과 상상력이 부재함으로 새로운 사회문제를 발견하지도, 그리고 해결할 능력도 없기 때문이다. 연대라는 것을 매번 만나는 자기 직종들만이 똘똘 뭉치는 시대는 지났다. 다양한 직업군과 직종들이 공동의 문제를 해결하기 위해 협업하는 것을 연대라고 하는 것이다. 우리끼리 만나는 것은 네트워크가 아닌 모임일 뿐이다. 다양성이 확보될 때 네트워크의 효과를 기대할 수 있는 것이다. 방법은 두 가지이다. 첫째, 내가 제너널리스트가 되든가, 아니면 새로운 다른 직종을 억지로라도 찾아가 만나는 것이다. 둘째, 내가 스페셜리스트로 남고자 한다면 소속된 집단을 다른 직종에게 개방하라.

새로운 만남은 언제나 거북하다. 자신을 보여주어야 하기 때문이다. 그러나 상대방도 이러한 사실에 대해 거북해 한다. 그러나 만나면 만날수록 이전까지 접하지 못했던 새로운 영역의 기술과 생각들을 접하게 된다. 그리고 자신의 지식과 경험이 상대방에게 매우 긴요하며 내가 그들보다 나은 것이 있음을 인식한다. 자연스럽게 자신과 조식이 해결하지 못하는 문제에 대한 대안을 상대방의 영역에서 얻을 수 있고 그동안 미처 생각하지도 못했던 것이 문제일 수 있다는 자각의 기회가 주어진다. 그러면서 또 다른 세계, 나와 다른 영역, 그리고 문제와 대안들에 대한 호기심이라는 동기부여가 일어난다. 이것이 네트워크의 본질이다. 새로운 생각과 경험, 그리고 기술은 당신의 욕구를 자극할 것이다.

선한 영향력이란?

주도적이고 자발적인 구성원은 '조직과업에 참여하면서 자율을 느끼고, 그 자율에 의해 일의 의미를 부여받으며, 그 일의 의미로 행복을 얻는다. 그리고 행복해진 구성원은 다시 조직과업에 참여하게 되고 다시 자율을 느끼며, 일의 의미를 강화하고 행복감을 증진시킨다. 참여Participation, 자율Autonomous, 의미Meaning, 행복Happiness으로 이어지는 성과의 사이클이다. 단, 주도적이고 자발적인 구성원이라는 신뢰의 선행조건이 해결되어야 한다. 그것은 권력욕구가 있는 리더의 '선한 영향력'에 의해서이다.

맥클리랜드McClelland의 성취동기이론Achievement Motivation Theory에서 유능한 리더에게 필요한 욕구를 권력욕구로 정의하였다. 유능한 리더는 권력욕구가 강하고 민주적인 방식으로 자신의 영향력을 발휘하는데, 여기서 권력욕구란 권위주의가 아닌 절제된 이타적 권력으로서 선한 영향력으로 정의하였다. 즉, 권력욕구가 강한 유능한 리더의 선한 영향력이란 구성원들에게 활력을 불어넣어주고 스스로 책임감을 갖게 하고 스스로 알아서 업무를 체계화할 수 있도록 힘을 주는 것을 말한다.

그렇다면 선한 영향력으로 작동되는 성과가 높은 조직에서 볼 수 있는 조직의 선한 영향력은 무엇일까? 첫째, 성과가 높은 조직들은 자신의 당면과제를 회피하지 않고 스스로 해결해 낸다. 어느 조직이나 비슷한 문제를 안고 있다. 그러한 문제를 외면하지 않고 해결해 냄으로써 조직 간의 '차이'를 만들어내고 이를 사회에 '기여'한다. 또한 다른 조직에서는 결코 따라올 수 없는 차이를 만들어낸다. 생존의 방법이다. 차이를 느낀 다른 조직은 그것을 따라 잡으려고 모델링 한다. 역시 생존의 법칙이다. 그러다보면 전체사회의 성장이 있을 수 있다. 이것이 성과가 높은 조직에서 볼 수 있는 차이에 의한 기여의 효과이며 선한 영향력이다.

둘째, 이러한 일련의 과정 속에서 성과가 축적된다. 그러나 그 성과는 구성원의 행복에 기반되어야 한다. 구성원의 행복이 없는 조직의 성과는 희생과 착취이기 때문이다. 행복이 없는 성과는 리더와 조직의 성취를 위해 구성원의 성취를 빼앗는 행위이며, 맥클리랜드가 주장하는 3가지의 욕구 중에서 성취욕구의 안 좋은 예이다. 그러므로 조직성과의 목표 안에 구성원의 행복을 둠으로써 구성원들이 성취하도록 유도하여야 한다. 이것이 구성원에 대한 선한 영향력이다.

셋째, 구성원들이 성과를 만들어내려면 일에 의미가 있어야 한다. 실적과 수치를 달성하는 것에 그치는 것이 아니라 성과를 달성하면 어떠한 의미가 부여되는 것인지에 대해 구성원들이 인식하게 해주는 것이 선한 영향력이다. 가장 중요한 대목이며 조직의 선한 영향력의 시작이라고 할 수 있다. 일의 의미를 발견해 내기 위해서는 리더의 깨어있음이 필요하며, 그러한 깨어있음에서 오는 민감성과 자각을 구성원들과 함께 하여야 한다. 이러한 리더의 방향성이 일의 의미를 부여할 것이고 이로 인해 구성원들은 행복해질 것이며, 마침내 차이를 만들어 냄으로써 선한 영향력으로 작용한다.

그러므로 조직의 선한 영향력이란, 과업이 의미를 주고 의미가 행복을 주어 성과를 만들어내며, 그 성과가 차이를 만들어내어 사회발전에 기여하는 것이라 정의할 수 있다. 흔히 리더들이 구성원들에게 장밋빛 비전을 제시하면서 인프라의 확장이나 수치적인 측면을 이야기 한다. 그런데 구성원들에게 있어서는 그것은 그다지 흥미 있는 비전이 아니다. 그 의미는 곧 '내가 일을 더 많이 해야 하는구나! 죽었구나!' 일뿐이다. 리더의 의도를 알아들은 것 같지만 표현만 그렇게 할 뿐, 자신을 중심으로 받아들이고 아직 일어나지 일에 대해 불안해한다. 한마디로 그러한 가시적인 수치의 제시는 구성원들의 가슴을 뛰게 하지 않을 뿐만 아니라 얼어붙게 한다. 결국 그 성과는 리더만의 것이기 때문이다.

선한 영향력이란 조직의 성과와 구성원의 행복에서 균형을 찾는 것이다. 성과가 일어난 다음에 구성원의 행복이 있는 것이 아니라 구성원이 행복하여야 조직의 성과가 나타나는 것이다. 즉, 구성원의 행복이라는 진정한 성과에 의해 영향을 받아 최종적으로 나타나는 지표가 조직성과인 것이다. 그 행복이 구성원들의 동기부여로 작용하고 조직의 성과를 이루어내는 것이다. 만약, 수치적인 조직의 성과가 있었음에도 불구하고 구성원들이 행복해하지 않는다면 그 성과는 리더만의 성과였던 것이다. 리더만 행복해하고 구성원들은 당신의 조직과 이별할 것이다.

비영리조직과 리더, 구성원 모두의 성과를 위해서는 행복을 목적으로 하여야 한다. 조직은 돈을 버는 곳이 아니다. 실적을 내는 곳도 아니다. 사회적 약자나 지역사회문제를 해결하는 곳도 아니다. 구성원들이 행복해져야 실적도 내고 문제도 해결되고 돈도 버는 것이다. 구성원들에게 행복을 주는 것은 일의 의미의 발견할 때이다. 권한과 동기부여라는 조직 문화 속에서 즐거움과 의미를 발견하는 것이야 말로 그들이 일을 하는 이유이고 당신의 조직을 선택한 것이다. 그것이 실현될 때 조직의 성과를 얻을 수 있는 것이다.

그러한 믿음을 갖고 구성원들과의 파트너십을 통해 목표를 향해 흔들림 없이 나아가는 것이 선한 영향력이며 이 시대가 바라는 리더의 모습이다. 그것이 바로 조직민주주의이다.

실천 I

선한 영향력의 조직

일하고 싶은 직장, 존경받는 조직으로 선한 영향력을 만들어내는 방법은 무엇일까?

이제부터는 사무국장으로 7년(2005~2012)간 일했고 2018년부터 원장으로 근무하고 있는 노인요양원의 조직개발에 관한 이야기를 하고자 한다. 이 요양원은 한마디로 좋은 조직이며 대단한 성과들을 만들어 낸 곳이다. 2005년 55인 정원으로 개원을 하여 4년 사이에 100인 정원으로 확장되었다. 그 그간 동안 한국노동연구원 부설 뉴패러다임New Paradigm 등의 2회 컨설팅, 그리고 인적자원개발 우수기업 인증(2009, 노동부), 서비스품질 인증(2010, 지식경제부), 작업장혁신 우수기업 인증(2009, 노동부)이라는 3개 정부인증를 획득하는 성과를 거둔 곳이다. 그리고 그 이후에 노사파트너십 우수기업인증(2012, 노동부)도 받았다.

그 당시의 성과는 모두 생존을 위한 선택의 결과였다. 보조금

재원 운영방식에서 장기요양보험 재원 운영방식으로 전환되는 시기에 중소도시의 읍에 위치한 노인요양원이 생존하기 위해서는 정원을 확장해야 했고 고도의 서비스 품질과 인적자원 프로세스가 필요하였다. 그러한 도전의 이유 중에는, 비영리조직인 사회복지시설도 일반 영리기업과 비교하여 전혀 뒤지지 않음을 증거하기 위함이었다. 시혜와 보조의 대상이 아니라 지역사회와 우리나라 복지발전에 기여하고 있음을 당당히 보여주고 싶었다.

성과 이후에, 또 다른 많은 것들을 경험하고 싶어 이직을 하여 6년 동안 다른 영역의 사회복지시설에서 관리자로 근무를 하였다. 2018년에 원장 제의가 온 것은 노인장기요양보험 제도에 대한 지식과 무엇보다도 운영법인의 미션과 방향성에 동참할 수 있는 사람이어야 조직의 난제를 풀 수 있기 때문이었다.

노인장기요양기관은 낮은 인건비와 열악한 처우로 인해 사회적 이슈로 부각되고 있다. 노인요양원의 갈등을 보면 표면상으로는 급여와 처우이지만 사실 내부로 들어가 보면 전혀 다른 갈등들이다. 존중과 신뢰의 문제이다. 장기요양보험수가로 운영되기에 수익이라야 시설 정원의 한도를 넘을 수 없기 때문에 급여의 상한도 그 범위 안에서 정해질 수밖에 없다. 때문에 급여지급 수준은 거의 대부분의 요양원들이 대동소이하다. 또한 제도와 고시에 의해 운영됨으로 직원의 처우나 복지도 크게 다르지 않다. 노인요양원들의 구성원들이 원하는 급여와 처우는 한계가 있는 것이다.

갈등의 원인은 신뢰와 존중의 문제이다. 일의 의미를 발견해주는 것, 그리고 그 안에서 성취와 함께 자아의 성장을 이루는 존중이다. 주어진 상황과 각자의 몫에 따라 열심히 일하고 있다는 것, 생계를 위해 일하는 것이 아니라 조직의 성장을 위해 일하고 있다는 신뢰이다. 이것을 심어주는 것이 바로 조직민주주의이고 건강한 조직문화인 것이다. 지금부터의 이야기는 앞서 제시한 4가지 조직개발 핵심 이슈를(조직문화, 리더, 권한과 자율성, 그리고 동기부여) 현장에서 풀어낸 것이다.

문제는 우리가 정의하는 것이다

가장 큰 오류는 잘못된 답을 내놓는 것이 아니라 잘못된 질문에 답하는 것이다(피터 드러커).

실험자들에게 두 개의 반지를 주고 양초와 성냥을 이용하여 서로 강하게 고정시키라는 과제를 준다. 아마도 대부분은 양초를 녹여 반지를 붙이려 할 것이지만 이내 포기해 버리고 만다. 해답은 '먼저 양초에서 심지를 분리하는 것이다. 그리고 뽑아낸 심지를 노끈처럼 이용해 반지들을 서로 묶는 방법' 이다. 우리는 문제를 해결하는 방법을 현상에만 주목한다. 본질을 보려하는 어려운 작업보다는 표면상의 현상을 문제로 정의하여 접근한다.

'사람들이 왜 자살을 하고 어떻게 예방할 것인가?' 가 아니라 왜 사각지대가 생기는가?' 로 질문되어야 한다. 자살이 문제가 아니라 사람이 극단적인 선택을 하게 되는 동기에 주목하는 것이 문제 해결의 출발이다. 이렇게 하기 위해서는 현상을 기본 단위로 분해하여야 한다. 그리고 분석된 요소들을 나열하고 서술하다 보면 문제의 정의와 대안이 보이는 것이다. 양초문제는 2012년 심리학 학술지인 Psychological Science에 발표된 맥카프레이McCaffrey의 논문에서 밝힌 내용이며 이를 '포괄적 분해 기술Generic-part technique'라 한다. 즉, 양초를 양초가 아닌 심지와 파라핀으로 분리해서 인식하는 것이 핵심이다.

가난한 사람들을 '가난'과 '사람'이라는 인식으로 접근하면 문제의 해결은 소득이다. 사람들은 소득을 경제로 이해한다. 그리고 경제를 성장으로 이해한다. 결국 가난한 사람은 경제가 어려운 것이 문제로 정의되고 성장 일변도의 개발이 이루어진다. 복지정책이 수당정책으로 접근하는 이유이다. 그러나 '가난'과 '사람'을 분리해서 인식하면 이야기는 전혀 달라진다. 사람을 전인적으로 이해할 필요가 제기되며 진정한 문제의 원인, 필요로 하는 욕구가 무엇인지에 대한 접근으로 변화되는 것이다. 사람은 돈이 없어서 극단적인 선택을 하는 것은 아니다. 돈이 없기 때문에 발생하는 욕구의 결여이고 그 욕구가 무엇인지를 파악하는 것이 자살의 접근방법이다.

또 하나의 양초문제가 있다. '여기에 양초, 상자에 담긴 압정, 그리고 성냥이 있다. 양초의 촛농이 바닥에 떨어지지 않으면서 양초를 벽에 고정할 수 있는 방법은 무엇일까?' 해답의 핵심은 '상자에 담긴 압정'이다. '상자에 담긴 압정'이라는 문장에는 상자를 물건을 담는 용기로 규정해 버림으로서 상자와 압정을 동일시 해버린다. 문제를 다시 내보자. 여기에 '양초, 상자, 압정, 성냥'이 있다. 어떻게 문제를 해결할 것인가? 기존의 의미인 용기에서 탈피한 상자는 받침대의 기능을 하게 된다. 압정을 이용하여 상자를 벽에 붙이고 양초를 상자에 올린 후 불을 붙이면 된다. 칼 던컨Dr. Karl Duncker교수는 이를 기능적 고착화Functional fixedness로 정의하였다. 가난한 사람들을 가난 속에 담은 채 바라보아서는 안 되는 이유이다. 가난한 사람이 아니라 사람이라는 존재이다.

비영리조직의 문제에 대해 여러 가지 의견들이 있지만 주로 나오는 내용 중에 하나가 제도와 구조에 관한 것이다. 구조 속에 비영리조직을 담는다면 압정을 담은 상자로만 비영리조직의 문제를 이해해 버린다. 구조 속에서 당신의 조직을 분리하라. 물론 구조의 개선이 무엇보다도 필요한 것은 사실이다. 그러나 분리하지 않는다면 당신은 구조를 핑계의 도구로 활용하고 말 것이다. 가장 편한 방법이기 때문이다. 비영리조직이 변화가 어려운 이유는 자원의존성이 너무나 크기 때문이지만 자원의존성은 소비자의 소비에 의존하는 영리조직이나 시민의 세금에 의존한 공공조직도 마찬가지이다. 그들도 역시 구조로 인한 어려움이 있지만 자원을 확보하기 위해 상품과 정책을 개발함으로써 생존하고 있다. 이제는 비영리조직도 스스로의 자원을 확보하기 위한 조직개발이 필요하며 그 첫 번째 시도는 구조에서 조직을 분리하여 인식해보는 것이다. 그러므로 비영리조직의 문제의 본질은 구조가 아니라 조직 자체의 문화에 있다.

표면상으로는 낮은 보조금과 저수가 정책, 그리고 제도의 허점을 파고 든 비윤리적 운영, 그리고 이를 통해 만연해진 노동 착취라는 구조의 문제로 보이지만 사실 문제의 기저에는 문화가 자리하고 있다. 물론 구조가 문화에 영향을 미치는 것은 사실이지만 이것은 조직 내부의 조정으로 개선할 수 있는 여지가 없다. 즉각적으로 스스로 문제를 해결할 수 있는 것은 조직 내부의 힘이며 그 힘의 크기와 방향성은 조직의 문화가 어떻게 이루어졌는가에 따라 다르다. 그 문화를 건드려야 변화가 오고 경쟁력을 확보할 수 있다는 믿음이 조직의 선택이어야 한다. '그렇다면 조직문화를 더 분리해 보자. 더 구체적인 조직문화의 문제는 무엇이었을까?'

조직문화는 가치끼리 경쟁한다

조직의 문화는 다양하고 서로 배타적인 가치가 서로 경쟁하고 있다. 퀸Quinn과 Kimberly은 경쟁가치 모델Competing Value Model을 통해 조직의 문화를 설명한다. 경쟁가치 모델은 조직의 문화를 4개로 나누는데 유연성과 내부지향을 추구하는 인간관계 모델, 유연성과 외부지향을 추구하는 혁신지향 모델, 안정성과 내부지향을 추구하는 계층질서 모델, 안정성과 외부지향을 추구하는 과업지향 모델이 그것이다. 각각의 모델에는 조직이 추구하는 바와 연관되어 있는 지배적 가치가 있으며, 이들 가치가 서로 경쟁한다는 것이다. 예를 들어 인간관계 모델의 지배적 가치는 응집성과 참여이지만 과업지향 모델은 경쟁과 목표의 지배가치를 추구한다. 모두 조직의 성장에 필요한 가치이지만 서로의 경쟁에 의해 역학관계에 놓일 수 있고 이를 이해하지 못한다면 갈등이 발생하여 조직의 성장을 저해하게 된다.

측정의 방법은 구성원들이 생각하는 현재의 조직문화에 대해

100점 만점으로 강제 할당하고, 미래에 구성원들이 바라는 희망적인 조직문화에 대해 역시 100점 만점으로 강제 할당하여 결과를 비교하는 것이다. 지표의 수는 모두 5개의 대항목이 있어 조직의 특성, 리더십 스타일, 구성원관리스타일, 조직의 응집요소, 전략적 강조점을 묻는다.

2018년 조직개발에서 측정된 계층 결과에 대하여 설명하자면 현재의 조직문화는 과업지향과 계층질서가 매우 강한 반면, 인간관계와 혁신지향은 매우 약한 것으로 나왔다. 미래에 희망하는 조직문화의 모습은 인간관계와 계층질서를 희망하고 혁신지향과 과업지향은 그렇지 않은 것으로 분석되었다. 대부분의 비영리조직의 조직문화 진단결과를 보면 대동소이하다. 바로 인간관계와 계층질서를 바라지만 현실은 그렇지 않고 혁신과 과업지향이 매우 높게 형성되어 있다. 비영리조직의 특성에 따라 차이가 있겠지만 대부분의 비영리조직은 인간관계와 계층질서가 그 바탕이다. 굳이 설명하지 않아도 휴먼서비스의 중심인 인간과 사회적 가치에 대한 책무성을 다하고자 하는 구조로 만들어진 조직이 비영리조직이기 때문이다. 그런데 과도한 혁신지향과 과업지향으로 인해 갈등이 발생한다. 이 발생은 리더와 구성원 간의 갈등이자 구성원과 구성원 간의 갈등이다. 그리고 이것이 조직문화에 좋지 않은 영향을 주는 것이다.

앞서 밝힌 바대로 이 조직은 대단한 조직이다. 3개의 정부인증 획득과 함께 단기간에 규모의 성장을 이루어냈다. 그렇게 될 수 있었던 이유는 혁신지향과 과업지향이 강하게 작동된 문화였기 때문이다. 그렇다고 인간관계와 체계질서를 등한시 한 것은 아니다. 성장하는 조직을 보면 옆으로 누운 마름모 모형의 4가지 모델은 어느 한쪽에 심각하게 치우치지 않고 균형점을 찾는다. 즉 인간, 혁신, 체계, 과업의 문화가 균형을 찾을 때 성장이 있는 것이다. 이 조직이 대단한 조직으로 성장한 이유가 그것이다.

2008년 조직개발 당시, 조직 성장의 방향을 구성원의 성장으로 잡았고 내부 프로세스 중 교대근무제 개선과 학습체계에 매우 큰 비중을 두고 변화를 도모하였다. 이를 추진하기 위해 당시만 해도 매우 혁신적이라 할 수 있는 1원 2국 체제가 도입되는데 이는 1국(부)장 체제가 정설이던 2008년도 만 해도 매우 획기적인 변화였다. 기존 조직들은 시설장인 리더 아래에 국(부)장을 두고 그 아래 중간관리자, 그 아래 또 중간관리자들을 둔 부서제로 유지되었다. 2국이란 의미는 국(부)장 밑에 있던 하급 중간관리자가 국(부)장으로 승격된 것이다. 기존의 사무국장 외에 서비스국장을 둠으로써 서비스가 조직에 매우 중요함을 고백한 것이다. 이렇게 개편됨으로써 사무국장은 서비스라는 과업을 내려놓게 됨으로써 빈손이 생겼고 그 빈손으로 변화를 추구하게 되었다. 서비스 국장은 승격이 되면서 권한이 주어진 양손으로 또 다른 일을 도모하게 된 것이다.

조직개편에서 중요한 것은 리더의 역할이다. 이전까지는 국(부)장직에 있는 구성원을 잘 관리하고 통제하면 조직을 운영할 수 있었다. 그러나 2국체제가 되면 리더의 책임은 관리가 아니라 협의와 조정의 역할로 전환된다. 한 명만 관리통제하면 되던 방식을 두 명과 협의를 해야 하는 것은 리더의 불편함을 요구하게 된다. 이 불편함은 관리의 역할 뿐만 아니라 두 명에게서 자신이 통제를 받아야 하는 불편함이기도 하다. 한 명이면 어떻게든 구워 삼을 수 있겠지만 두 명이면 조금 복잡해진다. 당시의 놀라운 변화에는 리더의 불편함이 있었다. 권한을 분산시키는 것만큼 리더는 불편해진다. 그럼에도 이렇게 변화하고자 하는 것은 다시 강조하지만 경쟁력이다. 리더는 이것을 위해 불편함을 기꺼이 감수하였다. 이 조직은 2018년 이후 3실 체제로 운영된다. 이전보다 리더와 함께 하는 관리자가 3명이라는 것이다. 그만큼 리더는 합의하고 통제받아야 하는 불편함을 더 감수하여야 한다. 그러나 그만큼 권한이 분산될 것이며 권한이 위임되고 이 권한은 또 분산되고 위임되어 최종 실무자에까지 미치게 될 것이다.

또 하나 중요한 변화 중 하나인 교대근무제 개선은 2조 5교대로써 월 160시간, 주 52시간 안에 노동이 이루어질 수 있도록 하였다. 이는 주간과 야간근무, 그리고 휴무를 일정한 패턴을 유지하게 함으로써 구성원들의 생태리듬을 유지하기 목적이었다. 지금으로부터 10년 전에 이미 법적인 노동시간의 테두리 안에 들어와 있었고 워라밸을 도입하려고 했던 것이다. 또 하나의 변화는 학습체계 설계로서 경력개발계획서Career Development Plan를 기반으로 직무이동과 보상체계, 학습의 범위와 기회 등을 디자인하고 적용한 것이다. 그리고 규모의 경쟁과 인력의 확보를 위해 2번의 증축공사를 통해 경영의 안정성을 확보한 것이다. 이러한 성과를 통해 일시에 도약한 것은 사실이다. 그러나 문제는 제도와 구조가 오랜 시간 속에서 변화하면서 구성원도 변화하고 조직의 문화도 변화했다는 것이다.

2008년 이후 10년 동안 구성원들은 많이 변했다. 사람도 바뀌었고 사회와 직장, 그리고 가정을 바라보는 시각도 변화했다. 정말 중요한 변화는 자신의 삶, 인생의 의미, 행복이라는 개인적 가치가 확장되었다는 것이다. 이들은 더 이상 혁신과 과업지향을 원하지 않고 인간적 조직을 원한다. 그렇다고 혁신과 과업을 버리고 인간관계와 체계질서만을 위한 조직변화를 추구해서는 안 된다. 조직문화는 균형을 기반으로 변화하여야 하는 것이다. 그러므로 조직문화 개발의 추진은 인간관계와 체계질서를 강화하고 혁신과 과업을 다소 조정하는 방향으로 설계하여 균형을 찾고자 하였다.

조직문화 진단결과에서 가장 유의미한 결과는 구성원들이 참여, 공정성, 응집성의 지배가치인 인간관계와 체계질서 등을 추구하는 모델을 원한다는 것이다. 이 지배가치는 권한과 동기부여를 주요 작동기제로 하는 조직민주주의와 맞닿아 있다. 개발하고자 하는 방향과 구성원들의 방향이 일치한 것이니 이제는 시작만 하면 되었다.

따로 노는 미션과 비전 그리고 핵심가치의 정합성

핵심가치core value란 조직 구성원들의 행동이나 사고를 특정 방향으로 이끌어 가는 아주 특별한 원칙이나 기준을 말한다. 핵심가치는 조직의 미션과 비전에서 추출된다. 즉, 핵심가치란 미션과 비전을 달성함에 있어서 원칙과 기준이 되어주는 것이다. 이러한 메카니즘이 작동하려면 우선 조건이 미션과 비전의 정합성이다. 그리고 리더에 의해서가 아니라 모든 구성원들이 함께 도출하고 합의해야 한다.

문제는 조직의 미션과 비전이라는 것이 외부의 요구에 의해 리더에 의해서 만들어진 경우이다. 이럴 경우, 조직의 구성원들은 미션과 비전에 동의하지 않는다. 앞서 말한 전제조건이 깨진 상황에서는 핵심가치가 만들어지지도 작동되지도 않는다. 조직의 미션과 비전과 핵심가치가 따로 놀고 있기 때문이다. 이렇게 되면 전략이 실행되지 않는다.

전략이 미션과 비전과 연결되지 않으면 구성원들의 의식은 분열된다. 조직 구성원들은 명확한 것을 좋아한다. 그리고 자신의 행동에 대한 결과를 예측하고 싶어 하지만, 미션과 비전, 핵심가치가 연결되지 않은 상황이라면 부정확한 상황에서 판단하고 행동할 수밖에 없다. 이런 이유로 일이 힘들고 동기부여가 안 되고 시키는 명령에만 반응하게 된다. 구성원들에게 피동적이거나 주인의식이 없다고 탓하기만 할 것은 아니다. 미션과 비전과 핵심가치의 정합성을 찾는 과정이 필요해지는 이유이다. 그 다음이 전략이다.

'왜 이렇게 되었을까?' 조직의 자발성이 아니라 외부의 요구에 의하거나 리더의 고민만으로 만들어졌기 때문이다. 이제는 외부의 요구가 아니라 조직 스스로 조직의 존재이유, 달성하고자 하는 목표, 그리고 이를 실행하는 기준, 그리고 전략을 고민해야 한다. 연중 조직도를 개편하는 것, 정부와 기초자치단체의 사업이 바뀔 때마다 사업을 조정해야 하는 것, 후원행사와 발표회의 의미가 퇴색되는 것 등은 조직의 방향성이 결여되었기 때문이다. 상황마다 임기응변하는 리더의 판단에만 의존하게 되니 자연스럽게 리더에게 권력이 집중되고 구성원들은 수동적으로 변할 수밖에 없다.

미션과 비전과 핵심가치를 구성원들과 함께 다시 세움으로써 집중된 권력을 분산시키고 사업의 목표와 중요도를 판단하여야 할 것이다. 이렇게 할 때, 자연스럽게 전략이 나오고 이를 실현하기 위한 업무분장과 조직개편이 이루어진다. 마침내 구성원들에게 동기부여의 기회가 주어진다. 너무 거창한 미션과 비전을 필요로 하는 것이 아니다. 되도록 간단하고 명확한 미션과 비전을 만드는 것부터 시작되어야 한다. 미션과 비전이 거창한 이유는 그 다음의 것을 고려하지 않았기 때문이다. 거창해질수록 그 다음 과정인 핵심가치를 만드는 것이 힘들어진다. 핵심가치가 제대로 작동되어야 그 다음 과정인 행동규범이 도출되고 이를 기반으로 마침내 전략이 계획되고 실행되는 것이다. 전략은 사업의 계획과 평가만을 말하는 것은 아니다. 채용과 육성, 평가와 보상 등 모든 조직행위를 말한다. 결국 미션과 비전, 핵심가치를 만드는 것은 남에게 보여주기 위함이 아니라 더 일을 잘하기 위함이다. 구글의 인사책임자였던 라즐로 벅Laszlo Bock의 주장처럼 구성원들이 자유롭게 목표 안에서 놀게 하기 위함이다.

우리가 조직개발을 통해 얻어진 핵심가치는 신뢰, 존중, 배려, 책임이었다. 일단 구성원들에게 핵심가치의 의미와 중요성에 대해 설명을 하고 최대한 많은 개수의 긍정적 단어를 열거한 후, 구성원들이 선호하는 3가지를 투표한다. 그리고 가장 많이 나온 10가지를 추린 다음, 다시 투표한다. 이런 반복되는 과정을 통해 얻어지는 것이 핵심가치이다. 핵심가치를 추출하는 데에 쓰인 기법이 퍼실리테이션이고 빠띠의 플랫폼 기술이다. 요양원의 특성상 다양한 직종과 반복되는 교대근무제도는 참여의 기회와 민주적 결정의 장애요인이다. 빠띠의 플랫폼은 투표와 토론 등의 의견수렴 기술, 그리고 위키와 아카이브 등의 기술을 통해 그 문제를 해결해주었다. 이 외에도 모든 의사결정 방식은 퍼실리테이션과 빠띠의 플랫폼 기술을 이용한다. 앞서 밝힌 바대로 민주적 의사결정방식을 통해 조직민주주의를 실현하고자 한다면 탑다운 방식이 아니라 구성원들에게 의견을 구해야 한다. 교대근무와 직종별 특성상 자주 만나 협의를 할 수 없는 제한을 해결하기 위해 도입된 것이 빠띠의 기능이다. 그리고 끊임없이 의견을 듣는다.

4가지의 핵심가치는 앞서 조직문화 진단결과에서 나온 인간관계와 계층질서 모델와도 연동된다. 신뢰와 존중은 인간관계 모델에서 지배하는 가치이다. 책임은 계층질서의 지배가치이다. 조직의 구성원들이 추구하는 조직문화와 추출된 핵심가치와 일치하는 것으로써 두 번째 단계가 끝났다. 이제 세 번째 단계이다. 핵심가치를 행동화한 행동규범을 설정하는 것이다. 이번에도 역시 퍼실리테이션과 빠띠 플랫폼 기술이 함께한다.

규정과 지침이 아니라 행동규범이다

윤리. 이것만큼 사람마다 개념의 차이를 보이는 단어도 없을 것이다. 윤리경영. 리 만 브라더스와 엘론이 분식회계로 인해 도산하자 기업들은 윤리의 중요성을 깨닫는다. 이전의 사회에서는 기업의 비윤리적 행위가 도드라지지 않았지만, 그리고 소비자들도 그리 중요하지 않게 생각했다. 그러나 IT의 정보화와 높은 시민의식으로 기업의 윤리는 매우 중요한 핵심가치가 되었다. 이러한 윤리경영이 사회복지조직에도 도입되어 있다. 문제는 이 윤리라는 개념이 매우 모호하다는 것이다.

리더가 생각하는 윤리와 구성원들이 생각하는 윤리는 다른 개념이다. 리더는 헌신과 희생을 윤리와 같은 개념으로 생각하나 구성원들은 정보공개, 동등함을 윤리의 개념으로 인식한다. 리더와 구성원들은 스스로를 윤리적이라 믿지만 각각 상대에게는 비윤리적이라고 비판한다. 하지만 각자의 개념 속에서는 자신만이 제일 윤리적이다.

윤리, 존중, 인권 등 윤리경영을 모토로 하거나 그렇지 않더라도 휴먼서비스를 지향하는 비영리조직들은 이러한 개념들을 선호한다. 그리고 핵심가치로 이를 표방한다. 매우 그럴 듯 해 보이는 단어이기는 하다. 그러나 문제는 단어의 선호도는 동일하겠지만 서로가 믿는 개념은 다르다는 것이다. 내가 생각하는 윤리, 존중, 인권의 개념과 다른 사람이 생각하는 윤리, 존중, 인권의 개념은 너무나 다르기에 갈등이 조성된다.

행동규범이 필요하다. 행동규범이란 모호한 가치의 개념을 행동으로 구체화한 것이다. 사람들은 개념과 행동을 혼동한다. 실제로 윤리라는 개념을 실생활에서 행동화할 수 있는 구체화된 사례를 물으면 많은 사람들이 개념적 정의를 행동으로 규정하고 있음이 들어난다. 핵심가치가 표방되어 있어도 그것이 실제로 작동되지 않는 것은 이러한 개념과의 혼동이다. 예를들어 인권이 많은 비영리조직의 핵심가치임에도 불구하고 실제 현장에서 어려움으로 호소되는 것은 극히 선언적이고 매우 개념적인 언어이기 때문이다. 즉, 각자가 생각하는 인권의 구체적 행동을 다 다르게 해석한다는 것이다.

동영상 스트리밍 회사인 넷플릭스의 예를 들자. 그들의 핵심가치 10가지 중, 호기심과 용기라는 것이 있다. 이 두 단어를 핵심가치로만 선언한다면 구성원들은 각자가 인식한 대로 호기심과 용기를 다르게 해석하고 행동할 것이다. 하지만 이들에게는 각 핵심가치를 구체적 행동으로 만들어주는 행동규범이 있다. 호기심이라는 핵심가치와 관련 행동규범에는 '다른 사람들의 연결고리를 제공한다.' 용기의 핵심가치에는 '현상에 대해 기꺼이 비판한다.' 라고 행동규범이 기술되어 있다. 호기심과 용기와 관련된 수많은 행동들이 있을 것이지만 각자가 인식하는 행동이 아니라 조직구성원들이 합의한 구체적 행동을 만들어내는 작업이 행동규범이다. 넥플릭스의 구성원들은 가치와 행동규범을 통해 행동을 결정하고 평가를 받고, 최종적으로 서비스의 기준으로 정착될 것이다.

다른 사람들의 연결고리를 만들어주고 기꺼이 비판하는 구체적 행동규범이 있는 넷플릭스의 문화는 간섭을 연결고리를 만들어주는 행동이며 비판해주는 행동으로 인식하여 자유롭게 비판하고 끼어든다. 조직은 이러한 행동규범에 의해 작동되며 구성원의 행동을 판단하게 된다. 결과가 어떻게 되든 핵심가치를 기반한 행동규범에 의해 행동하였다면 그것으로 서비스와 평가의 기준을 획득하게 되는 것이다. 중요한 것은 이러한 핵심가치와 행동규범은 조직의 미션과 비전을 기반으로 하고 있으며 구성원들이 함께 합의해 낸 것임으로 조직의 일관된 방향성을 제시할 수 있다는 것이다.

대개의 비영리조직의 경우, 미션과 비전, 핵심가치까지는 보유하고 있으나 행동규범은 없다. 그러니 현상에 대해 구성들마다 다르게 생각하고 판단하고 행동함으로써 조직이 어려워진다. 만약 조직에 핵심가치가 있다면 관련 행동규범을 추출해보는 작업이 필요하다. 그러면 훨씬 일이 쉬어질 것이다. 달성하여야 되는 목표 안에서 자유롭게 놀 수 있게 될 것이다. 행동규범은 법과 규칙이라는 통제와 관리장치가 아니라 권한과 위임을 작동시킬 수 있는 좋은 기제이다.

목표보다 행동규범이 필요하다

목표는 구체적이고 명확하다. 그렇기 때문에 한번 설정하면 관리하기 쉽다. 이것이 목표를 세우는 함정이다. 반면 목표를 작동시키는 것, 그리고 구성원들이 목표에 몰입하게 하는 것은 가치와 태도이지만 이것은 매우 불명확하다. 때문에 성과 측정에 있어서 가치와 태도는 저 멀리 번외로 둔 채, 목표에 대한 실적지표로 잣대를 들이댄다. 구성원들은 최종 잣대가 실적임으로 가치와 태도를 뒤로한 채 실적에 집중한다. 사회적 약자의 욕구충족 정도는 사라지고 관리해야 되는 숫자만 남게 된다.

가치란 조직 내에서 바람직한 행동을 제시하는 가치관이자 원칙이며 신념이다. 가치는 조직의 불명확한 상황 속에서 판단의 기준이 되어주고 행동의 기준이 된다. 그리고 평가의 기준이 되며 서비스의 기준으로 작용한다. 즉, 가치라는 것은 매뉴얼이나 지침 그 이상의 것으로써 조직의 문화이자 구성원의 행동에 영향을 주는 것을 의미한다.

가치를 확인할 수 있는 방법은 주로 조직의 미션과 비전을 확인하는 것이다. 그리고 리더의 메시지나 조직의 상징물로도 확인되고 구성원들의 행동과 조직의 의사결정으로도 확인된다. 문제는 각각의 가치들이 따로 놀고 있다는 것이고 그로 인해 확인되는 가치의 개념이 상황마다 다르다는 것이다. 구성원들은 각각의 이해하는 개념으로 가치를 받아들임으로써 혼돈 속에 빠져든다. 매번 의사결정이 번복되고 무엇을 해야 할지 고민하는 이유가 이것이다. 서로가 이해하는 상이한 가치개념을 상대방에게 제시하면서 갈등이 촉발된다. 이러한 가치의 모호함 속에서 발생하는 것이 억압과 통제, 배제이다. 아무도 조직의 가치를 명확하게 규명할 수 없기 때문에 갈등이 생기고 그 갈등 속에서 생존하고자 서로를 억압하거나 자신을 스스로 통제하고 서로를 배제시킨다.

조직의 가치를 규명하고 체화시키기 위해서는 '가치의 행동화'가 필요하다. 현대사회의 조직은 너무나 다양하면서도 급속한 변화를 가진 문제들에 노출되어 있다. 그런 상황에서 매뉴얼을 뒤지고 해당부서나 상급자에게 질의한 후에 행동을 선택하는 것이 아니라 합의된 가치와 행동규범을 통해 구성원 스스로 결정할 수 있도록 해야 한다. 즉, 가치와 행동규범은 구성원들이 자유롭게 의사결정을 할 수 있는 근거가 되어주며 권한을 위임할 수 있는 도구로 작용된다. 목표보다는 태도에 집중하는 것, 즐거움의 권한과 직접동기를 자극하여 동기부여를 하는 것, 마침내 실적보다는 사회적 약자의 욕구 충족에 관심을 둘 수 있게 하는 것은 가치와 행동규범이다.

행동규범을 구하는 것은 핵심가치를 추출하는 것보다도 과정이 길다. 개념을 행동으로 구체화하는 것은 쉬운 일이 아니기 때문이다. 우선 사람들은 개념과 행동을 매우 혼동한다. 예를 들어 배려라는 가치에 대한 구성원들이 기대하는 행동에 대해 적어줄 것을 요구하면 70%는 개념적 용어들이 사용된다. 즉, 사람들은 특정한 단어를 자신의 사고 속에서만 정의하고 있는데 주로 개념적 사고에 갇혀 있다. 한 마디로 뜬 구름 속에 있다는 것이다. 이런 이유로 갈등이 발생한다. 나는 상대방을 배려했다고 했지만 상대방은 배려받지 못했다고 느끼는 것은 배려에 대한 각자의 개념적 사고가 다르기 때문이다. 이러한 차이를 행동으로 구체화하여 서로 오해가 없고 일정한 목표대로 나갈 수 있게 하는 것이 행동규범이다.

행동규범을 구하는 방법은 이러했다. 핵심가치 4개에 대해 구성원들이 실천하고 있는 또는 상대방에게 원하는 행동에 대해 3개 이상의 의견을 받는다. 1인당 12개의 행동 데이터가 확보된다. 그러나 70%는 개념적 용어임으로 4개 정도만 유의미한 행동일 것이다. 그리고 이 모든 것을 모아서 조직개발 워크샵을 실시한다. 나온 행동들을 열거하고 분류하여 적정하고 공통된 행동들을 만들어 낸다. 이렇게 해서 하나의 핵심가치 당 6개의 행동규범이 만들어졌다. 이 행동규범은 구성원 스스로가 정의한 것이다. 그리고 최종적으로 빠띠를 통해 투표를 하였고 서로 합의한 것이기에 우리의 약속이 된다. 예를 들어 존중이라는 행동은 무수히 많은 것이다. 그러나 이 조직의 존중은 6가지이다. 이것을 지키는 것이 조직의 서비스기준이고 평가기준이고 판단과 행동의 기준이 되는 것이다. 실수나 실패를 하더라도 이 규범에 의해 선택과 결정을 하였다면 좋은 서비스이고 좋은 행동이다. 구성원들이 매뉴얼에 얽매이지 않고 규범을 통해 부여된 권한을 가지고 자유롭게 헤엄치길 기대하는 것이다. 우리 조직은 다음과 같이 6가지의 행동규범을 존중의 행동으로 정의하였다.

1. 항상 존칭과 존댓말을 사용합니다
2. 이견이 있더라도 공감하고 이해합니다
3. 어르신과 동료에게 내가 먼저 인사합니다
4. 논의하고 반영합니다
5. 소수의 의견에도 귀 기울입니다
6. 강요하지 않습니다

협의하고 합의하였으니 조직의 의사결정은 행동규범이 기준이 된다. 행동규범이 있으니 조직과 구성원의 행동과 판단과 평가의 기준은 이것을 근거로 한다. 존중이라는 핵심가치의 행동규범을 지키기 위해 오래전부터 관례적으로 해오던 일이라도 구성원과의 논의의 과정을 반드시 거치게 한다. 그리고 반영한다. '논의하고 반영합니다.' 라는 행동규범이 실현된다. 과반수 이상의 찬성으로 의사결정이 되었다 하더라도 소수의 의견이 무엇인지를 확인하는 절차를 만든다. 만약 그것이 인권의 문제라면 아무리 대다수의 의견이 모아진 결정이라도 재심의를 한다. 재심의 결과가 이전과 같은 것이라도 소수에 대해서는 강요하지 않는다. 단, 소수의 의견을 가진 구성원은 책임과 신뢰의 핵심가치에 의해 판단하고 행동하게 된다. 모든 의사결정은 일방적인 것을 거부하고 참여와 선택이 이루어질 수 있는 방향을 유지한다. 그리고 모든 조직이슈와 각각의 사례들은 가치와 행동규범으로 선택되고 행동하고 판단된다. 조직이 행동규범으로 작동한다. 그리고 구성원들은 그 안에서 자유롭게 판단하고 결정하고 행동한다.

출퇴근시간 변경에 관한 이슈가 있었다. 9시에 출근하여 6시에 퇴근을 하면 차가 막힌다. 집에 가는 것이 더뎌진다. 리더의 책임 중에 하나는 구성원들을 가족의 품으로 집에 빨리 보내는 것이다. 방법은 퇴근시간을 당기면 된다. 하지만 출근시간도 당겨져야 한다. 마음 같아서는 일 7시간 30분만 일하는 것으로 하여 9시 출근,

17시30분 퇴근으로 하고 싶다. 그러나 장기요양보험 고시의 '기준근로제도'에 의거하여 이를 위반 시 패널티를 받는다. 법정근로시간이 아닌 소정근로시간을 도입하지 못하며 휴게시간을 60분에서 90분으로 늘리지 못한다. 결국 방법은 8시40분 출근, 17시40분 퇴근으로 결정하였다. 20분의 차이이지만 출퇴근시간이 덜 막힌다.

투표로 출퇴근시간을 변경하는데 60명 구성원 중 50명이 찬성하고 10명이 반대했다. 한마디로 압도적인 지지를 받은 것이다. 그런데 찬성한 구성원 중에 한 분이 이렇게 되면 10명이 '희생되는 것 아니냐?'라는 의견을 냈다. '소수의 의견에도 귀를 기울입니다.', '강요하지 않습니다.' 라는 행동규범이 작동된다. 소수에게 강요되는 제도라면 이것은 인권에 관한 것이다. 제도는 즉각 시행이 보류되었다. 그리고 출퇴근시간 변경으로 인해 10명이 일상생활의 커다란 희생이 있다고 한다면 제도는 진입하면 안 된다. 아무리 좋은 제도라도 말이다. 다행이도 10명은 반대의견을 던졌지만 심각한 사항이 아니라고 하였기에 제도는 시행되게 된다. 그렇게 걸린 시간이 3개월이다.

'논의하고 반영합니다.' 라는 행동규범이 작동된 것이다. 3개월이 짧은 시간이 아니기에 바로 시행하고 단점을 보완하면 된다고 볼 수도 있다. 그러나 그 기간 동안의 갈등은 조직과 구성원들을 모두 힘들게 한다. 제도의 시행이 늦어지더라도 논의를 먼저하고 반영하는 것이 우리의 핵심가치인 존중을 실현하는 것이다. 민주주의는 그런 것이다. 불편하고 시간이 많이 걸린다. 하지만 그것이 경쟁력이다. 갈등의 3개월을 보낸 것보다 존중의 3개월을 보내면서 얻어진 사회적 자본이 바로 경쟁력이다.

매뉴얼이 아니라 체크리스트

1990년대 초까지만 해도 주먹구구로 일을 했다. 오직 열심히 일하던 시절이다. 전문성에 대한 요구들이 있었고 더불어 비영리조직에 대한 평가지표가 도입되었다. 그 이후로 30년이 지난 지금, 비영리조직은 가히 법과 지침으로 움직인다. 그리고 평가의 지표들이 작동하고 있고 각 조직마다의 세부 매뉴얼이 이를 실행시키고 있다. 반면, '사회는 어떻게 변하고 있을까?' 너무나 많은 문제들이 얽혀 있으며, 빠르게 문제들이 진화되고 있고 사회적 약자들의 요구는 다양화되고 있다.

매뉴얼은 일정한 일의 흐름을 순서대로 확정해 놓은 것이다. 때문에 기계적 요소나 예측가능 한 문제들을 해결하는 데에 유용하다. 이를 전술적 목표라 한다. 그런데 사회문제와 사회적 약자의 욕구를 전술적 목표로만 해결할 수는 없다. 1990년대는 가능할 수 있지만 지금은 그렇지 않다. 또한 매뉴얼은 주기적으로 수정되어야 함으로 비용소모가 크다. 그리고 이를 숙지하는 것에도 비용이 든다. 또한 문제와 욕구들이 다양화되면서 매뉴얼의 양은 그만큼 비례하여 커지게 되고 수정과 숙지에 드는 비용도 동반하여 커질 수밖에 없다. 이제 매뉴얼로 일하는 방식은 고전이 되어버린 것이다. 그러함에도 리더가 갖는 매뉴얼에 대한 맹신은 여전하다. 매뉴얼이 두껍고 정교하여야 일을 하는 것처럼 보이기 때문이고 매뉴얼이 사람을 통제하고 관리할 수 있다는 사고가 자리하고 있기 때문이다.

근래의 구성원들은 매뉴얼대로 움직이지 않고 자신의 판단과 자율성에 의해 움직인다. 특히 사람과 지역을 대하는 비영리조직에서는 더욱 그러해야 한다. 그것이 맞는 것이다. 이것을 정성적 목표라고 한다. 시대와 사람은 변했는데 그 이전의 방식인 매뉴얼로 작동시키려는 것은 뛰어난 종마에게 당나귀에게나 제시하는 채찍과 당근을 주는 것과 같다.

매뉴얼을 무시할 수 없다면 체크리스트를 활용해보자. 아툴 가완디Atul Gawande는 손 씻기, 환자의 피부를 깨끗이 하기 등 단지 간단한 5단계의 체크리스트를 지켰음에도 중환자실 감염이 현저히 감소하였음을 밝혔다. 대학병원의 중요한 수술에 앞서 체크리스트를 활용하여 사망과 합병증을 1/3으로 감소시켰다. 우리는 너무나 '복잡해 보이는 것이 좋은 것이다.' 라는 믿음이 있다. 그것을 전문성이라 하지만 그것은 단순함을 너무 경시하는 것이다. 단순할수록 중요한 것을 빼먹지 않는다.

'사회적 약자의 상담에서 절차가 중요한가?', '까다롭고 절차가 복잡할수록 효용이 있었는가?', '사례관리는 인테이크intake, 사정assessment 등의 절차를 거쳐야만 인정을 받을 수 있는가?', '프로그램은 꼭 경험적 근거와 이론적 배경이 제시되고 목적과 목표 그리고 수행계획이 논리적이어야 하는가?', '약자의 케어에 있어서 좌로 먼저 눕히든 우로 먼저 눕히든 그것이 중요한 절차인가?' 성공적 수술과 감염예방을 하고자 만들어낸 수많은 절차가 담겨진 매뉴얼이 제대로 기능하지 못했다. 하지만 간단한 체크리스트의 효용에서 발견한 감염율과 사망률 감소 결과에 주목하여야 한다. 특히, 지역과 사람들 대하는 비영리조직은 더욱 그렇다.

간단한 체크리스트를 활용하여 절대로 간과해서는 안 되는 절차를 명기해두고 구성원들이 정성적 목표에 의해 사회와 사람의 문제와 욕구를 해결하는 방향으로 전환되어야 한다. 지금은 1990년대가 아니라 2020년대를 살고 있는 시대이다. 사람과 지역이 매뉴얼대로 움직이기에는 너무도 많이 변했다. 당신의 매뉴얼은 사람과 지역의 변화를 절대 따라가지 못한다.

조직들의 매뉴얼을 보면 너무나 두껍다. 같은 얘기를 반복하는 것 같기도 하고 쓸데없이 장황하게 나열한듯한 느낌을 받는다. 매뉴얼의 두께가 조직의 성과와 서비스의 질이 아니다. '얼마나 실제적으로 작동하는 매뉴얼을 가지고 있느냐?'가 관건이다. 우리 조직의 매뉴얼은 매우 고도화되어 있었다. 문제는 사례마다 상황이 다름으로 언제나 같은 매뉴얼대로 할 수 없다는 것이다. 또한 서비스를 제공하는 사람도 그 동안에 익혀왔던 패턴이 있기 때문에 구성원들 사이에서 곤란한 점이 발생되기도 한다. 그렇다고 매뉴얼을 전면개정하거나 더 디테일하게 한다는 것만큼 무모한 결정도 없을 것이다. 방법은 기존의 매뉴얼에 이것만큼은 꼭 지켜야 하는 내용을 굵은 글씨로 표시해 주는 것이다. 그러고 나머지 선택과 결정들은 행동규범에 의해 행동하고 그것에 의해 평가받게 된다. 즉, 굵은 글씨가 꼭 누구나 똑같이 지켜야 할 매뉴얼이고 나머지는 행동규범에 의한 권한에 의해 자유롭게 일하게 하는 것이다.

매뉴얼은 기계에 관한 것이다. 새로운 전자제품에 딸려오는 것이 매뉴얼이다. 어느 가정에 배달된 제품도 동일하게 작동되기에 매뉴얼이 있는 것이다. 하지만 사람은 기계가 아니다. 대체될 수도 없다. 그러한 사람에게 매뉴얼을 강요하면 즐거움과 의미가 사라진다. 매뉴얼만 따르는 타성이 길러진다. 하지만 체크리스트에 의해 지킬 것은 지키고 나머지는 구성원에게 권한을 주면 정서적, 경제적 압박감이 감소하고 성장의 기회가 주어진다.

아래는 구성원 인권보호를 위한 체크리스트이다. 규정이나 매뉴얼로 만들게 되면 지나친 수식어나 난해한 단어들과 문장들로 기술된다. 그리고 몇 조의 몇 항 이라는 법률적 형태를 취함으로써 구성원들 위에 군림한다. 통제하는 것이다. 그러나 규정이나 매뉴얼들은 실제로 작동하지도 못하면서 상황이 발생할 때마다 매번 꺼내볼 수 없기 때문이다. 그러나 1 Sheet에 구성원의 인권보호에 관련된 모든 내용을 간단하게 담고 있다면 규정과 매뉴얼보다 활용하기 용이하여 언제든지 수정 보완이 가능하다.

인권보호 체크리스트는 세 가지의 기능을 하게 되는데 하나는 학습용이고 하나는 모니터링용이다. 14가지의 항목별로 사례들이 기술 되어 있지만 실제 사례에 따라 항목과 사례를 추가하여 구성원들과 공유하는 시간을 주기적으로 갖는다. 그리고 1년 2회 정도 외부의 이해관계자를 통해 모니터링을 실시한다. 실제 14가지 인권이슈가 발생하고 있는지에 대해 외부인이 구성원들을 랜덤으로 선정하여 모니터링하고 그 결과를 기관에 보고한다. 만약 인권이슈가 발생하였다면 조직이 사실 확인과 대안을 논의하게 된다.

체크리스트의 세 번째 기능은 협의와 합의의 기회를 제공한다. 예를 들어 체크리스트 모니터링 결과로 4번 항목에 'Y' 가 나왔다고 하자. 조직은 그 동안 구성원들에게 의견을 공유하고 결정에 있어서 참여를 보장한다고 하였지만 소수의, 또는 특정 상황에 대해서 그렇지 않았다고 느낄 수 있는 것이다. 그렇다면 이것은 인권이슈가 되는 것이고, 구성원들과 논의되어야 하는 것이다.

명절에 당직은 누구나 꺼려하는 일이다. 그렇지만 누군가는 하여야하는 것임으로 명절 때마다 당직자를 랜덤으로 선정했었다. 그것이 관행이 되어 모두 용납하는 제도일 수도 있겠지만, 어느 한 편에서는 부당한 결정일 수 있다. 하지만 관행이고 조직이 그렇게 결정해왔던 것이기에 구성원들은 이의제기 없이 따를 수밖에 없다. 그러나 체크리스트의 모니터링 기회를 통해 당직자 결정방법이 일방적이고 개인의 권리를 침해한다면 이에 대해 구성원들과 협의하고 합의하여야 되는 것이다.

항 목	Y	N
1. 우월한 지위와 관계 등을 이용하여 괴롭히는 경험을 당했거나 그러한 모습을 보셨나요? (예 : 자기가 할 일을 미루거나 시키는 등의 노동력 제공, 동료에게 말을 걸지 않거나 대꾸하지 않음, 쳐다보지 않거나 모른 척함, 일에서 배제시킴, 회식에서 배제시킴 등)		
2. 구성원에게 부적절한 언행 또는 잘못된 호칭을 경험을 했거나 그러한 모습을 보셨나요? (예: 반말사용, 욕함, 소리 지름, 비아냥 등)		
3. 우월적 지위나 동료 간에 위협, 협박당하는 경험을 했거나 그러한 말을 하는 모습을 보셨나요? (예: 짜르겠다, 급여에 차이를 두겠다, 두고보자, 따돌리겠다 등)		
4. 구성원의 의사와 상관없이 일방적으로 일을 결정하고 진행하는 것을 경험했거나 그러한 모습을 보셨나요? (예: 직무전환, 근무명령 등)		
5. 우월적 지위나 관계로부터 종교활동을 강요당한 경험을 했거나 그러한 모습을 보셨나요? (예 : 종교예식, 예물 요구 등)		
6. 우월적 지위나 관계 등을 이용한 성희롱을 경험했거나 그러한 모습을 보셨나요? (예 : 외모비하, 눈길, 신체접촉, 성적요구 등)		
7. 우월적 지위나 관계 등을 이용하여 근무환경을 악화시키는 경험을 당했거나 그러한 모습을 보셨나요? (예: 처우차별, 급여차별, 노동시간 및 휴게시간 차별, 복지차별. 추가근로를 특정인에게 욕구, 장비의 미지급, 환경개선에서 배제 등)		

항 목	Y	N
8. 구성원에게 거짓 서류를 작성하게 하거나 서명하도록 강요당하는 경험을 했거나 그러한 모습을 보셨나요? (예 : 서류조작, 근로계약서 강제, 출근부 및 일지 허위작성 요구 등)		
9. 우월적 지위나 관계 등을 이용하여 신체적인 폭력을 경험했거나 그러한 모습을 보셨나요? (예 : 머리꿀밤, 꼬집기, 신체부위 구타, 할퀌 등)		
10. 정당한 이유 없이 직원교육, 보상 등에 차별을 받은 경험을 했거나 그러한 모습을 보셨나요? (예 : 교육훈련에 특정인만 배제, 규정 및 절차를 무시하고 특정인에게만 인센티브 부여 등)		
11. 우월적 지위나 관계 등을 이용하여 경제적인 요구를 경험했거나 그러한 모습을 보셨나요? (예 ; 후원요구, 금품요구, 금품을 빌리는 행위 등)		
12. 정당한 이유 없이 근로계약서 등에 명시되지 않거나 통상적인 업무로 이해할 수 없는 허드렛일만 시키거나 일을 주지 않는 경험을 접했거나 그러한 모습을 보셨나요?		
13. 개인사나 사실 확인도 할 수 없는 일에 대해 뒷담화나 소문을 퍼뜨리는 경험을 접했거나 그러한 모습을 보셨나요?		
14. 업무능력 및 의견의 차이에 대해 도움이나 개선책이 없이 방관하거나 책임을 전가하는 것을 경험하였거나 그러한 모습을 보셨나요?		

구성원들은 늘 두렵다

조직에서 주어진 목표를 달성하여야 하고 그 가운데서 동료들과 마음을 맞춰야 하고 상사의 의견을 확인하여야하고 고객들과 대면하여야 하는 모든 상황은 두려움을 자리하게 한다. '내가 일을 잘하고 있는 것인지, 다른 동료들과 상사는 나를 어떻게 생각하는지, 내가 고객과의 대면에서 실수를 하고 있는 것은 아닌지, 규정은 잘 지키고 있는 것이고 법에서 벗어난 판단을 한 것은 없는지' 등에 대한 온갖 잡다한 것들이 구성원의 심리 속에 자리한다. 이러한 두려움은 크게 정서적 억압과 경제적 억압으로 작용한다. 성과가 있든 없든, 능력이 출중하든 부족하든, 모든 구성원은 주어진 임무 속에서 매일 두려움에 노출되어 있다. 그러나 이 모든 것의 감내는 오로지 구성원 자신 스스로이다. 결국 이러한 두려움은 일의 의미를 감소시킨다.

두려움을 해소할 수 있는 방안은 첫 번째, 구성원들이 예측가능하게 해주는 것이다. 과업에 대한 정확한 설명과 조직에서 요구하는 바, 달성하는 데에 필요한 권한의 범위와 달성 시의 보상 등이 명확하게 설명되어야 한다. 이를 위해 우리 조직은 미션과 비전을 다시 설정하였다. 미션은 "빛으로! 소금되어! 함께! 주인되는 행복공동체"이다. 기존의 미션과 법인의 미션을 교합하여 중요한 단어들을 추출하여 의미있고 임팩트를 더했다. 비전은 "2020, 우리를 주목하다"이다. 다른 성과가 아닌 우리의 조직문화를 주목하기를 바란다는 의미이다. 우리가 주목받기 위한 가시적인 성과지표는 입소율과 이직율이다. 이를 실현하기 위해서는 구성원과 고객의 행복이 필요하다. 그러기 위해서는 의미 있는 문제를 해결함으로써 사회에 기여하여야 하고 그 기여가 행복을 주어야 한다. 그러한 문화가 형성될 때 가시적인 성과지표가 달성 될 것이다. 이러한 비전을 달성하기 위해서 작용하는 것이 핵심가치와 행동규범이다. 이를 통해 권한을 부여받음으로써 두려움을 해소하고자 한다. 그것에 의해 평가받게 될 것이다. 행동규범이 평가 지표이다. 4개의 핵심가치를 기반으로 추출된 24개의 행동규범이 바로 평가지표로 활용된다. 즉 구성원들이 합의한 행동규범을 통해 행동에 대한 평가로 측정된다. 예를 들어 구성원들이 제출한 존중에 관한 행동들을 세부지표로 하고 그것에 대해 점검함으로써 핵심가치와 행동규범이 행동으로 내재화되어 있는지를 측정한다. 실적이 아니라 행동규범을 잘 지키면 태도가 좋아지고 서비스가 좋아질 것이며 정서적, 경제적 압박을 받지 않을 것이니 행복감에 영향을 줄 것이고 그것이 이직율과 입소율에 영향을 줄 것이라는 너무나 간단명료한 논증이다. 그리고 그 논리의 증명이 우리의 가시적 성과로 나타나기를 기대하는 것이다.

두 번째 방법은 외부의 억압으로부터 보호하는 것이다. 상부기관으로부터의 부당한 업무지시, 고객으로 부터의 언어나 정서적 폭력 등으로부터 조직이 보호해주어야 한다. 상부와 고객이기 때문에 참아야 한다는 위로는 억압적 문화의 산물이다. '나 때문에 먹고사는 것' 이란 말은 구성원에게 매우 모욕적이다. 현대사회에서는 서로가 서로를 위해 존재한다. 상대방이 있기에 내가 존재하는 것이다. 우리는 모두 소비자이며 고객이다. 때문에 구성원이 감정노동자로서 받을 수 있는 정서, 언어적 폭력으로부터 적극적으로 보호될 수 있는 사전적 조치를 시행한다. 이용계약서에 감정노동자의 보호의무와 위반 시의 계약해지 사유 명시, 감정노동자의 보호를 위한 안내문 게시, 전화녹취 안내 등이다. 억압과 폭력은 구성원의 권한을 위축시키고 동기부여를 저해한다.

세 번째 방법은 억압이 발생했을 때 구성원이 대응할 수 있는 법적 장치를 마련하고 공고히 해주어야 한다. 다양한 고충처리 창구를 마련할 뿐만 아니라 노동자로서 보호받을 수 있는 법령과 기준들이 조직에서 실제적으로 움직이고 있어야 한다. 고충처리의 방법도 빠띠 플랫폼을 이용하고 있다. 노사협의회를 통해 구성된 7명의 고충처리위원들의 메일주소가 빠띠에 구글 설문지로 링크된다. 구성원들은 7명의 위원 중에 심적으로 편할 수 있는 위원을 선택하여 고충을 제기하는 방법이다. 또한, 정서적, 언어직 폭력이 보호자로부터 발생할 시, 즉각적으로 관리자가 해당 보호자에게 전화나 상담을 한다. 폭력의 위해성에 대해 다시 한 번 밝히고 혹시 과정 중에 심리적 상처가 있었는지에 대해 조사하는 것이다. 마지막으로 재발시의 조직에서 대처할 수 있는 방법인 패널티를 안내한다.

보호의 방법은 안전하다는 메시지를 끊임없이 보내는 것이다. 안전의 메시지를 보내는 방법은 첫 번째, 상기의 세 가지 방법에 대해 끊임없이 구성원들에게 고지하는 것이며 상황이 발생하였을 시 적극적이고 단호하게 조직이 개입하는 것이다. 이용자가 감소할 것이 두렵거나 민원이 발생할 것이 두려워 이를 방치한다면 새로운 억압이 가중될 것이다. '조직은 안전하지 않다' 라는 메시지가 전해진다. '이 조직과 구성원들에게는 막말을 해도 되는 군!' 이라는 잘못된 메시지도 전해진다. 이러한 부정적 메시지는 일에 대한 동기를 감소시키고 억압의 동기를 강화시킨다. 정확하게 개입하고 고지하라. 비록 실효적인 패널티가 없는 아주 미비한 고지의 행위일지라도 조직과 가해자가 이해하는 반응은 사소함을 뛰어 넘는다. 마지막으로 일련의 과정을 공유하는 것이다. '조직이 당신을 보호하고 있어!' 라는 메시지만큼이나 구성원들의 두려움을 해소시키는 강력한 방법도 없다.

안전의 메시지를 보내는 또 하나의 중요한 방법은 리더의 메시지이다. 앞서 밝힌 바대로 조직의 구성원들은 이미 두려움 속에 있다. 그러한 상황에서 리더가 '어떤 신호를 보내느냐?' 에 따라서 두려움을 배가시키거나 감소시킨다. 리더의 안전에 대한 메시지는 즉각적이어야 한다. 안전하다는 메시지란 격려와 지지이다. 대중이 있든 없든 구별하지 말고 상황이 발생하면 즉각적이어야 한다. 반대로 벌에 대한 메시지는 둘만의 상황을 만들어서 해야 할 것이며 칭찬을 한 후에 벌에 대한 메시지는 양자의 효과를 감소시킴으로 반듯이 구별해야 한다. 만약 안전의 메시지를 보내야 할 상황을 놓쳤다면 하루가 가기 전에 메신저를 통해 격려와 지지를 보내라. 특정한 조직의 이벤트를 마쳤거나 새해 등의 인사 등을 할 경우에는 리더가 먼저 메시지를 보내라. 그리고 답변이 온다면 그에 대한 답변을 보내라. 그것이 바로 안전의 메시지이며 대화가 이루어지는 시작이 되는 것이다.

동료들끼리 서로 안전의 메시지를 보내는 방법도 강구하라. 온오프라인 게시판을 활용하여 특정한 일상의 주제를 선정하고 구성원들이 편하게 이야기할 수 있는 이벤트를 하는 방법이 있다. 회식을 할 때 전체 회식보다는 팀별회식을 조성하고, 워크샵 역시도 소단위로 조성하는 것이 좋으며 리더가 참석하기보다는 구성원들끼리 모일 수 있는 자리를 마련하는 것이 좋다. 리더의 안전에 대한 메시지는 일과 중에 보내는 것이 좋다. 회식이나 워크샵에서 리더가 안전의 메시지를 보내보아야 그 자체가 억압으로 작용할 수 있을뿐더러 구성원들의 마음에 남지도 않는다.

안전의 메시지 마지막 방법은 리더가 구성원들 간에 동질성을 확보하는 것이다. '리더와 구성원은 다르다'는 인식자체가 두려움으로 작용한다. 그러므로 리더는 완벽함이나 위대함의 메시지를 보내기 보다는 나에게는 약점이 있고 도움이 필요하다는 신호를 보내야 한다. 취약한 것을 한 번도 보이지 않으면 구성원들도 약점을 숨긴다. 서로 숨긴다. 진정성이 있는 태도로 자신을 들어내는 것은 주저하지 말아야 한다. 또한 리더의 의견을 관철시키기 위해 자신의 주장만을 늘어놓는 것은 지양되어야 하며 리더의 잘못된 의사결정에 의해 조직과 구성원들에게 피해가 간다면 스스로 책임지는 모습도 역시 필요하다.

두려움은 동기부여를 감소시킨다. 그런데 구성원들은 늘 두렵다. 늘 두렵기에 늘 안전의 메시지를 지속적으로 보내야 한다. 사람들은 생존의 욕구와 소속의 욕구가 기본이다. 이 욕구가 충족될 때 상위의 욕구를 바라볼 수 있는 것이다. 이러한 욕구는 스스로 해결되는 것이 아니다. 조직이 개입해 주어야 해결 될 수 있는 여지가 큰 것이며 리더의 주도에 의해, 끊임없이 지속적으로 조직이 안전하다는 신호를 보내야 한다.

환경을 개선하라

조직이 안전하다는 메시지를 보내는 일에는 환경을 개선하는 일도 포함된다. 동양 알루미늄 대표 라건아 회장은 '공장은 아름다우면 안 되나요?' 라고 묻는다. "무엇인가 최고의 제품을 만들고 싶었고 함께 하는 구성원들과 멋진 작은 사회를 만들고 싶었다. 그리고 거기서 나오는 제품으로 우리가 빚지고 살고 있는 세상에 무엇인가를 기여하고 싶었다."라는 그의 목표는 의미심장하다. 목표를 향해 움직일 수 있었던 힘은 구성원들이 행복해지는 것에 있었다고 말하는 그의 동기부여는 '아름다운 공장' 으로 나타난다. '좋은 환경이 있는 공장에서 좋은 제품이 나온다.' 는 그의 경영철학이 반영된 것이다.

우리에게는 제조업 공장에 대한 편견이 있다. 불편하고 딱딱하고 또는 더럽다는 인식, 그리고 안전하지 않을 것이라는 고정관념이 제조업을 기피하는 이유이기도 하다. 라 회장은 그러한 편견에 대해 도전하였으며 유럽 바이어들이 '마치 전시관에 온 것 같다!'

라고 감탄할 정도의 아름다운 공장을 만든 것이다.

일터의 환경을 개선한다는 것은 이용자에게도 유익할 뿐 아니라 구성원을 존중한다는 의미이기도 하고, 일의 의미와 노동의 가치를 인정한다는 고백이다. 좋은 장비와 쾌적한 공기, 좋은 구조물과 상징물들로 이루어진 일터는 구성원들에게 심리적 안정과 자부심, 그리고 창의성을 자극한다. 그리고 대화를 촉진하며 일의 효율성을 증가시킨다. 그것은 곧 구성원들이 좋은 환경 속에서 일하면서 안전하다는 메시지를 받기 때문이다. 안전의 욕구가 달성되면서 소속감이 생기고 존중과 자아실현의 욕구가 자극되는 것이다. 유수의 기업들이 커뮤니티가 자연스럽게 촉진될 수 있도록 건물구조를 고민하고 최신의 설비를 갖추는 데에 관심을 갖는 이유이다.

비영리조직은 영리조직만큼이나 좋은 환경을 확보하여야 한다. 우선적으로 비영리조직의 이용고객 자체가 심리적 안정이 요구되는 사회적 약자이다. 그러한 분들에게 좋은 서비스를 제공하기 위해서는 구성원도 역시 좋은 환경 속에서 일을 해야 한다. 그래야 좋은 서비스가 제공되는 것이다. 좋은 환경이란 안전하다는 메시지를 주는 환경을 의미한다. 알루미늄 제품을 만드는 공장이 그러하다면 사람을 대하는 조직은 더욱 그러해야 할 것이다.

안전에 관련된 모든 상징물과 장비들은 눈에 보이는 곳에 비치되어 있어야 하며 조직의 환경과 어울려야 한다. 그 자체가 하나의 인테리어 기능을 하며 심리적 안정을 제공하기 때문이다. 주로 이용하는 사회적 약자의 특성과 성향에 따라 맞춰져야 한다. 삶의 공간과 이질적이어서는 곤란하며, 기관을 이용하는 그 자체로 일상생활과 사회적응 훈련이 기능하기 때문이다. 또 하나의 포인트는 편리함이다. 편리함은 곧 접근성을 의미하고 이는 곧 약자에 대한 배려이다. 또한 편리함은 구성원의 노동권을 배려하는 것이기도 하다. 이러한 양자에 대한 배려는 곧 조직에서 추구하는 안전권을 보장하는 것이다.

공간 속에서는 만날 수 있어야 한다. 이동의 경로를 고려하여 어느 지점에서 교차되어야 하고 자연스럽게 머물 수 있는 공간이 필요하다. 여기서 커뮤니티가 작동된다. 회의실은 지정된 공간이며 조성되어지는 커뮤니티 공간이다. 여기에서는 주어진 이야기들만 다루어진다. 자연스러운 커뮤니티 공간은 비공식적 집단을 공식적 집단으로 이끌고 조직의 운영에 의견을 제시하는 것으로 확장된다.

좋은 환경을 만들어가는 것은 쉽지 않은 일이다. 그러나 이것은 단순히 보기 좋아서 하는 것이 아니라 좋은 환경에서 좋은 서비스가 나오고, 좋은 서비스가 나오는 이유는 안전하다는 조직의 메시지가 환경 속에서 지속적으로 제공되기 때문이다.

조직개발은 진단과 컨설팅만으로는 이루어지지 않는다. 구성원들이 가시적이고 눈에 보일 수 있는 변화가 동반되어야 그 효과를 배가시킬 수 있다. 환경을 개선시키는 변화야 말로 구성원들이 조직의 변화를 바로바로 체감할 수 있는 방법이다. 구성원의 이동 동선에 따라 눈에 보이고 실질적으로 도움이 될 수 있는 것부터 시작하자. 입구의 신발장, 복도와 엘리베이터의 사인물, 구성원의 옷장, 휴게실, 일터 등의 순으로 환경이 정비된다. 하나의 메시지가 전해진다. 조직이 당신을 존중합니다. 이것만큼 강한 안전과 존중의 메시지가 또 있겠는가!

사업계획을 재범주화 하라

우리가 흔히 사용하는 사업계획안은 정형화되어 있다. 목적과 목표를 담은 후 이를 실행전략에서 예산, 평가방법, 시기와 내용 등을 담는데, 매년 사업계획에서 고민하는 부분은 실행전략 부문이다. 정형화된 사업계획안을 쓰는 이유는 일단 쓰기 쉽고 보기 쉽다는 것이다. 또 목표와 계획, 최종 결과치를 확인하기 십다는 것이다. 이런 사업계획서 양식은 한마디로 편하다. 그런데 문제는 편리함을 추구하다보니 사업의 분류를 각각의 단위사업으로 표현한다는 것이다. 각각 하나의 사업들로 분류하는 이유도 조직에서 다루는 사업에는 무엇이 있는지 확인할 수 있는 편리함이다. 또 하나는 사업의 양이 매우 많아 보인다는 것이다. 때문에 비영리조직의 사업계획서를 보면 각 사업의 비중이나 중요도를 확인할 수 없고 단지 사업의 양을 파악해 낼 정도이다.

사업계획서는 하나의 그릇이다. '어떤 그릇에 담는가?' 에 따라서 구성원들이 인식하는 조직의 방향성이 들어난다. 그리고 대외적으로도 조직의 추구하는 목적과 가치를 확인할 수 있는 것이다. 그러나 단위 사업들 하나하나로 구성된 양적 사업계획서에서 드러나는 것은 '이 조직은 일 많이 한다.' 일 뿐이다.

비영리조직의 사업계획안은 핵심적인 사업 영역별로 재범주화할 필요가 있다. 이렇게 재범주화하게 되면 중요한 사업들이 한눈에 들어온다. 가독성이 높아진다. 중요하지 않은 사업은 (실제 사업은 하지만) 사업계획 안에는 담지 않는다. 그런 사업은 조직을 위해 필요한 사업이기는 하지만 핵심적인 사업은 아니라는 의미이다. 사업의 경중이 매겨진다. 그리고 가장 큰 장점은 구성원들과 대외 이해관계자들에게 조직에서 추구하는 방향성이 무엇인지에 대해 명료하게 설명된다는 점이다.

예를 들어 BSC Balanced Score Card관점이 중요하다고 판단한 조직은 고객관점, 성장관점, 재무관점, 프로세스관점으로 사업들을 분류한다. CSRCorporate Social Responsibility이 중요하다고 판단한 조직은 인권, 노동, 소비자 이슈, 환경, 지역사회로 사업을 분류한다. 재범주화한 사업 분류를 기반으로 하여 기존의 사업들을 연결시키고 그렇지 않은 사업은 표현하지 않는다. 또한 분류의 과정 중에 현 과업수준으로는 목표를 달성하기에 부족하다고 판단된다면 새로운 사업을 개발한다. 이렇게 함으로써 조직에서 추구하는 균형성이라든지, 사회적 책임이든지의 방향성이 들어나고 사업들이 일목요연하게 표현됨으로써 구성원들이 무엇을 해야 할 지에 대해 각인된다.

YANG-JI CSR PLAN

5대 이슈	13개 핵심성과 지표	세부지표(시기와 내용)	달성 목표	측정 방법	예산
의사결정	투명경영	○ 운영위원회(분기 1회)			
		○ 정보공개(수시)			
	공동발전위원회	○ 노사협의회(격월1회)			
		○ 서비스위원회(격월1회)			
	고객과의 소통	○ 이용자 소통			
		○ 구성원 소통			
인권	권익보호	○ 인권교육			
		○ 인권모니터링(반기별)			
	보건과 안전	○ 건강관리 및 증진(수시)			
		○ 재해방지 강화(수시)			
	고충의 처리와 개선	○ 고객만족(수시)			
		○ 구성원만족(수시)			
노동	노동환경의 조성	○ 구성원복지(수시)			
		○ 기능 및 구조개선(수시)			
	개발과 훈련	○ 평생학습			
	합리적인 보상	○ 우수서비스선발 시행 (연 1회)			
		○ 성과배분(수시)			
고객	RIGHTS 웰다잉	○ 인지프로그램 (수시)			
		○ 여가프로그램 (수시)			
	개별적 욕구지원	○ 급여제공 (반기)			
		○ 사례지원(월1회)			

지역사회	지역사회협력	○ 오픈하우스 등			
		○ 장기요양기관 멘토링			
	자원의 확보	○ 펀드공모			
		○ 마케팅활동			

조직의 성과는 행복이고 그 행복 이전에 의미 있는 문제를 해결하여 사회에 기여하는 것이라고 밝혔다.

조직의 목적이 이러하니 사업계획안도 여기에 맞춰야 한다. 앞서 밝힌 BSC는 2008년의 사업계획 툴Tool이었고 CSR은 2018년 이후의 사업계획 툴이다. 조직이 사회에 공헌하기 위한 의사결정, 인권, 노동, 고객이슈, 지역사회라는 5대 이슈와 16개 핵심성과지표로 분류하여 CSR PLAN을 디자인하였다. 새로운 사업도 있고 기존사업도 있지만 8할은 기존사업이다. 의사결정과 인권은 조직민주주의와 관계된 이슈이다. 그리고 노동과 고객이슈, 그리고 지역사회는 사회기여와 관계되어 있다. 노동은 이직율, 고객이슈는 정원율로 측정되게 될 것이고 최종적으로 지역사회에 기여할 것이다.

사회복지조직을 평가하는 지표를 보자. 이들 지표의 하위 분류체계를 보면 균형성이 상실되어 있다. 지표의 개수나 난이도에 있어 서비스분야와 관리분야에 너무 집중되어 있고 이에 반해 환경이나 지역사회관계는 매우 취약하다. 이렇게 되면 조직은 서비스분야에만 집중할 수밖에 없고, 환경과 지역사회관계는 등한시 할 수밖에 없다. 조직의 유형과 특성에 따라 인적자원관리나 지역사회관계가 더 중요할 수도 있지만 획일적으로 적용하다보니 조직 고유의 정체성을 반영하지 못하는 한계를 가지고 있다. 또한, 각 지표마다 공동발전이나 질적 성장을 담기보다는 변별력을 확보하기 위한 무리한 지표들이 들어가는 단점들이 있다.

비영리조직의 사업계획도 마찬가지이다. 분류를 잘 했다고 하지만 하위체계의 균형성을 확보하지 못하면 구성원들과 이해관계자에게 잘못된 인식과 방향성을 심어줄 수 있음으로 재고되어야 한다. 또한, 성과평가를 확인하기 위해 무리하게 양적지표를 집어넣는 것도 잘못된 메시지를 주는 행위이다.

따라서 사업계획안을 재범주화하고 균형성을 잡아주어야만 질적 평가가 가능해진다. 지금의 평가방법은 나열식 사업계획서와 실적보고서를 놓고 점검하는 양적 평가이기에 실적주의로 흐를 수밖에 없다. 새로운 평가방식은 사업계획이 조직의 목표를 달성하기 위해 방향성을 잘 잡았는지, 이를 실현하기 위한 핵심 사업들이 어떻게 연결되고 최종 성과는 어떠했는지를 평가해야 하는 것이다.

사회복지조직의 평가도 같은 맥락이다. 현행 평가에 대한 저항은 막상 평가를 받고 나면 '그래서 그 결과에 대한 현실적 의미가 무엇인데?' 라는 물음에 답을 하지 못하기 때문이다. 즉, 평가점수가 높다고 서비스의 질적 수준이 높은 것인지, 사회적 책임을 다하고 있는 것인지 등에 대해 논리성을 확보하지 못한 이유이다. 조직의 사업평가 후에 '일을 그렇게 열심히 했는데 그에 대한 현실적 의미를 모르겠다.'는 구성원들의 물음은 사업계획안이 방향성과 범주화로 구성되지 않았기 때문이다.

위원회는 알리바이가 아니라 경영참여의 도구이다

사회복지조직을 보면 안전, 인권, 윤리, 노무, 사업 등을 처리하는 무소불위의 회의체가 조직 안에서 군림하고 있다. 흔히 그 회의체를 간부회의 또는 부서장회의(이하 부서장 회의)라고 부른다. 모든 구성원들이 이 회의체의 결정만을 기다린다. 또한 시설장을 정점으로 부(국)장과 팀 · 과장으로 모이는 이 회의체는 매주 어마어마한 양의 안건을 처리한다. 모든 구성원이 회의를 위한 자료를 만들어 내야 한다. 때로는 반나절 동안 회의를 하기도 한다. 마지막으로 결재와 공유의 과정을 거치면 1주일이 지난다. 조직의 5일 중 하루 정도는, 아마도 이 회의를 위한 시간으로 할애할 것이다. 한 마디로 회의가 일이다.

근래 조직을 들여다보면 안전위원회, 윤리위원회, 보건위원회, 운영위원회 등 다양한 위원회들이 있다. 조직뿐만 아니라 정부나 기초자치단체에도 이러한 위원회의 모습은 흔하다. 위원회가 조직되는 이유는 다양한 의견을 수렴한다거나 전문가들의 자문을 받는 등 위원회의 설립 목적에 따라 다양하다. 어찌되었든 위원회는 현대사회의 조직운영에서 매우 필수적이지만 아쉽게도 그 기능은 실질적이지 못하다.

그 이유는 대부분의 위원회 설립 이유가 법령에 의해서이기 때문이다. 조직의 필요 이전에 법의 요구이고, 규제가 있음으로 수동적으로 작동된다. 한마디로 위원회가 만들어지는 이유는 법적 알리바이용이다. 법의 강제 이외에 리더의 면피용으로도 만들어진다. 위원회는 안건에 관하여 민주적으로 협의를 하는 것 같아 보이지만 결국 리더의 결정을 뒷받침할 뿐이다. 또한 그 결정의 결과에 대해 위원회는 책임지지 않는다. 그렇다고 리더가 책임을 지는 것도 아니다. 서로의 면피용으로 알리바이를 마련하기 위한 위원회일 뿐이다.

'전 구성원의 위원화' 라는 자조적 목소리도 들린다. 사회복지 조직의 경우 다양한 위원회가 조직되어 있는데, 한 사람이 여러 위원직을 맡고 있기도 하고 또 어떤 사람은 자신이 어떤 위원회의 소속인지도 모르는 경우가 있다. 그도 그럴 것이 실질적으로 활동을 하지 않기에 위원회 규정이 어떻게 되는지, 위원회에서 어떤 일을 하는지 모르는 것은 당연하다.

'그렇다면 법에서 정한 이런 위원회들은 비영리조직에서는 필요가 없는 것일까?' 만약 불필요한 것이라면 위원회에서 다루어져야 하는 논의사항들이 실제 조직에서도 다뤄지지 않을 것이다. 그런데 모순적인 것은 관련 위원회에서 다루어져야 할 내용이 조직의 부서장 회의에서 다뤄진다는 것이다. 그렇다면 이것은 조직에 필요한 위원회라는 것이다. 그리고 중요한 안건이라는 의미인 것인데 왜 정작 위원회에서 다루지 않고 부서장 회의에서 다루어지는 걸까?

예를 들어, 구성원의 안전과 보호와 관련된 안건은 안전위원회나 노사협의회에서 다룰 수 있다. 그리고 고객의 인권에 관한 안건은 인권위원회나 윤리위원회 등에서 다룰 수 있다. 매우 실질적으로 다루어져야 하는 안건이다. 그런데 이런 위원회의 규정을 보면 년 4회, 분기당 1회의 정기회의로 정해져 있다. 인권과 안전의 이슈는 즉각적으로 회의를 소집하고 결정하여야 하는 매우 중요한 안건이지만 정기회의는 복잡한 절차를 필요로 한다. 회의체의 특성과 다루어야 할 안건이 절차와 상충되는 것이다. 그로 인해 정작 위원회에서 다뤄져야 할 안건이 조직의 부서장 회의에서 다루어지게 된다. 절차와 규정에 얽매여 회의체로서의 기능에 제한을 가져온다. 하지만 더 심각한 이유는 따로 있다.

위원회에서 다루어져야 할 안건이지만, 부서장 회의에서 먼저 다루어지다보니 막상 위원회를 열려고 해도 마땅한 안건이 없다.

만약, 부서장 회의에서 다루지 않은 안건을 어렵게 찾았다고 해도 문제가 해결되기는 커녕 더 큰 어려움에 직면한다. 위원회에서 결정을 하였다고 하더라도 부서장 회의에서 해당 안건이 최종적으로 다루어지는데, 만약 거기에서 다른 결정이 나온다면 이는 갈등이자 의사결정구조에 대한 저항인 것이다. 때문에 새로운 안건이 상정되어도 부서장 회의에서 나올 수 있는 결과를 예측하여 결정을 내리지 못한다. 그런 이유로 아예 결정을 유보하거나 극단적으로는 안건으로 채택하지 않는다. 눈치를 보는 생존의 법칙이 작동한다.

위원회만큼 구성원의 참여를 촉진할 수 있는 도구도 흔하지 않다. 주인의식을 원한다거나 구성원들이 조직경영에 적극적으로 참여하기를 원한다면 위원회를 활용할 필요가 있다. 그렇게 되기 위해서는 위원회는 자문이나 협의기구가 아니라 결정기구이어야 한다. 위원회를 통해 주인의식과 경영참여가 활성화되기를 원한다면 일정 이상의 결정권 부여가 필요하다. 참여의 기회와 기술을 높이자면 위원회의 의장을 리더로 하지 않고 위원 중에서 호선하거나 위촉하는 것이 좋은 방법이다. 그만큼 결정권을 위임하는 것이기 때문이다. 또한, 위원회와 부서장 회의에서 다루는 안건을 회의체의 성격에 따라 명확히 분리하여야 한다. 이렇게 되면 부서장 회의 시간이 짧아진다. 횟수도 줄어든다. 반대로 위원회의 개최 횟수와 시간은 늘어난다. 권한이 주어졌으니 법정 개최 횟수가 중요한 것이 아니라 실질적 운영이 중요해지기 때문이다.

고민이 생길 것이다. '시설장이 참여하지도 않았는데, 위원회에서 결정을 한다?' 그 결정을 따라야 한다는 것은 기존 부서장 회의 체제에서는 받아들일 수 없다. 그러나 우리가 원했던 바람직한 조직은 바로 그런 그림이다. 구성원들이 시키지 않아도 알아서 일을 추진하고 완결해 내는 조직, 굳이 내가 없어도 스스로 돌아가는 조직 말이다. 마음속으로는 바랐지만 실제 그러한 일이 일어나는 것에 거부감이 드는 것이 구성원들에게서 자발성과 주인의식을 찾아볼 수 없었던 이유이다. 다른 곳에서 그 이유를 찾지 말고 당신의 그 심리적 부담감을 이겨내라. 실질적인 결정권의 권한을 이양했을 때 당신은 비로소 당신이 원하는 조직의 리더가 될 수 있다. 당신이 살고 있는 이 사회는 공산주의가 아니라 민주주의이며, 당신이 원하는 회의체는 공산당 당원대회가 아니라 민주적 회의체이다.

조직개발에서 중요한 의사결정기구는 노사협의회이다. 2018년 6월에 재조직된 노사협의회는 노측 4명, 사측 3명의 위원으로 구성된다. 의도적으로 노측이 사측보다 1명이 더 많은 것은 의사결정시 상급자의 눈치를 보느라 의견을 내놓지 못한다든가, 상위 직급의 결정에 편향될 수 있는 폐단을 예방하기 위함이다. 아무래도 노측은 일반 구성원이기에 상급 구성원과 마주하게 되면 의사표현이 어려운 것이 사실이다. 또한 거주시설 근무제 특성상, 휴무일에 출근하여 회의를 할 수 없는 경우가 많음으로 의도적으로 1명의 위원을 더 두어 항시 3:3 의사결정 구조를 맞추기 위함이다. 회의의 진행은 리더가 진행한다. 의도적으로 최대 권력의 리더를 회의진행자로 둠으로써 리더의 의견이 회의를 지배하는 것을 차단시키고 리더는 퍼실리테이터의 역할을 한다. 이렇게 구성된 노사협의회는 2018년 그 해에의 6개월 동안, 13건의 회의를 실시하여 다양한 안건들을 통과시켰다. 이것이 가능한 것은 부서장 회의에서 다루던 구성원의 처우와 복지에 관한 안건을 노사협의회에서만 다루기로 결정했기 때문이다. 노사협의회를 통해 안건을 접수함으로써 부서장회의 권한을 노사협의회로 이전시킨 것이다. 그리고 하나 더! 투표의 방법은 빠띠 플랫폼을 활용하여 다수의 의견이 제시될 수 있도록 하였다.

노사협의회의 주요 안건은 조직개발 초기에는 리처드 라이언Richard Ryan과 에드워드 데시Edward L. Deci의 모티브 스펙트럼Motive Spectrum의 동기부여를 차용한 설문지를 개발, 적용하였다. 주로 이런 질문이다. 당신이 조직에서 즐거운 일은 무엇입니까? 당신이 조직에서 즐겁지 않은 일은 무엇입니까? 당신이 가장 새롭게 생겼으면 하는 의미 있는 일은 무엇입니까? 당신이 가장 없어졌으면 하는 의미 없는 일은 무엇입니까? 당신이 가장 불합리하다고 생각하는 제도는 무엇입니까? 당신이 가장 합리적이라고 생각하는 제도는 무엇입니까? 당신이 타인에게 우리 직장의 입사를 권한다면 무슨 이유입니까? 당신이 타인에게 우리 직장의 입사를 막는다면 무슨 이유입니까? 우리 조직에서 관행적으로 이루어지고 있지만 없어졌으면 하는 것은 무엇입니까?

'즐거움과 의미, 성장'이라는 동기요인에 따른 긍정적 질문과 '정서적 압박감과 경제적 압박감, 타성'이라는 부정적 질문을 교차하여 구성원들의 욕구를 파악하였다. 매우 다양하고 엄청난 양의 욕구가 표출되었다. 모두 해결하여야 할 소중한 이슈들이다. 그리고 이 문제를 해결하는 것이 의미이고 그것이 우리에게 차이를 만들게 한다. 그 차이가 우리의 경쟁력이고 그것이 모델링되어 사회에 기여하게 될 것이다. 지금도 계속하여 의견을 수렴한다. 'Have your say! 당신의 의견을 말해주세요!' 조직의 슬로건으로 구성원들에게 다가간다.

가장 뚜렷한 성과는 정년의 연장이다. 기존 60세의 정년을 63세의 임금유지형으로 개선하였다. 비영리조직의 경쟁력을 위한 선택이었고 보다 안전하고 장기간 근무할 수 있도록 제도를 개선함으로써 구성원들의 동기부여와 안전의 메시지를 전해준 것이다. 구성원들이 참여하여 의견을 모으려면, 엄청난 시간을 필요로 하지만 보다 좋은 직장, 경쟁력이 있는 조직을 만들어 낼 수 있는 기회가 주어진다.

이제 과제는 서비스위원회이다. 서비스위원회는 서비스직에 관련되어 있는 직종의 협업을 위한 것이다. 위원들은 서비스직의 구성원들이 1년마다 돌아가면서 선출직으로 선임된다. 위원회에 주어지는 권한은 서비스에 관련된 모든 것들이다. 교대근무제, 직무순환, 협업, 기본 케어, 매뉴얼 점검과 다양한 이슈들을 다룬다. 이 외에도 구성원들이 제안하는 서비스와 관련된 안건들이 리더와 상급 관리자들에 의해 결정되는 것이 아니라 민주적인 위원회에서 결정된다. 이 위원회에는 조직의 리더도 참여하지만 결정권은 주어지지 않는다. 리더는 퍼실리테이터로서 참여할 뿐이다. 의사결정은 추천과 투표에 의해 구성된 서비스 직종군의 대표들이 참여하여 결정하게 된다. 리더의 역할은 회의를 진행하는 것도 있지만 안전과 인권에 대한 거부권이 주어진다. 안전과 인권에 위배되는 결정만 아니라면 승인하겠다는 것이다. 과연 구성원들이 '안전과 인권 외에 조직의 경영 상태나 미래를 위한 결정을 할까? 자신들만의 안위를 위한 결정을 하는 것은 아닐까?' 라고 의심한다면 조직민주주의는 이루어 낼 수 없다. 수평적 권력, 연대와 자율성이 조직민주주의 핵심이며 그 핵심적 실천이 참여기회와 결정권을 가진 위원회이다. 이것을 믿는 것이 조직민주주의의 시작이다.

고대 아테네의 군인이며 정치가인 페리클레스는 민주주의에 대해 이렇게 말했다 "몇몇 사람이 통치의 책임을 맡는 것이 아니라 모두 골고루 나누어 맡습니다. 나라에 기여할 수 있는 사람이라면, 아무리 가난하다고 해도 인생을 헛되이 살고 끝나는 일이 없습니다." 서비스위원회는 그리스 민주주의의 무작위 선출방식인 클레로테리온Kleroterion을 지향한다. 고대 그리스인들은 제비뽑기를 통해 시민들 중에서 대표를 선출함으로서 더 많은 시민들이 정치에 참여하기를 기대했다. 그들은 통치자와 시민들이 분리된 것이 아니라고 보았다. 시민이라면 누구나 나라의 발전을 위한 합리적 의사결정을 할 수 있다는 것이 그들의 믿음이었다. 시민들이 통치를 번갈아갈 수 있도록 무작위 추첨방식을 선택한 이유이다. 운영위원회, 노동조합 역시도 구성원들의 참여를 보장하지만 특정인에게만 국한되는 제한이 있다. 서비스위원회, 그리고 노사협의회는 보다 많은 구성원들이 참여할 수 있는 조직의 클레로테리온이다.

조직의 구성원이라면 누구나 조직의 발전에 기여할 수 있는 기회가 주어져야 한다. 서비스위원회가 그런 기회를 제공할 것이며 위원회의 결정은 합리적이라고 믿고 지지함으로써 조직민주주의를 실현할 것이다. 위원회를 통해 보다 많은 구성원에게 경영참여의 기회를 보장하는 것이야 말로 조직민주주이다.

효과적 회의를 위한 몇 가지 툴

조직에는 회의 없이 실행하는 문화가 필요하다. 회의가 길어지는 이유 중 하나는 다루어야 할 안건이 너무 많기 때문이다. 해소할 수 있는 방법은 안건의 경중에 따라 팀이나 구성원에게 결정권을 위임하는 것이다. 부서장 회의에서 조직의 리더가 다루어 할 안건은 그렇게 많지 않다. 하지만 모든 안건들이 부서장 회의에서 결정되는 구조에서는 회의가 길어지는 단점이 있고, 그만큼 늦어지고 구성원의 동기는 감소한다.

회의 안건은 사전에 공유되어야 한다. 이사회 안건이 사전에 보고 된 후 처리되어야 그것을 승인받을 수 있듯이 조직의 안건도 사전에 구성원들에게 공유되어야 한다. 공유의 의미는 안건에 대한 의견을 회의 이전에 수렴한다는 의미이고 투명성에 관계된 것이다. 회의 중에 불쑥 튀어나오는 안건은 그다지 중요하지 않은 안건이며 차기 회의에 예고되는 것으로 처리하는 것이 유익하다. 이는 회의 참석자의 집중도를 유지하는 좋은 방법이다.

회의록은 회의시간에 워딩wording과 리딩reading을 하라. 회의가 끝나고 서기가 기록을 하고 기록의 내용이 맞는지 확인을 하고 결재를 하면 시간이 소요된다. 실행하기도 전에 또 다시 회의를 해야 하는 요일이 돌아오는 경우도 잦은 것이 이런 이유이다. 회의에서 다루어진 안건은 그만큼 중요하다는 것인데 구성원에게 회의결과가 이런 과정에 의해 늦게 전달된다면 그만큼 실행력이 떨어진다. 또한 기록자의 주관적 입장과 단어들이 사용됨으로써 회의결과에 대한 오해가 발생한다. 그러므로 회의시간에 바로 기록하고 끝나기 전에 리딩하는 것이 필요하다. 회의시간에 리딩과 워딩을 함으로써 빠른 전달과 오류의 차단, 그리고 기록자의 업무부담을 경감할 수 있다.

회의 외에 다른 것은 하지마라. 회의는 회의에서 끝나야 한다. 부가적으로 공지사항이 들어간다든지, 리더의 말씀이라는 전달사항이 들어가면 회의의 본질이 퇴색된다. 어떤 때는 회의보다 전달사항과 공지사항 시간이 더 길어지고 여기에 또 다른 안건이 만들어져 회의가 이어진다. 이렇게 되면 회의 참석자들의 집중력이 저하되고 수동적으로 임하는 경향이 만들어진다. 회의시간에는 회의만 하는 것이 옳다. 특히 회의는 교육시간이 아니다. 리더가 회의에 참여한 구성원들에게 가르치려고 입을 열게 되면 1~20분은 소요된다. 구성원들은 듣지 않는다. 마음은 이미 회의장 문을 열고 나가 있다. 안건이 결정되었으면 바로 종결하고 잡담을 하든지, 일을 하러가든지 구성원들에게 맡겨라.

역할을 바꾸어 보자. 리더가 회의를 진행하는 것도 좋은 방법이다. 리더가 회의를 진행함으로써 리더의 의견이 결정을 지배하는 것을 감소시킨다. 리더가 회의를 주재함으로써 결정권자의 역할에서 중재자, 촉진자의 역할로 바뀐다. 또한 리더도 자신의 입장을 주장하기보다는 제3자의 입장에서 객관적으로 판단할 수 있는 효과도 얻을 수 있다. 회의의 최종결정권자를 리더가 아닌 회의 참석자 중에서 선발하는 것도 역할을 바꿔보는 좋은 방법이다. 예를 들어 최하급자나, 사업 담당자, 또는 팀장에게 결정권을 미리 예고하고 진행하는 것이다.

회의는 월요일 말고 다른 요일이 좋다. 월요일에 회의를 하면 회의담당자는 금요일에 회의를 준비한다. 열정적 직원은 주말에 회의에 대해 걱정한다. 회의를 월요일에 하는 이유는 회의결과가 구성원에게 전달되는 시간이 수요일 정도이기 때문이기도 하다. 회의 참여자도 주말과 주일을 지나 바로 이어지는 회의라서 의사결정 집중력에 어려움이 있다. 앞서 제시한 바대로 회의시간에 리딩과 워딩이 이루어진다면 빠른 전달을 확보할 수 있음으로 화요일이나 수요일에 해도 어려움이 없을 것이다. 이 역시 회의 참여자의 참여도를 높일 수 있는 방법이다.

회의 자체가 학습이며 건강한 회의는 건강한 조직문화를 만든다 '언제, 누가 참여하여 어떠한 의제를, 어떠한 역할을 가지고 다루고, 어떻게 공유되며 확산되는가?' 라는 것은 조직문화 형성에 중요하게 작용한다. 절차적 공정성과 민주적인 의견수렴, 실행과정과 피드백의 환류는 조직을 움직이는 힘이다. 그리고 그 시작과 끝이 회의이라는 중대성을 감안할 때, 우리가 흔히 하고 있는 일반적인 방법으로는 얻어내기 힘들다. 그리고 그만큼 노력이 필요한 대목이기에 회의에 대한 전환적 태도와 회의기술의 함양이 요청되는 것이다.

강점관점, 당사자주의는 구성원부터

사회적 약자에 대해 강점관점을 가져야 한다. 사회적 약자가 문제해결을 스스로 결정할 수 있도록 당사자 관점이 필요하다. 사회적 약자에게 처해진 환경이나 상황이 개선된다면 충분히 스스로의 삶을 변화시킬 수 있는 힘이 있다. 그들에게는 삶을 스스로 결정하고 변화시킬 수 있는 강점이 있기 때문이다. 문제를 정의하는 것은 전문가가 아니라 당사자이어야 한다. 문제해결의 주체도 전문가가 결정하는 것이 아니라 당사자에게 결정권이 있는 것이다. 당사자가 주인이 되어 스스로 문제를 정의하고 선택하고 해결해 나갈 때, 마침내 사회적 약자들 삶의 변화가 있기 때문이다.

정상화이론, 강점관점, 임파워먼트, 당사자주의, 사람중심케어(계획) 등, 인간을 다루는 사회복지조직의 관점은 언제나 일관된 방향을 가지고 있다. 사회적 약자는 주체이지 객체가 아니며, 무능하거나 비자발적 존재가 아니라, 스스로의 삶을 개척할 수 있는 인격적 존재이다. 모든 인간의 내면에는 잠재된 힘이 있다. 스스로의 삶을 결정할 수 있는 능력과 자신이 원하는 집단에서 자유롭게 관계하며 살 수 있는 자유롭고 힘이 있는 존재이다.

사회적 약자의 존재가 그러 하듯이 조직의 구성원 역시 그러한 존재로서 인정받아야 한다. 민주주의 조직개발은 구성원의 존재를 강점이 있는 당사자로 인정하는 것이다. 구성원들이 그렇게 인정받을 때 사회적 약자에게 향하는 강점관점과 당사자주의가 생명력을 더한다. 사회적 약자에게 서비스를 할 때에는 '강점을 가지라, 당사자주의로 대하라.' 고 하면서 정작 일을 해내는 구성원은 강점이 없고, 일의 당사자가 아니기에 리더가 결정해야 한다면 지향하는 강점관점과 당사자주의는 모순이다.

컵라면이 지급되는 야간근무자의 간식을 개선하고자 하였다. 비용의 고민이 있어서 고품질 간식보다는 간식의 다양성을 확보하고자 하였다. 최초의 방법은 우유, 쥬스, 빵류, 죽류 등 다섯 가지의 저녁 간식을 식당에 비치해두면 당일 야간근무자가 2개씩을 선택하는 선택간식의 방법이었다. 노사협의회에서 안건이 다루어졌는데 다른 방법이 제시되었다. 간식의 종류는 같지만 선택간식이 아니라 요일마다 간식 중 두 가지를 미리 조직에서 선정한 후 지급하자는 지정간식제였다. 결국 두 방법에 대해 투표가 이루어졌고 결과는 후자인 지정간식제가 압도적으로 지지되었다. 간식의 당사자는 리더가 아니라 구성원이다. 간식을 구매하고 배분하는 당사자도 구성원이다. 구성원이 선택할 수 있는 기회를 주기 위해 선택간식을 주장했지만 만약 야간근무자 간식 제도를 리더 독단으로 결정하였다면, 그것은 원칙적으로 선택이 아닌 강요이다. 잘못된 결정과 메시지가 전달된 것이다. 구성원들에게 강점이 있음을 고백하면서도 실제적인 의사결정 상황에서 선택의 기회를 주지 않는 경우들이 허다하다.

유니폼 착용에 대한 이슈가 있었다. 유니폼 이슈는 쉽지 않은 결정이다. 우선, 유니폼을 선호하는 집단과 그렇지 않은 집단의 의견이 확연하게 갈린다. 이 갈등을 해결하려면 유니폼에 대한 개인간의 개념차를 정의하여야 한다. 일반 단체복, 활동복, 까운, 웃옷만 등, 서로가 품고 있는 유니폼의 개념이 제각각이다. 개념이 정의되고 수렴과정을 거쳐 유니폼 착용이 확정되었다면 이제부터의 이슈는 디자인이다. '브이넥이냐? 라운드넥이냐?', "박스형이냐? 스판형이냐?'를 결정해야 한다. 이제 마지막 관문은 색깔이다. 더 다양한 의견들이 수렴됨으로 이에 대한 결정은 정말이지 첨예한 이슈거리가 된다.

유니폼 착용에 대한 더 큰 이슈가 있었다. 다수의 구성원이 유니폼 착용을 원했지만 리더는 구성원들의 유니폼 착용을 원하지 않는다는 것이다. 유니폼 착용 반대의 이유는 다양성을 훼손할 수 있다는 것, 그리고 명령과 통제의 문화를 조성할 수 있다는 점이었다. 대개의 리더들은 유니폼 착용을 선호한다. 하나의 유니폼을 입고 있으면 마치 조직이 응집된 것 같고, 일사분란하게 움직일 것 같기 때문이다. 대내적으로는 관리하기 쉽고 대외적으로는 보기 좋은 것이 유니폼 착용의 이유이다. 이것은 어디까지나 리더의 관점일 뿐이다. 하지만 리더는 유니폼을 입는 당사자가 아니다.

물론 당사자인 구성원들은 전문성을 들어내 보일 수 있다는 면에서 선호한다. 하지만 그것뿐이다. 서비스 제공시에 행동이 부자연스럽고 세탁과 다림질의 불편함이 있고 여름에는 덥다. 이러한 단점에다가 원치도 않는 디자인과 색깔의 유니폼을 입어야 하는 직장에 매일 출근해야 한다면 이만한 고충도 없을 것이다. 중고등학교 시절에 입었던 교복을 떠 올려 보라. 의견수렴 과정을 거쳐서 특정 유니폼 디자인과 색깔이 결정되면 그것에 반대한 구성원도 무조건 착용을 하여야 한다. 구성원들과 합의하는 과정을 거쳤다면 다수가 선택한 유니폼이 결정되겠지만 소수의 구성원들은 그 결정에 순응하여야 한다. 구성원들과 합의를 거치지 않은 결정이라면 리더 등의 소수 결정일 것이고 다수의 구성원은 그 결정에 따라야 한다. 그리고 그 이후에 입사하는 구성원들도 좋던 싫던 그 유니폼을 착용하여야 한다. 이것은 강요이며 폭력일 수 있다는 것이 리더의 입장이었다.

유니폼 착용을 원하는 구성원과 그렇지 않은 구성원, 그리고 유니폼 착용에 대한 거부감을 가지고 있는 리더의 선택을 존중하면서 모두를 만족시킬 수 있는 방법은 없을까?

우선, 유니폼 착용은 다수의 찬성으로 결정되었다. 그리고 리더도 그 결정에 따른다. 착용에 대해 결정하면서 하나의 조건을 두었다. 유니폼의 선택권은 리더가 행사하겠다는 것이었다. 원장은 다수의 유니폼 회사를 검색하여 중저가이면서 다양한 제품을 생산하고 있는 업체를 선정했다. 그리고 업체의 생산품 중 3종을 선택한다. 3종은 각각 브이넥 또는 라운드넥, 박스형과 스판형으로 생산된다. 각 3종은 모두 7~8가지의 색상을 가지고 있다. 이렇게 해서 리더의 유니폼선택을 완료한다. 다음은 구성원들에게 선택권이 주어진다. 3종을 기본으로 하여 목마감과 핏, 7가지 색깔의 선택권을 구성원들이 할 수 있도록 한다. 1명의 구성원 당 2벌의 유니폼을 자유롭게 본인의 선택에서 의해 결정하도록 했다.

'어떤 일이 벌어졌을까?' 유니폼 선택권이 구성원 개인에게 넘어갔으니 무엇을 입을지 서로 왈가왈부할 필요가 없다. 각자의 기호를 부담 없이, 가감 없이 동료에게 표현할 수 있다. 그 의견에 대해 다른 구성원이 자유로이 의견을 제시한다. 모두가 각 개인의 선택이다. 팀마다 분위기도 다르다. 어떤 팀은 다수의 디자인이 선택되고 또 어떤 팀은 개성이 넘치는 디자인이 선택된다. 그것이 다양성이며 또한 그것이 통일성이다. 외부의 고객이 방문하여 유니폼이 '왜 이렇게 정신이 산만하냐?'고 따지지 않는다. 유니폼을 보러 온 것이 아니라 환경을 보고 서비스를 보러 온 것이기에, 별 중요한 관심사항이 아니다. 누군가 유니폼에 대해 물어보면 '저희는 각자가 원하는 것을 선택해서 입습니다.' 라고 하면 될 일이다.

사회적 약자의 강점관점, 당사자주의. '고객의 입장에 서라. 고객의 욕구가 무엇인지 파악하라' 라는 구호를 마케팅에서 많이 사용한다. 그러려면 먼저 조직이 구성원의 욕구가 무엇인지, 구성원 당사자의 입장에 서야 한다. 사회적 약자 이전에 구성원에 대한 강점관점, 당사자주의가 먼저이다. 결국 조직을 이끌어가고 최일선에서 서비스를 공급하는 당사자는 구성원이기 때문이다. 이러한 구성원 중심의 조직 방향성이 자리를 잡을 때, 구성원은 고객중심의 서비스 방향성을 체화할 것이다. 그리고 그것이 문화가 된다. 이것이 조직민주주의이다. 다수이며 당사자인 구성원에게 권한이 주어지는 것 말이다. 민주주의가 그리 고상하고 어려운 것이 아니다. 권한의 부여, 참여의 기회, 합리적 의사결정이라는 신뢰가 조직민주주의이다. 그리고 그것은 특별한 이벤트가 아니라 일상의 삶, 일상 민주주의기도 하다.

존경받는 조직, 일하고 싶은 직장

새벽 4시. 머리를 감고 있다. 이 시간에 머리를 감는 이유는 먼저 온수를 틀어 놓아야지 장애인들의 머리를 따뜻한 물로 감겨줄 수 있기 때문이다. 당시의 근무제도는 2Day 1Off. 48시간을 근무하고 하루를 쉬고 다시 근무하는 방식이었다. 말이 쉬는 날이지 잠깐 눈 붙이고 출근하는 환경이었다. 인력도 처우도 모든 것이 부족한 그런 시절이었다.

20년이 지났다. 그 시절과 비교하여 급여도 많이 오르고 다양한 복지제도가 만들어진 것이 사실이다. 그러나 지금이나 그때나 변하지 않는 것은 구성원에게 주어지는 권한이다. 언제나 명령에 의해 반응하여야 하며 조직의 규정에 의해 관리를 받는다. 당시의 동기부여는 희생이었으나 이제는 희생만으로는 사회서비스의 질을 높일 수 없다. 새로운 동기부여인 권한이 필요한 시대이다. 사회서비스 노동자의 진정한 처우의 개선은 권한을 부여하는 것이다. 표면상으로는 급여인상이지만 내면 깊숙이 외치는 소리는 '우리를 존중하라' 이다. 사회서비스 노동자는 기계나 부역자, 당근에 반응하는 당나귀가 아니라 동등한 권리를 가진 파트너이기 때문이다. 존중은 선언이 아니라 권한의 부여라는 실제적 행동으로 나타내어야 할 것이다.

지금의 새로운 조직에서는 주어진 권한에 의해 매우 즐겁다. 그리고 그간 해보고 싶었던 조직민주주의를 현장에 반영해 볼 수 있는 기회가 주어져 일의 의미를 발견하고 있다. 그리고 그 과정 중에 다양하게 만나는 문제들과 고민들을 해결하는 시간이 즐겁다. 사람은 그렇게 자라는 것이다. 리더십 책이나 강의를 듣고 '오늘부터 한 달에 책 몇 권을 읽겠어! 아침에 일찍 일어나겠어! 나 자신을 변화시키겠어!' 라고 다짐해 보았자 졸음만 올 뿐이다. 해결할 만한 가치가 있는 문제를 발견하고 그 문제를 해결할 수 있는 권한이 있어야 아침이 즐겁고 책이 재미있어지고 성장이 오는 것이다.

좋은 기회를 만났지만 함께 하고 있는 구성원의 즐거움과 의미는 어떤 지에 대해서는 알 수 없다. 권한을 위임하고 자율을 부여한다고 하였지만 실제로 어느 정도 권한이 활용되고 있는지도 알 수 없다. 즉, 구성원들이 조직민주주의라는 변화를 통해 어느 정도 행복해졌는지 알 수 없다. 계획부터 급진적 변화가 아니라 점진적 변화를 고려한 것이었으니 아직은 변화정도를 얘기하기에는 무리가 있는 것도 사실이다.

그럼에도, 이제 갓 1년이 지나고 있는 지금의 주목할 만한 변화를 굳이' 말하자면 이렇다. 우선 이직율의 감소이다. 조직개발이 본격적으로 실시된 이후부터 지금까지 전체 직원 60명 중 자발적 퇴사자는 2명이다. 그리고 구성원들이 자신이 알고 있는 인재를 추천하고 있다는 것이 매우 큰 변화이다. 시내에서 15~20분 떨어져 접근성이 열악한 이유로 출퇴근에 발생되는 비용이 마이너스 요소인데, 조직문화 자체가 추천할 정도가 아니라면 아는 사람을 추천하지 않는다. 좋은 정보도 주지 않는다. 때문에 추천에 의한 입사는 매우 중요한 변화의 팩트이다. 현재 구성원들의 법정 TO는 만석인 상태이다. 어느 정도 이직이 있겠지만 지난 1년 동안의 이직율이 이 정도라면 구성원들이 안정을 찾았다고 해석된다. 입소율도 주목할 만하다. 정원의 97~98%정도를 꾸준히 유지하고 있다. 중소도시 읍에 소재한 점을 고려해 본다면 좋은 정원유지율이다. 급작스러운 퇴소 리스크가 발생한다고 하더라도 경영상 심각한 타격을 받는 수준이 아닐 것임으로 이 또한 안정을 찾았다고 볼 수 있다.

두 번째 변화는 조직문화 진단결과이다. 1년 전과 비교하였을 때, 구성원들이 바라는 인간관계 모델에서 현재와 미래의 차이가 많이 줄어들었다. 구성원들이 인식하는 현재의 인간관계 모델 범위가 넓어졌다는 의미이다. 그리고 나머지 3개의 모델에서도 이전의 갭이 상당히 좁혀졌다. 이는 곧, 균형을 찾아가고 있는 것이라 해석될 수 있다. 모티브 스펙트럼에 의한 설문의 양도 매우 줄었다. 그만큼 구성원들이 바라는 즐거움과 의미, 성장을 위한 제도가 실행되고 있다는 것이고 압박감과 타성으로 작용하는 것들을 감소시키기 위한 노력의 결과라고 본다.

힘든 점이 있다면 불편함이다. 계속 밝혔지만 민주주의는 불편한 것이다. 하지만 관리와 통제도 역시 불편한 것이다. 민주주의의 불편함은 모여야 하고 논의해야 하고 합의해야 하는 과정에서 오는 불편함이다. 좋은 소통은 받아들임이 중요하고 그 받아들임은 리더의 역할이다. 진정한 받아들임이란 상대방이 변화하는 것이 아니라 나의 변화를 요구한다. 그러니 모든 변화와 성장은 리더의 수고를 요구한다. 관리와 통제의 방식도 구성원들을 하나하나 작동시키고, 문제가 있으면 중앙에서 일일이 대안을 주어야 하기에 불편함을 요구한다. 이래도 불편하고 저래도 불편한 것이라면 더 많은 다수가 동기부여 되고 소수인 리더가 불편한 것이 효율적이라고 본다. 그리고 관리와 통제의 방식과 민주주의 방식과 비교하여 동일한 성과가 나온다면 구성원들이 참여하고 함께 이루어내는 것이 더 값진 일이다. 당신이나 우리 모두는 그런 사회를 꿈꿔왔다.

조직문화의 건강함을 찾아가는 이 여정은 갈 길이 멀기는 하다. 그러나 가고자 하는 곳을 알고 있다면 언젠가는 도달한다. 하지만 아쉽게도 민주주의에는 종착지가 있는 것이 아니다. 구성원과 고객의 욕구는 끊임없을 것이며 그렇기에 계속해서 참여의 기회를 보장하고 결정권의 동기부여가 필요할 것이다. 그런 과정에서 조직에 힘이 붙을 것이며 마침내는 경쟁력이 생기게 된다. 사회서비스는 일자리 만들기의 수단도 아니며 세금을 헛되이 쓰는 시혜의 대상도 아닌 국가와 사회의 발전에 기여하는 직종임을 증명하고 싶다. 그리하여 사회복지조직에서 일하는 우리 모두가 '존경받는 조직, 일하고 싶은 직장'에서 일하기를 바라는 마음이다.

이 글은 중소도시의 시골에 위치한 요양원에서 일어나고 있는 현재 진행형 이야기이다. 당신이 위치한 곳이 어디든 조직민주주의라는 '방향이 맞다'고 동의한다면 이제 당신도 시작하면 된다. 민주주의를 원하면서도 쉽게 도전할 수 없었던 것이 이제는 해결되었다. 조직민주주의라는, 한 번도 경험하지 못한 두려움과 맞서는 조직이 당신 곁에 있기 때문이다.

실천 II

사익과 공익

개인이나 특정 집단에게 정신적으로나 물질적으로 이로운 것을 '사적 이익'이라고 한다. 이에 반해, '공적 이익'은 사익의 범위를 넘어서 사회나 국가 등 전체의 이익을 말한다. 양자 모두 이익benefit을 목적으로 한다. 그런데 이익이 취해지는 범위의 구분에 따라 사익과 공익으로 이해한다는 것은 무엇인지 어색하다. '전체 사회가 취하는 이익은 공익이고 개인이나 특정 집단이 취하는 것은 사익일까?'

사람들은 미래를 예측할 수 없는 상황에 놓이면 사익과 공익 사이에서 갈등한다. 사익은 너무나 분명한 논리를 던진다. 개인과 특정 집단이 투자한 것에 대한 비용 대비 이익, 즉 효율성을 따지는 것이다. 수치적으로 산출될 수 있으므로 명확한 결과가 나온다. 결과적으로 효율성이 높다면 여기에 비난하지 않을 것이다. 설령 효율성이 낮다고 하더라도 크게 비난받지 않는다. 자신의 사익을 위한 실리적 선택이기 때문이다. 하지만 공익은 그렇지 않다. 전체의 이익을 효율성과 수치로 표현하기에는 너무나 많은 변수가 있다. 결과적으로 효율성이 높다고 하더라도 전체의 이익이므로 사익보다는 개인의 이익의 몫이 적을 것이다. 만약 효율성이 낮다면 비난받기 딱 좋다. 실리적인 선택이지 않았다는 비난일 것이다. 제 앞가림도 못하면서 남을 생각하다가 가랑이 찢어지는 선택을 했다는 논리이다. 이런 이유로 많은 경우에 사익을 선택할 가능성이 높다. 사익과 비교하여 공익은 어디까지가 전체사회인가에 대하여 답할 수 없는 난제가 있기 때문이다.

이제 리더의 이야기를 해보자. 공익을 결정하는 것은 쉽지 않은 선택이다. 조직과 사회의 장단기적 이익을 고려하기 위하여 이해관계자의 의견수렴을 해야 할 것이다. 결국 최종 결정은 리더의 몫이며 모든 리더가 가지고 있는 책무이다. 그러나 한편으로는 권력이기도 하다. 그러하니 사익을 배제하기 쉽지 않겠다. 리더들의 결정 과정에서 공익과 사익에서 갈등할 수밖에 없는 이유이다. '노인요양원은 공익일까 사익일까?' 국가보험제도이니 공익이다. '그러나 리더는 사익을 추구하는 것이 아닌가?' 여러 보도를 보면 사익을 추구하는 요양원과 리더들의 모습이 자주 보인다. '그것은 사익이지 공익이라 볼 수 없다.' '아니다. 그것은 일례일 뿐 많은 대다수의 요양원과 리더들은 공익을 추구한다.' 기본적으로 공익을 추구하지만 생계를 위한 사익을 바랄 뿐이다. 여기에 질문을 하나 더

보태보자. '영리조직은 공익이 아닌 사익일까?' '그들은 국가보험 제도도 아니고 조세로 운영되는 것도 아니고 목적이 이윤추구이니 영리조직은 공익이 아닌 사익이다.' 이렇게 주장하면 영리조직에 헌신하는 분들은 기분이 썩 좋지 않다. 비록 이윤의 추구가 사익일 수 있겠지만 궁극적인 영리조직의 목적은 국가와 사회에 기여하는 공익이다.

'사익과 공익은 어떤 자격과 기준으로 판단될 수 있을까?' 이익을 사익과 공익으로 구분하는 것은 마치 시비를 가리는 것 같은 느낌을 준다. 이익을 옳고 그름의 문제로, 정의의 문제로 보는 것은 너무 소모적이며 비인격적이다. 이제 5년 차의 노인요양원 원장을 하면서 그런 시각들을 접한다. 그리고 내게도 자문을 한다. '나는 요양원에서 사익과 공익 중 무엇을 추구하고 있는 것일까?' 노인요양원과 리더를 사익이라고 보는 집단들은 우리를 매도한다. 너무나 소모적이고 비인격적인 비난이다. 그러한 매도에서의 핵심적 주장은 노인요양원은 공익성이 없으니 공공성이 필요하다. 그러하니 공공의 국가가 요양원을 운영할 것을 주문한다. 아무리 공익이라 생각하며 헌신하여도 사회가 사익이라고 판단해버리면 일의 의미가 퇴색된다. 헌신적 노고에 대한 사회적 평가가 사적 이익을 위한 수익 창출 행위라고 매도된다면 우리는 돈 버는 기계이고 악덕 고용주밖에는 되지 않는다. '노인요양원만 그러한 매도를 당하고 있는 걸까?' 그렇지도 않다. 사익과 공익 사이에서의 줄타기는 어느 한 곳에만 국한되지 않는다. 너무나 갈등적인 이러한 틀에서 벗어날 필요가 있다. 사익과 공익으로 양분되는 이 잣대는 자본주의의 산물이지 않을까 싶다. 모든 것을 이익으로 바라보니 최대 다수의 최대 행복에 의해 공리주의적 선택을 요구하는 것이다.

공의公義, right와 천직vocation이라는 말이 있다. 공의란, 신god이 사람의 삶을 규정한, 사람에게 새겨진 의로운 법을 의미한다. 사람으로서 마땅히 해야 할 '공동선common good', '사람에 대한 이로움(인간애)'을 의미한다. 직업을 의미하는 영어에는 job, work, career, vocation 등 여러 가지가 있다. 그중 천직은 소명, 사명, 거룩한 부르심과 선택을 의미한다. 신이 사람에게 새겨준 법이 공의이듯이, 공의를 따르는 사람들은 직업의 의미를 생계를 위해 먹고 사는 것 이상의 '천직'으로 이해한다. 공의는 사익을 넘어설 뿐만 아니라 공익 또한 넘어선 개념이다. 또한 공의는 이익만을 추구하지 않는다. 공의의 지향점은 이익보다는 '공동선과 인간애'라는 거룩함을 따르기 때문이다. 그러하니 천직이란, 이익이 아닌 공의를 따르는 사람들의 직업이라는 의미이다.

천직과 사명은 맞닿아 있다. 천직으로 일한다면 사명을 이루는 길에 있는 것이요, 사명을 이루기 위해서는 천직을 다하여야 한다.

사람이 천직으로 사명을 다하고 사명을 이루기 위해 천직으로 일하였을 때 주어지는 것은 이익이 아니다. 사익과 공익이 아닌 공의를 실현하는 것이다. 공의란 옳고 그름이라는 정의가 아닌 'good', 좋음이다. 옳지 않은 것은 그름이다. '별로 옳지 않음, 많이 옳지 않음'이라 표현하지 않는다. 옳으면 옳은 것이고 그르면 그른 것이다. 하지만 좋음이라는 'good'은 정도가 있다. 많이 좋은 것도 있을 수 있고 썩 좋지 않은 것도 있을 수 있다. 그러하니 '좋음'은 시비와 정의의 문제가 아니다. 우리가 하는 일은 천직과 사명으로서 좋은 것이다. 그리고 사람에게 이로운 것이다. 나에게도 좋고 이로운 것일 뿐만 아니라 타인에게도, 공동체에게도 좋고 이로운 것이다. 공의로울수록 사람의 일은 사익에서 공익으로 나아간다. '공동선'과 '사랑'이라는 공의가 있기에 공익이 실현될 수 있는 것이다. 만약 공의가 없다면 점점 더 사익으로 흐를 수밖에 없다.

'문제가 의미이고 의미가 기여이며 기여가 바로 성과이다.' 신입직원이 입사하면 입사 첫날, 우리 조직의 방향과 지나온 이야기를 나누며 꺼내는 첫 문장이다. 조직은 어디에나 문제가 있다. 그 문제를 덮어놓고 모른 채 하면 문제는 그냥 문제로 남는다. 아무런 의미도 없을뿐더러 덮어버린 문제에 의해 조직의 성장이 더디거나 갈등한다. 만약 그 문제를 건드려서 들어내고 해결한다면 그것이 우리에게 의미를 준다. 다른 조직에서는 방치한 문제를 우리는 해결했기 때문이다. 문제를 해결하면 조직은 성장한다. 성장하는 우리의 모습이 다른 조직에 모델링이 된다면 그것이 기여이다. 우리를 통해 다른 조직도 성장하기 때문이다. 성장의 지표에는 여럿이 있겠지만 노인요양원은 어르신들을 많이 모시고 직원을 많이 채용하는 것이다. 보다 많은 지역사회 시민이 공의의 조직에 함께 하는 것만큼 의미 있는 성장이 없기 때문이다.

2018년 원장으로 시작할 때 어르신 정원 100명에 현원이 86명이었고 구성원은 53명이었다. 지금은 어르신 정원 110명에 현원이 108명, 구성원은 73명이다. 그 기간 동안 30명 정원의 요양원을 하나 더 만들었다고 볼 수 있다. 입사 한 그 해에 구성원 중에 1명도 퇴사한 사람이 없었다. 그해 10월에 현원이 96명이 되었고 그 추세는 줄 곳 유지되었다. 이는 구성원의 고용이 안정되었기 때문이다. 이직률이 낮아져 고용이 안정되니 더 많은 어르신을 모실 수 있었다. 그리고 2021년에 16베드를 증원한다.(후에 격리실 및 휴게실을 조성하기 위해 6베드를 감원함) 국고보조사업에 의해 증축공사가 시행될 수 있었던 것은 고용과 현원이 안정적으로 유지되었기에 가능했다. 공사라는 것이 쉬운 일이 아니다. 공사과정에 신경을 쓸 일도 많고 증원 후에 경영상황도 예측하여야 한다. 특히 완공 후에 과연 어르신들과 구성원들의 유입이 원활할까에 대해 장담할 수도 없다. 그럼에도 증원을 한 이유는 매우 간단하다. 더 많은 어르신과 더 많은 구성원과 함께 일하는 것이 우리의 좋음과 이로움의 공의이기 때문이다.

좋음과 이로움에 의한 공의로 일한다면 마땅히 더 많은 사람들과 함께 하게 될 것임으로 그것이 공익이다. 또한 우리가 이렇게 증원과 함께 고용을 늘리면 우리만 좋고 이로운 것이 아니다. 구성원들의 이직률이 낮아진 것은 이곳이 행복하기 때문이다. 힘들고 어려운 업무환경에, 시내하고도 너무 멀고 교통이 불편하여 자가용으로 통근하여야 함에도 이곳으로 출근하는 이유는 여기가 행복하기 때문이다. 나는 그것을 행복이라 본다. 행복한 구성원들이 어르신들을 모시니 어르신들도 행복하다. 어르신들과 구성원들만 행복한 것이 아니다. 어르신의 가족들, 그리고 구성원의 가족들도 행복하다. 우리 엄마가 출근하는데 안색이 안 좋고 퇴근해서는 원장 험담만 한다면 구성원의 가족들은 행복하지 않을 것이다. 부모님을 모셨는데 불안하고 의심이 든다면, 제공되는 서비스가 불만족하다면 어르신의 가족은 행복하지 않을 것이다. 그러나 구성원들이 행복하고 어르신들이 행복하기에 이분들의 가족도 행복하다. 이분들의 가족만 행복한 것이 아니다. 이분들의 가족들이 만나는 사람들도 역시 행복하다. 우리가 행복하다면 더 많은 시민이 행복할 것이다. 이것이 좋음과 이로움의 공의의 조직이다.

어르신을 증원하고 고용이 증가한다고 해서 수익이 오르는 구조가 아니다. 수익을 고려한다면 증원을 위한 증축은 해서는 안 된다. 수익이 줄어드는 구조인데 오히려 신경을 써야 할 일이 많아진다. 그러함에도 더 많이 함께하고 싶은 것은 그것이 우리에게 주어진 사회적 책무인 공의의 조직을 이루는 증거라 믿기 때문이다. 원장은 불편하지만 모두에게는 '좋음'이다. 간호사 5명, 사회복지사 1명, 작업치료사 1명, 위생원 1명, 조리원 1명, 요양보호사 10명의 고용이 증가하였다. 늘어난 손길만큼 더 많은 의료서비스와 재활서비스가 제공되고, 더 많이 조리하고 더 많이 닦아내고, 더 많이 말씀을 건네니 어르신들에게 '이로움'이다. 정원을 계속해서 유지하고 싶고 더 많이 고용하고 싶은 것도 수익이라는 이익 때문이 아니다. 좋음과 이로움을 더 많이 나누고자 함이다.

지방의 중소도시, 그 도심에서 벗어난 읍 단위 소재지에서 이것이 가능할까? 코로나19 시국에서도 어르신을 더 모시고 고용이 증가할 수 있었던 사유는 무엇일까? 혁신일까? 아니다. 단지 문제를 해결해내는 과정에 있을 뿐이다. 혁신이나 민주주의나 결과가 아닌 과정이다. 우린 지금 조직민주주의 과정에서 조금씩 좋음과 이로움으로 진전하고 있다.

좋은 경영 이로운 인권

'사람은 왜 일을 할까? 조직은 왜 존재하는 것일까?' 이 해답이 '조직에서의 인권'이지 않을까 한다. 인권은 사람이라는 인격적 존재가 자기 자신을 실현하는 것이다. 사람이 일하는 이유는 자기를 실현하기 위함이다. 조직이 존재하는 이유는 사람이 자기를 실현하는 장filed이 조직이기 때문이다. 그러하니 사람이 일하고 조직이 존재하는 목적은 생계와 이윤이 아니다. 자기를 실현하는 것, 이것이 조직의 존재 이유이다. 그러므로 조직은 그 사람이 자기를 실현할 수 있도록 사람됨을 보호하고 침해하지 않고 증진하여야 한다. 사람이 천직이라는 직업을 갖게 되는 조직은 거룩한 장소이다. 조직은 사명과 천직의 장이 되어야 한다. 조직에서 인권에 관심을 두어야 하는 이유는 안전, 노무, 학대 예방의 준법 이전에 사명과 천직이 이루어지는 장이기 때문이다.

사명과 천직을 통해 자기를 실현하기 위해서는 두 가지 조건이 충족되어 있어야 한다. 그 사회의 자유와 평등이다. 왜냐하면 사람은 본질적으로 자유롭고 평등한 존재이기 때문이다. 사람이 자기를 실현하여야 하는데 본질적인 자유와 평등이 침해를 받는다면 사명을 이룰 수 없다. 예를 들어 선택의 자유가 침해받는다면 사명을 선택할 수 없을 것이요, 평등이 침해를 받는다면 천직에 다가갈 수 있는 기회가 없을 것이다. 그러므로 인권이 침해받는다는 본질적 의미는 자기를 실현하는 데 있어서 자유롭지도 평등하지도 않다는 것이다. 조직도 이와 같이 자유와 평등이라는 두 가지의 조건이 충족되어야 한다. 사회의 구성원이나 조직의 구성원이나 같은 사람이기 때문이다. 애석하게도 사회에서는 자유와 평등을 요구하는 것이 자연스럽지만 조직에 들어오면 자유와 평등을 이야기하지 못한다. 조직에서의 자유와 평등은 좌경이나 급진주의자들의 단어가 되어버렸다. 진정으로 원하는 것은 자유와 평등이지만 조직에서는 이 단어를 꺼내기가 너무나 불편하다. 그래서 선택한 것이 안전, 노무, 감정, 학대 예방이라는 것이다. 또는 수평적 조직, 권한위임이라는 말도 종종 한다. 우리 이제 진실해질 필요가 있다. 진정으로 조직에게 원하는 것은 자유와 평등이라고 말이다. 그래야 나를 실현할 수 있다. 하지만 쉽지 않다. 그래서 민주주의가 조직의 문 앞에서 멈춰 서는 것이다. 사회에서는 광장으로 나아가 자유와 평등을 요구하지만, 조직에서는 자유와 평등을 스스럼없이 말할 수 없으니 민주주의가 들어올 일이 만무하다. 광장을 찾지 못한 구성원들은 조직을 떠나거나 아니면 침묵한다

그래서 조직민주주의이다. 조직에 자유와 평등을 실현하는 것은 인권을 이야기하는 것이다. 인권을 실현하는 이유는 나와 당신의 사명과 천직을 이루기 위함이다. '구성원들이 사명과 천직을 이루면 구성원들만 좋을까?' 아니다. 조직에도 좋다. 하지만 인권교육에서는 자유와 평등을 이야기하지 않는다. 에둘러 본인들이 얘기하고 싶은 것을 던져주고 인권을 증빙용으로 사용하여 버린다. 노무사는 노무, 노동운동가는 조합, 교수들은 학제적으로 이야기하며 인권을 살짝 끼어 놓는다. '인권경영'이라는 말이 탄생한 배경이다. 조직에서 인권을 이야기함에 있어 이제는 실제적인 이야기이어야 한다. 어떻게 하면 자유와 평등을 이룰 수 있는지, 어떻게 하면 목표를 달성하게 할 수 있는지, 실효적으로 조직에서의 인권이 어떻게 하면 작동할 수 있는지에 대해서 말이다. 인권교육도 자유와 평등을 이야기하여야 할 것이다.

근래에 인권과 관련된 교육들이 많이 등장하지만, 인권을 끼워 넣기식으로 활용하여 버린다. 노무 교육에도 인권이 들어간다. 이러면 노무가 인권이 된다. 안전에 대한 교육에도 인권이 들어간다. 이러면 안전이 인권이 된다. 감정노동에 대한 교육에도 인권이 들어간다. 감정이 인권이 되어 버린다. 학대 예방에도 인권이 들어간다. 학대 예방이 인권이 된다. 각각의 교육 목적은 안전 확보, 노무 지식, 감정 보호, 학대 예방이지 인권이 아니다. 그런데도 이 목적의 중요성을 각인시키기 위해 인권이라는 말을 차용한다. 문제는 정작 교육 중에 인권을 중요하게 다루지 않는다는 것이다. 그리고 마지막에는 이렇게 정리한다. '안전과 노무, 감정 보호, 학대 예방을 잘하셔야 합니다. 인권이기 때문입니다. 그렇지 않으면 위법입니다.' 결국 법을 지키는 것, 곧 준법이 인권이 되어 버린다. 준법은 인권이 아니다. 법은 마땅히 지켜야하는 것이고 지키면 준법, 어기면 불법으로 처분되는 것이다. 인권은 준법 이전에 그 이상의 것이며 우리 삶의 이야기이고 실제적 이야기여야 한다. 그러나 안전과 노무, 감정 보호, 학대 예방은 준법이 되고 준법은 인권이 되어 버린다.

이러한 인권교육을 받고 나면 왠지 모를 불쾌감이 드는 경우가 있다. 첫째, 너무나 어려운 단어들이 등장한다. 이론들과 지식 배경들에 대해 다루면서 인권이 현학적으로 빠져버린다. 실제적이고 인격적이어야 할 인권은 점점 더 다가서기 어려운 단어가 되어 버린다. 둘째, 법을 지키기 위한 이러저러한 프로세스와 매뉴얼을 다룬다. 프로세스와 매뉴얼의 끝은 신고 전화번호이다. '어쩌라는 거지? 고발하라는 건가? 안 지키면 처벌을 받는다는 건가? 내가 지키고 싶지 않아 안 지키나?' 결국 인권이라는 것이 고발과 처벌이라는 강제적 수단, 일방적인 폭력으로 인식되고 만다. 구성원들이 인권교육을 받고 조직에 복귀하면 이를 풀어내야 하는데, 결국 프로세스와 매뉴얼을 만들고 법령을 숙지하고 신고 전화번호를 붙이는 일을 한다. 리더들이 인권교육을 받고 조직에 와서 이를 풀어내야 하는데, 현학적인 말을 풀어내니 꼰대가 되고 프로세스와 매뉴얼을 만들라고 하니 관료가 되고, 이를 지킬 수 없는 구조적 환경에 놓여 있으니 범법자가 되어 버린다.

'인권경영'이라는 단어 안에는 고객의 인권과 노동자의 인권이 함께 쓰인다. 그리고 고 이 둘은 자주 충돌한다. 고객의 인권은 소비자의 권리로서 좋은 제품을 저렴하게 사는 것 외에도 생산된 제품에 노동자의 착취가 들어가면 안 된다. 노동자의 인권은 휴게나 여가 등의 보장과 함께 과중한 노동시간에서 보호되어야 한다. 또한 노동력의 정당한 대가가 고객으로부터 존중되어야 한다. 이렇듯 고객의 인권과 노동자의 인권은 서로를 보호하는 것 같지만 종종 부딪힌다. 때로는 이러한 이유로 인권경영이라는 단어가 너무나 폭력적이기도 하다. 인권의 'rights'는 복수 명사이다. 모든 인간의 권리들은 분할되지 않으며 상호의존적이고 서로 연결되어 있다. 즉, 다수의 권리가 하나의 인권이며 모든 사람의 권리인 보편성을 갖는다.

'인권경영'이란 무엇일까? 국가인권위원회에서는 '국제적으로 정립된 인권 규범을 이행하는 것이 기업의 책임이며 기업활동에 국제인권법의 규범력이 적용될 수 있다고 보는 경영 정신'이라고 정의한다. '규범력'과 '경영 정신, 이것이 도대체 무슨 말인가?' 아무리 읽어봐도 이해할 수 없다. 우리는 국가인권위원회로부터 인권경영의 '규범력과 경영 정신'이라는 것을 또다시 정의 받아야 한다. 이해하기 힘드니 접근하기도 힘들다. 권위 있는 누군가로부터 해석을 받아야 하는 해석 권력은 억압적이며 반인권적이다. 인권은 실제적이어야 하며 인격적인 이야기이어야 하며 나와 우리의 이야기여야 한다. 나의 인권을 누군가에게서 정의를 받아야 한다면 이것은 인권이 아니다. 이러한 이유로 조직민주주의에서는 인권경영을 '좋은 경영 이로운 인권'이라고 정의한다.

'좋은 경영 이로운 인권이란 무엇일까?' '좋은 경영'이란 구성원들이 참여함으로써 자율을 느끼고 그 자율이 일의 의미를 부여하는 것이다. 마침내는 자기를 실현하는 것이다. '이로운 인권'이란 그러한 경영의 과정에서 사람을 수단을 아닌 목적으로 대하는 것이다. 가치와 규범이 필요할 것이며 의견을 수렴하는 채널과 의사결정기구에 의해 작동된다. '좋은 경영'이란 소수의 의지로 통제되는 것이 아니라 가치와 규범이라는 조직의 제도로 움직인다. 소수의 결정에 따르지 않고 다양한 채널로 얻어진 의견을 협의하고 합의한다. 이러한 과정 자체가 '이로운 인권'이다. 노인요양원의 가장 큰 경영 리스크는 '인권'이다. 아무리 잘해도 인권 이슈, 즉 노인학대가 발생하면 그에 따른 대미지damage가 상상 이상이다. 학대 예방을 위해 구성원들의 민감성 훈련이 필요하며 주로 노인인권교육, 노인학대 예방교육이 있을 수 있다. 인권교육은 법에 따른 준법 행위이다. 학대예방을 위해 관련 교육이 반드시 필요하지만 준법 행위의 요구는 불편함을 주는 것도 사실이다. 법은 강제적이고 규제적이기 때문이다. 또한 노인의 인권만을 다룸으로 구성원들의 인권과의 균형을 잃을 수 있다. 일방적인 노인의 인권만을 주제로 한 교육을 하다 보면 구성원은 가해자, 노인은 피해자라는 이분법적인 사고가 만들어질 수 있다. 노인학대를 예방하고 노인의 인권을 보호하는 것은 노인요양원과 리더의 책임임이 분명하다. 이 책임을 다하면서도 구성원의 인권을 함께 증진하고 '인권이 조직의 문화'가 될 수 있게 하는 것이 좋은 경영이고 이로운 인권이다.

좋은 경영과 이로운 인권을 위한 전통적인 접근방법은 교육과 신고이다. 우리 조직은 인권교육의 범위와 횟수를 노인에서 구성원까지 모두 확대하였다. 법적인 인권교육 외에 1개월에 1번씩 '원장이 들려드리는 전래동화'라는 프로그램을 개설하였다. 전래동화를 들려 드린 후 어르신들께 요양생활의 어려움이 없으신지 묻는 시간이다. 말씀들이 없으셔도 정기적으로 원장과 만난다는 것은 중요한 메시지를 준다. 언제고 원장과 만나는 시간이 있다는 의미는 어르신과 구성원들에게 인권 채널이 가동되고 있다는 의미를 주기 때문이다. 구성원들하고도 직원교육 시간을 통해 채널을 가동한다. 어르신과 구성원들을 대상으로 한 인권 모니터링은 반기별로 지속해서 실시되고 있다. 의견이 나오면 조직에서 개입하여 개선해 나가고, 의견이 없더라도 정기적인 채널은 그것만으로도 모두에게 긍정적인 메시지로 각인된다. 1차 접근방법의 교육은 한 마디로 메시지를 지속적, 정기적, 부정기적으로 공식적인 메시지를 보내는 것이다. 이 외에, 노인이든 구성원이든 인권 이슈가 발생할 경우 신고할 수 있는 투고함과 온라인 신고 채널 등 이것이 인권을 위한 1차 접근방법이다.

접근방법의 두 번째는 인력의 확보이다. 인권 이슈가 발생할 수 있는 여지에 있는 구성원이 있을 경우 조직은 즉각 개입하여야 한다. 그 행위가 인권을 침해할 수 있으며 학대의 소지가 될 수 있다는 주의 경고를 분명하게 주어야 한다. 인권 감수성의 문제이기 때문이다. 학대인지 아닌지에 대해 논란이 있을 수 있는 행위도 공개적으로 논의되어야 한다. 인권 딜레마의 문제이기 때문이다. 이런 경우 논란의 대상이 된 관련 구성원이 퇴사할 수도 있다. 이때 또 다른 문제가 발생한다. 노인요양원은 적정 인력배치가 법적으로 정해져 있는데 그것을 위반하면 감산 수가의 패널티를 적용받게 된다. 재정손실이 발생한다. 이런 이유로 주의 경고나 논의를 머뭇거리게 된다. 결과에 대해서 책임을 묻지 아니하고 묻어버릴 수도 있다. 개입하여야 할 상황에서 조직이 개입하지 못하면 관리자들이 오히려 눈치를 보는 어처구니없는 상황이 벌어지고, 그것이 잘못된 문화가 되어 버린다. 잘 못 해도 방치하는 문화, 잘하는 사람이 손해를 보는 문화, 인권보다는 수익이 우선되는 문화. 매우 치명적이다. 방법은 법적 배치기준보다 인력을 더 확보하는 것이다. 주의 권고나 논의가 불합리하다면 관련 구성원은 그 과정 속에서 적극 참여하여 항변할 것이다. 그렇지 않은 구성원이라면 바로 퇴사할 것이다. 적정 서비스를 위해서도 인력은 법적 배치기준보다 더 많이 필요하지만 이런 이유에서도 구성원을 더 많이 채용하는 것이다. 이렇게 구성원을 더 많이 채용하는 전략은 한편으로는 인건비 상승으로 재정 여건에 압박을 주는 것이 사실이다. 하지만 퇴사가 두려워 적극적으로 개입하지 못하면 오히려 더 큰 경영 리스크가 된다. 사익과 공익 사이의 관점으로 보면 딜레마이다. 하지만 공의의 관점으로 보면 더 많이 채용하는 것이 모두에게 좋고 이롭다.

세 번째의 접근방법은 의견을 수렴하는 방법으로써 전통적 접근방법과 유사하지만 부정기적이고 보다 적극적인 것이 다르다. '인권 이슈, 노인 학대는 왜 발생할까?' 조직의 구조와 문화가 그렇게 만든다고 본다. 구조의 문제는 교육이나 육성 프로세스가 체계적이지 않은 것이다. 문화의 문제는 구성원을 존중하지 않는 것이다. 구조적인 측면은 계속 계량하면 되지만 문화적 측면은 쉽지 않다. 인권은 기본적으로 사람에 대한 존중이다. 조직이 구성원을 존중하지 않으면 존중받지 못한 구성원은 어르신을 존중하지 않는다. 당연하다. 존중받은 경험이 없는 사람은 다른 사람을 존중할 수는 없다. '조직이 구성원을 존중한다는 것은 어떤 것일까?' 자유롭고 평등한 것이다. 조직민주주의이다. 조직민주주의는 구성원을 자유롭고 평등한 존재로 존중하기에 좋은 경영이다. 그 존중이 어르신의 존중에 영향을 미치기에 이로운 인권이다. 결국 좋은 경영 이로운 인권은 1, 2차 접근방법인 교육과 인력이라는 사람에 관한 이슈, 그리고 3차 접근방법인 의견의 수렴과 결정이라는 프로세스의 이슈라 할 수 있다.

협의와 합의의 조직

'좋은 경영 이로운 인권'의 시작은 실질적인 의사결정기구의 작동이다. 이 기구는 자문이 아니라 결정함이 목적이다. 그러므로 외부의 이해관계자들이 위원으로 구성되는 것보다는 다수의 내부 구성원으로 구성되어야 한다. 예를 들어 구성원의 인권이나 복지 등에 대한 결정을 외부 고객이나 전문가에게 맡기는 것은 다른 이해관계에 의해 결정될 수 있는 소지가 있다. '외부 이해관계자가 내부 구성원의 이슈를 얼마나 체감하고 이해하고 있을까?' 내부 구성원들의 인권이나 복지를 외부의 이해관계자들의 의사에 위탁하는 것은 조직의 주체가 뒤바뀌는 것이다. 또한, 회의 소집도 원활하지 않다. 즉각적으로 결정해야 할 사항들이 있을 수 있지만 외부 이해관계자의 일정에 맞추어야 한다. 회의가 소집되고 다과를 차리고 현수막을 거는 동안 그 시간만큼 중요한 과업들은 유보될 것이다. 그러므로 이러한 외부의 전문가나 이해관계자들은 결정기구보다 자문기구의 역할을 하는 것이 적정하다.

사회복지시설(이하 시설) 운영위원회를 예로 들어보자. 운영위원회의 주요 안건은 이용자와 내부 구성원의 권리이다. 모두 시설과 밀접하게 관계되어 있으며 시설이 운영되는 주체이자 조직의 목적이다. 그런데 운영위원회의 다수는 학식이 뛰어난 자, 후원자 대표, 지역사회 전문가 대표 등이 참여하여 의사결정을 한다. 이는 투명성을 높이기 위한 조치이나, 외부의 이해관계자들이 이용자와 구성원의 권익에 관련된 사항에 대하여 결정권을 맡기는 것은 적정하지 않다. '왜, 당사자의 권리를 외부의 이해관계자들에게 맡겨야 할까?' 이런 이유로 운영위원회는 결정기구라기보다는 자문기구의 성격을 띠게 되는 것이다. 의사결정기구에는 다수의 내부 구성원이 참여하는 것이 좋은 경영이 될 수 있다. 그럼으로 운영위원회의 구성 비율에서 이용자와 구성원의 비율이 상향되어야 한다. 그러나 아쉽게도 이용자의 대표는 많아야 1명 정도이고, 구성원의 대표도 역시 많아야 1명이며, 그 1명도 구성원의 대표가 아니라 국장이나 부장이 대표가 되는 경우가 흔하다. 그리고 다수는 소위 전문가라고 하는 외부의 이해관계자들로 구성된다. 전문 영역을 보아도 이용자와 구성원의 권익과는 관계가 없는 분들이 다수이다. 그러므로 현재 각 1명 정도만 참여하는 이용자와 구성원의 수를 최대 2명까지는 확보되어야 한다. 그리고 운영위원회의 외부 이해관계자는 자문기구로 하여 전문성과 투명성을 높이는 방향이어야 할 것이다.

또 하나의 예로 노사협의회를 들어보자. '근로자참여 및 협력증진에 관한 법률'에 따르면 위원의 수는 사용주와 노동자의 동수로 구성하도록 되어 있다. 동수의 구성보다는 의도적으로 내부 구성원의 구성비율을 높이는 것이 더 유익하다. 예를 들어 3:3을 3:4나 3:5로 하여 구성원의 참여율을 높이는 것이다. 노동이사제는 조직의 최고결정기구에 노동자가 참여하게 하는 것이다. 가장 실질적인 변화를 주는 방법이다. 노동이사제의 효과를 이해한다면 노사협의회에 구성원의 수를 더 많이 해야 조직이 투명해지고 건강해진다는 주장을 이해할 수 있을 것이다. 의사결정기구의 결정이 최종 결정이 되어서는 안 된다. 운영위원회이든 노사협의회이든 대의원제도에 의한 간접민주주의 형태를 가질 수밖에 없다. 의미 있는 민의를 결정하는 형식이기는 하나 이것이 고착화되면 다수의 구성원과 구성원들의 대표 간에 괴리감이 발생할 여지가 있다. 이때에 보다 높은 구성원들의 참여율을 높이기 위해 환류제도가 필요하다. 환류의 방법은 결정사항에 대해 최종적으로 결정하지 아니하고 그 결정사항에 대해 구성원들에게 의견을 묻는 것이다. 이때에 어떠한 의견이나 이견이 있을 경우, 다시 회의를 소집하여 의사결정을 재심의한다. 또한 '이의제기 및 거부권' 제도를 활용할 수 있다. 결정에 대하여 그것이 최종 결정이 아닌 참여에 의하여 수정이나 개선할 수 있는 여지를 남기는 것이다. 일반적인 노사협의회는 의결사항을 공고하는 것에서 끝나지만 이의제기 조항을 신설하는 것이 좋다. 이의제기 조항이 있고 없고의 차이는 노사협의회 위원이나 구성원들이나 모두에게 또 다른 의미를 부여한다.

이의제기와 거부권의 세부 조항에는 조건과 절차를 명확히 한다. 이의제기를 어떻게 접수할지, 회부된 안건에 대하여 어떻게 의견수렴을 할지, 그리고 어떻게 결정하지에 대하여 규정되어야 한다. 이는 하나의 구제제도라 할 수 있다. 거부권은 조직의 리더가, 이의제기는 구성원들이 이견을 제기할 수 있는 제도이다. 합의가 된 사항이라도 리더나 구성원들이 보았을 때 재심의가 필요한 경우가 발생한다. 이때 이견에 대해 묵살이나 참는다기보다는 정식 절차에 의해 다시 의견을 다룰 수 있도록 설계되어야 한다. 의사결정기구가 외부의 전문가들보다는 다수의 내부 구성원들이 참여하는 것이 적절하다고 주장하는 이유 중 하나가 여기에 있다.

의사결정기구의 핵심은 권한과 역할이다. 이러한 권한과 역할을 의사결정기구의 규정에서 꼭 다루어야 한다. 규정에 의해 의사결정기구에서 결정하도록 정해진 안건 항목들은 반듯이 이 기구에서 다루어져야 한다. 예를 들어 노사협의회가 분기에 1회씩 개최하는 것으로 법으로 되어 있다. 하지만 막상 분기마다 회의를 개최하면 안건이 없다. 법을 준수하기 위해 안건을 발굴해야 되는 지경에 이를 수 있다. 안건이 없는 것이 아니다. 이미 다른 의사결정기구에서 다루어졌기 때문이다. 바로 조직의 최고 관리자 회의이다. 이렇게 되면 노사협의회는 권한과 역할을 빼앗긴 것이다. 노사협의회에 참여한 구성원들이 직원의 복지와 처우에 대해 결정하여야 하나 이미 관리자회의에서 결정을 해버렸으니 노사협의회는 비실제적 기구로 전락하게 된다. 참여한 근로자 측 위원들의 입장에서는 역할이 사라진 것이다. 조직에서 역할이 사라진 기분은 그리 유쾌하지 않다. 이와 같이 의사결정구조가 다루어야 할 안건의 항목들은 미리 규정되어야 할 것이고 반드시 해당 의사결정기구에 의하여야 한다. 또한 결정된 사항에 대한 모니터링이나 개선사항에 대한 조사나 만족 등의 역할 등을 의사결정기구에 두어야 한다. 이는 매우 중요한 규정이다. 의사결정기구는 분기에 1번으로 역할이 충족되는 것이 아니라 지속적인 역할을 부여받는 것이기 때문이다.

우리 조직의 운영위원회는 어르신 대표 1인, 보호자 대표 2인, 그리고 직원대표 2인이다. 직원대표 2인은 노사협의회 위원 중에서 노측 위원장과 노측 간사이다. 노사협의회의 구성원은 3:4이며 4인이 근로자 측으로 구성된다. 신설된 이의제기 조항은 다음과 같다.

"의결사항에 대한 이의제기가 있을 경우 공지일 부터 15일 내에 이의제기 할 수 있다. 협의회는 이의제기가 있을 경우, 협의회의 운영규정의 절차에 따라 회의를 소집하고 운영한다."

노사협의회에서의 이의제기 사례는 구성원의 출퇴근시간 변경에 대해 미리 밝혔었다. 그 후 몇 차례의 사례들이 있었는데 절차와 방법은 동일하다. 각 위원회에서 의견을 수렴하고 결정한다. 원장이 이를 집행한다. 결정과 집행 후 15일간 이의제기 기간을 둔다. 이의제기가 있으면 접수하여 재심의한다. 재심의결과를 원장이 집행한다. 재심의 결과가 바뀐 적은 한 번도 없다. 이의제기 결과에 대하여 불수용한 적도 한 번도 없다.

의사결정기구의 중요한 두 축인 노사협의회와 서비스위원회의 이의제기 절차는 동일하다. 간단한 절차이지만 실제에 있어서는 파급력이 대단하다. 절차적 공정성의 확보는 물론이거니와 결정에 의해 구성원의 권리가 침해되는 것을 적극적으로 방지하는 효과이다. 무엇보다도 당사자의 의견을 존중한다는 메시지를 준다. 거부권의 조항은 서비스위원회의 규정에 있다.

"상기 항에도 불구하고 원장은 서비스 의결에 관련되어 안전 및 인권에 저촉될 가능성이 있을 경우 거부권을 행사할 수 있다."

비록 조항은 있지만 원장이 거부권을 행사한 적은 한 번도 없다. 왜냐하면 원장이 중요하게 생각하는 안전과 인권은 구성원들도 역시 중요하다고 보기 때문이다. 설령, 안전과 인권에 위배되는 의견이 있다고 하더라도 원장이 제지하기 전에 서비스위원회에서 부결된다. 안전과 인권에 관련되어서 구성원들의 의사결정은 매우 합리적이다. 사람은 역할이 주어지면 개인적 이익이 아닌 공동의 이익을 위한 결정을 내리는 매우 합리적인 선택을 한다. 덧붙여서, 인사위원회도 이의제기 조항이 있는데 '소명기회의 부여'에서 '변론요청'을 신설하였다.

"피징계자는 소명을 위하여 직원 중에 2인에게 변론을 요청할 수 있다."

일반적인 징계위원회에 들어가면 관리자들이 징계위원으로 앉아 있고 피징계자가 홀로 소명을 하여야 한다. 이런 모양새는 어쩌면 징계의 결과가 결정된 것이나 다름이 없다고 볼 수 있다. 권력자인 다수의 관리자들 앞에서 자신의 입장을 설명하는 것은 쉽지 않다. 변론인을 선정하여 함께 들어온다면 보다 합리적인 결정이 있을 수 있다. 무엇보다도 피징계자도 구성원임으로 그의 의견을 존중한다는 메시지를 줄 수 있다. 또한 결정에 있어서 함께 변론한 구성원들이 그 과정을 보증하니 그 결과에 대해 수용성이 높아진다. 만약 피징계자의 징계사유가 너무나 명확하다면 변론을 요청해도 징계위원회에 참석하지 않을 것이다. 그러하니 그 결과에 대해서도 합리적이고 투명함으로 수용성이 높아진다.

서비스위원회의 사례를 소개하고자 한다. 2018년 원장으로 시작할 당시에 여러 이슈들이 있었다. 그 중 하나가 '로테이션(직무이동)'이다. 입사를 하게 되면 해당 요양실로 직무가 배정되는데 퇴직할 때까지 변동이 없었다. 우리 요양원의 요양실은 3개 층에 4개의 큰 실로 구성되어 있는데 한번 근무 장소가 배정되면 이동이 없었다. 직무 안정성에 의한 선택이었지만 시간이 지나면서 문제가 생겼고 그로 인해 로테이션(직무이동)을 요구하게 된 것이다. 이슈의 원인은 한 마디로 텃세와 직무난이도의 차이였다. 한 번 정해지면 이동이 없으니 신입직원의 경우에는 텃세라고 느낄 수 있다. 직무난이도는 실별로 어르신의 병환의 차이에 의해 돌보는 방법이나 입·퇴원의 빈도가 다르다 보니 발생한 것이다. 즉 실별로 체감하는 난이도가 다른데 퇴사할 때까지 어느 실은 편하고 어느 실은 힘들다는 인식이 팽배하였고 거기에 텃세라는 이슈까지 겹친 것이다. 로테이션의 당위성은 분명하지만 반대 입장도 만만치 않다. 로테이션이라는 직무이동은 단순하게 근무 장소가 바뀌는 것이 아니라 직장이 바뀌는 개념이다. 로테이션하는 당사자의 입장에서는 퇴사까지 고려하는 엄청난 스트레스다. 당장에 개입하여 개선해야 하는 이슈였지만 개입하지 않았다. 만약, 원장이 개입해서 이에 대해 결정한다면 분명 어느 쪽에서든 불만이 있을 수밖에 없는 그런 이슈이다. 그리고 우리에게는 원장이 개입하지 않아도 되는 서비스위원회가 있다. 이 이슈는 2년 정도가 소요되었다. 최종 결정된 바는 년

2회, 반기를 주기로 하여 실별로 2명씩 로테이션하고 그 대상은 1순위는 자발에 의해, 2순위는 근속 순으로 정하였다.

이 제도가 시행된 지 이제 2년 정도가 지났는데 매우 만족스러워 하는 제도이다. 우선 로테이션을 통해 텃세 문화가 해소되었다. 직무난이도의 차이도 해소되었다. 실 간으로 이동을 하다 보니 '여기나 저기나 똑같이 쉽지 않구나' 하는 인식들이 생긴 것이다. 사실 차이는 있을지언정 직무난이도는 그렇게 크지 않았다. 하지만 장기적으로 근무지가 불변한다는 것이 문제였고 조직에서 아무리 다 똑같다고 말해봐야 쉽게 수긍할 수 없는 것이다. 경험해봐야 이해하고 수용할 수 있는 이슈였다. 예상외의 문제도 발생하였다. 직무이동에 의해 경력직들의 비율이 적어지는 문제가 발생한 것이다. 제도의 결정에서 우리가 간과한 것이 구성원의 퇴사였다. 퇴사에 의해 신입직원이 들어오고 로테이션에 의해 직무이동을 해서 오고 가니 해당 실의 경력직의 비율이 낮아진 것이다. 또한 증축과 증원에 의해 신입직원이 입사하는 변수도 영향을 주었다. 로테이션을 통해 기대했던 긍정적인 면도 증명되었다. 로테이션을 통해 어르신의 병환에 따른 다양한 케어방법을 익힐 수 있다는 것과 근원을 알 수 없었던 실별 경쟁심이 사라졌다는 것이다. 조직은 진화하는 것이다. 진화의 과정에서 실간 경쟁심이 생겨버린 듯하다. 모두 잘하려는 욕심이겠지만 건강한 조직문화를 위해서는 쓸모없는 것이다. 발전적 진화가 아닌 퇴보이며 조직을 죽게 할 수도 있다. 로테이션 제도에 의해 이러한 리스크가 해소되었다. 이제는 함께 일했던 동료가 이 요양실에도 있고 저 요양실에도 있으니 굳이 실을 구분할 필요도 없고 너와 나를 구별할 필요가 없게 된 것이다.

2년이 지난 지금에는 로테이션을 또 개정하여야 할 상황이다. 전언한 바대로 경력직 비율이 낮아지는 것은 분명 리스크이다. 그런 이유로 1년에 반기 2회에서 1회로 축소하였고 2인에서 1인씩만 이동하는 것으로 수정 결의되었다. 구성원들은 이 제도에 대해 만족한다. 물론 정착이 되기 전까지 어려움이 있었다. 특히 로테이션에 의해 처음 이동을 감내하여야 할 장기근속 구성원들의 어려움이다.(자발적으로 로테이션을 하겠다는 구성원은 없었다) 다행스럽게도 장기근속자들이 시작을 아주 잘해주었고 그 다음 번에 로테이션하는 분들도 잘 이해하고 적응하였다.

만약, 서비스위원회에서 결정하지 않고 원장이 결정하였으면 어떻게 진행되었을지 궁금하다. 그것이 원장의 역할이라고 생각하고 결정하였다면 말이다. 아마도 예측하건대 이러나저러나 이 제도는 안착되었을 것이다. 제도의 목적이 너무나 명확하고 구성원들도 그 필요성에 대해 공감한 제도이기 때문이다. 하지만 안착이 되기 2년까지는 로테이션을 하는 구성원들의 불만을 다루기는 쉽지 않았을 것 같다. 왜냐하면 원장의 명령에 의한 강제이기 때문이다. 강제적 명령에 따라 직무를 이동하면 당연히 행복하지 않다. 존중받지 못했기 때문이다. 존중받지 못한 구성원들이 직무이동 한 근무장소에 존중으로 어르신을 대하지 못했을 것이다. 하지만 서비스위원회라는 역할을 가진 구성원들이 참여한 의사결정기구가 움직였다. 위원회에 의해 구성원들의 의견을 수렴하였고 2년 동안 고민한 끝에 내린 결정이니 가능했다고 본다. 최대한 의견을 들으려 했고 존중하려 했으니 로테이션을 한 구성원들이 이를 받아들인 것이다. 동일한 시간이 소요되어 이 제도가 안착되었겠지만 서비스위원회를 통했기에 존중이라는 건강한 문화가 자리를 잡았다고 확신한다. 조직민주주의는 그런 것이다. 더디다. 불편하다. 하지만 당신의 의견을 듣는다. 우리들의 결정을 존중한다. 이런 과정이 조직에 힘을 준다.

가치와 규범의 조직

모든 조직에는 의사결정기구가 있다. 하지만 제대로 작동되지 않는 이유가 여럿 있는데 그 원인 중 하나가 의견수렴 채널이 빈약하다는 점이다. 의사결정기구의 위원들만으로는 의견수렴이 쉽지 않다. 온·오프 등의 다양한 의견을 꺼낼 수 있는 비정기적 채널들을 확보하고 가동하여야 한다. 정기적으로는 상급자와의 상담이나 최고리더와의 간담회 등을 통하여 의견을 교류할 기회를 보장하여 구성원들이 예측할 수 있도록 하여야 한다. 언제든지 의견을 개진할 수 있고 어느 때 쯤이면 내 의견을 개진할 시간이 주어진다는 것을 알고 있다는 것은 조직이나 구성원에게 있어서 중요한 의미를 준다. 메시지가 언제든지 교환될 수 있는 창구가 있다는 것만큼이나 실질적인 제도도 없다. 의사결정의 시작은 듣는 것이고 듣는 것 이전에 묻는 것이고, 메시지를 말할 수 있는 기회가 주어져야 한다. 아래의 사진은 온라인 의견수렴으로 활용되는 Parti(빠띠)라는 그룹웨어이고, 서식은 오프라인 의견수렴 채널인 의견수렴지이다.

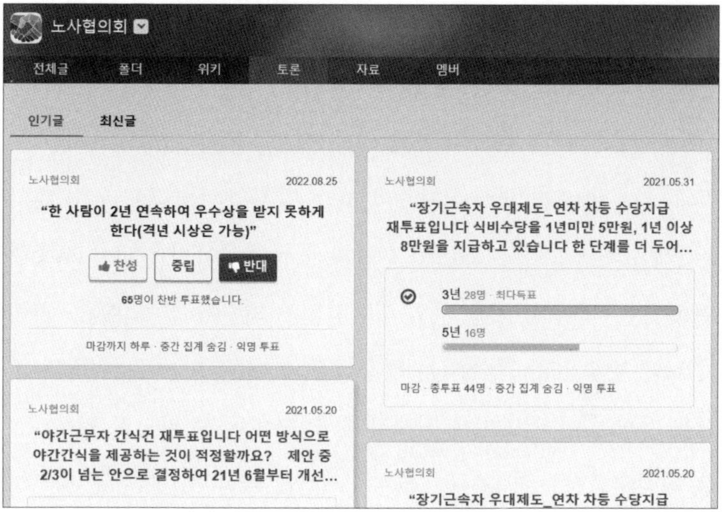

의견수렴지

<table>
<tr><td colspan="5">내용</td></tr>
<tr><td colspan="5">동의(동의하시는 분들은 아래 서명) 2인 이상
원장이 주기적으로 의견수렴지를 회수하여 1인 이하만 동의한 의견을 수렴합니다</td></tr>
<tr><td></td><td></td><td></td><td></td><td></td></tr>
<tr><td></td><td></td><td></td><td></td><td></td></tr>
<tr><td></td><td></td><td></td><td></td><td></td></tr>
<tr><td rowspan="2">결재</td><td>팀장</td><td>과장</td><td>실장</td><td>원장</td></tr>
<tr><td></td><td></td><td></td><td></td></tr>
<tr><td colspan="5">결과(가부여부, 노사협의회, 서비스위원회 등의 이첩사항</td></tr>
</table>

의견수렴지는 구성원들의 다양한 필요와 요구에 의해 만들어졌다. 기존의 비정기적 의견수렴 채널은 1인이 제시하는 방식인데 이렇게 될 경우 두 가지의 문제가 제기되었다. 하나는 독자적인 의견에 대해 반대할 만한 이견들이 다수 있을 수 있다는 것, 또 하나는 1인이 제출할 경우 의견의 수렴과 결정에 있어 추진력이 부족할 수 있다는 것이다. 또한 간혹 구성원들의 의견이 결재라인을 거치다 보니 누수 또는 축소되는 경우가 있기 때문이다. 구성원들의 의견을 가감 없이 원장에게 전해질 수 있도록 하는 제도가 필요하였다. 의견수렴지가 제출되는 조건은 의견에 대해 2인 이상만 동의하면 성립이 된다. 성립조건을 갖춘 의견은 결재라인에 따라 원장에게 제출되지만 결재는 확인일 뿐이고 가감을 하지 않아야 한다. 최초 의견의 날 것 그대로 원장에게 접수되어야 하는 것이 이 제도의 특징이다. 원장은 이 의견에 대해 즉각적으로 응답한다. 응답의 방법은 의견에 대한 가부가 있을 수 있겠고 제출된 의견을 의사결정기구에 이첩하는 것이 있겠다. 의견수렴지의 장점은 환류가 즉각적으로 일어나고 그 과정을 즉시 공유할 수 있다는 점이다. 활용 빈도는 낮지만 활용의 효과는 크다. 이 외에도 정기적, 부정기적인 실별 상담이 있다. 모든 상담내용은 원장에게까지 보고되며 관련 사안에 따라 조직이 직접 개입할 수도 있고 각 의사결정기구에 이첩할 수 있다. 온·오프의 성격과 용도에 따라 다양한 의견수렴 도구가 확보할 수 있겠고, 그 도구의 활용주기와 방법, 절차 등을 구성원들과 공유하는 것이 중요하다.

의견개진을 촉진할 수 있는 질문의 개발도 필요하다. 의견이 없는 것이 아니다. 꺼내고 싶지만 꺼냈을 때의 불편함이다. 의견을 내는 자는 불만이 있는 사람, 시끄러운 사람으로 바라보는 불편함이다. 그리고 과정의 투명성과 결과에 대한 불편함이다. 의견을 꺼냈는데 공론화되지 않고 유야무야되는 경우, 결과가 나왔지만 그로 인해 다른 사람에게 피해를 주거나 다른 이견이 나와 갈등으로 심화되었을 때의 불편함이다. 이 불편함은 두려움이기도 하다. 결국 의견으로 인한 불편함이 조직과 동료 구성원에게 배제되거나 비난받을 수 있다는 두려움을 주기 때문에 입을 닫아 버리게 한다. 이렇게 닫혀 버린 입이라도 '어떻게 질문을 던지느냐'에 따라 의견을 꺼내게 할 수 있다. 질문은 인정과 존중의 행동이다. 사람들은 인정하는 사람에게 질문을 던진다. 질문을 한다는 것은 그 사람에게 그럴만한 힘이 있다는 것을 고백하는 것이다. 질문을 받은 사람은 질문한 사람이 나를 존중하고 있음을 느낀다. 조직이 나를 인정하고 존중하고 있음을 인식한다. 바로 자존감이다.

질문을 던질 때, 부정적인 요소만이 아닌 긍정적인 요소의 의견까지 밝힐 수 있도록 열린 질문이 필요하다. 이렇게 되면 부정적 요소의 의견을 개진하기 위하여 긍정적 요소를 발견하는 기회가 된다. 긍정적 의견을 개진한 후에 부정적 의견을 개진하게 되면 자신에 대한 부정적 이미지의 불편함이 해소될 것이다. 이는 부정과 긍정의 균형을 맞춘 의견을 내었다는 안도감 때문이다. '나는 부정적이지 않아, 봐! 이렇게 긍정적 생각을 가지고 있거든. 하지만 나를 힘들게 하는 것이 있어' 이런 의미로 의견을 개진하게 된다. 긍정적 의견을 본 구성원들은 동료들이 나와 다르지 않음을 인식한다. '어, 나와 똑같네. 나도 그때가 기분이 좋았는데!' 아래는 그 사례이다.

매년 리처드 라이언Richard Ryan과 에드워드 데시Edward L. Deci의 모티브 스펙트럼Motive Spectrum이론을 차용한 설문지로 얻어진 응답이다. 설문지를 나눠드리면 구성원들이 집필로 작성하는 방식인데 원장은 수렴된 의견을 워드로 문서화하여 구성원들과 공유한다. 나와 동료의 생각이 다르지 않음을 인식하게 하는 의도적인 공유이다. 나와 다르지 않음을 인식하는 것은 매우 긍정적인 효과를 준다. 공유할 때에는 원장의 의견을 함께 적는다. '당신의 의견을 들었습니다.' 라는 메시지를 전해주는 것이다.

부정적 의견의 사례는 아래와 같다. 역시 워드로 문서화하여 공유한다. 서로의 요구사항에 대하여 확인하는 절차를 만든 것이다. 원장의 의견을 기재하고 관련된 의견을 다룰 의사결정기구를 비고란에 기재한다. 그리고 질문을 던진다. '우리 조직의 이슈 중에서 가장 시급하고 중요하게 개선되어야 할 것은 무엇일까요? have your say! 당신의 의견을 말씀하여 주세요!' 개선 이슈에 관한 투표가 시작된다.

2022년 구성원들의 답변에 대한 대안 정하기

질문	구성원 답변	원장 답변 · 중간의견	비고
8. 당신이 생각하기에 우리 직장에서 개선 되었으면 하는 제도는 무엇 인가요?	목욕탕이 넓고 침상 목욕을 할 수 있었으면 좋겠습니다	고민하여 보겠습니다	서비스위
	월1회 직원교육(2~3달에 1회는 어떨지)	고민하여 보겠습니다 직원교육의 횟수를 줄이는 것에 동의 합니다	기관
	근무변경제도(1:1로만)	고민하여 보겠습니다	서비시위
	10년 이상의 포상, 15년, 20년 포상제도	고민하여 보겠습니다	노사위
	직원평가(좀 더 객관적이었으면 좋겠다)	나름 객관적이고자 노력하고 있습니다 고민하여 보겠습니다	노사위
	직원포상(다양한 사람들에게 기회가 주어졌으면 좋겠다, (매년 비슷한 사람들만 받음)		
	남자와 여자 선생님으로 분리되어 있어서 남녀 모두의 선생님들이 특별한 문제가 있는 않은 것 같으면서도 어려움을 호소한다. 아마도 협업의 문제가 발생한 것 같다.	고맙습니다 고민하여 보겠습니다	서비스위
	엔젤시스템 방식	고민하여 보겠습니다	서비스위
	인계시간을 짧게, 퇴근시간은 정확하게 지켜 주시길 바랍니다	고민하여 보겠습니다	기관
	야간 근무자 식사준비 시 반찬이 부족할 때가 있는데 개선 바람	고민하여 보겠습니다	기관

다음은 2021년 투표의 결과이다. 매우 중요한 인사이트가 있다. 체크박스에 체크는 원장이 한 것이다. 그리고 16명이 동의하였

2022년 구성원들의 답변에 대한 대안 정하기

질문	구성원 답변	원장 답변 · 중간의견	비고
1. 당신이 가장 기분이 좋을 때는 언제입니까?	복잡하고 어렵고 강도가 센 업무를 완성했을 때	고맙습니다	
	어르신이 식사 잘하시는 모습을 보면 기분이 좋고 맘에 쏙 드는 선생님과 호흡을 맞춰 일할 때	기분 좋은 일이지요	
	어르신과 상담을 통해 행복의 변화가 보일 때, 결과가 좋을 때	고맙습니다	
	좋은 팀원들과 일하면 어르신들의 웃음 띤 모습을 볼 때	고맙습니다	
	어르신들에게 아침인사를 드릴 때	고맙습니다	
	동료와의 차 한잔	그런 시간이 더 많아질 수 있도록 노력하겠습니다	
	다같이 도와서 일이 해결되었을 때	고맙습니다	
	늘 좋음	저도요	
	어르신들이 웃으며 행복하실 때	고맙습니다	
	동료로부터 고맙다는 진정성 있는 말을 들을 때	고맙습니다	
	어르신께서 기뻐하시며 고맙다고 말씀해 주실 때	고맙습니다	
	보호자께서 감사하다, 고맙다고 말씀해 주실 때	고맙습니다	
	입소하신 어르신이 잘 적응하고 보호자가 감사인사를 전할 때	고맙습니다	
	선생님이 계셔서 믿음이 가요	저도 선생님에게 믿음이 가요	

다. 하지만 최다 득표는 장기근속자 우대제도 확충이다. '만약 투표 과정이 없었으면 어떻게 될까?' 원장이 관심이 있어 하는 '조직문화를 저해하는 뒷담화 문화 해소'라는 안건부터 논의하기 시작했을 것이다. 직원 다수는 장기근속자 우대제도 확충에 관심이 있는

데도 말이다. 구성원들의 몰입이 경감된다. 하지만 가장 관심이 있는 안건이 투표를 통해 확인됨으로 이 이슈부터 논의가 시작된다. 몰입도가 높다. 그 다음의 이슈로 갈수록 구성원들은 의사결정기구의 결정에 신뢰를 보낸다. 관심이 있는 이슈부터 절차적으로 공정하게 결정하였음이 학습되었기 때문이다. 또한 구성원들은 다음 안건이 무엇인지 확인할 수 있다. 예측이 가능한 것이다. 다음 이슈를 기다릴 수 있다. 언젠가는 논의에 붙여 결정될 것이기 때문이다. '만약 예측할 수 없다면 어떻게 될까?' 이슈들은 언제든지 터지기 마련이다. 의견을 내지 못한 채 참고 참다가, 곪고 곪아서 터질 수도 있다. 돌발적으로 예측할 수 없게 터지는 안건은 항상 핵심 이슈가 된다. 매번 초집중하여야 하므로 긴장감에 의해 안건을 처리해야 할 것이다. 미리 공개하고 의견을 수렴하고 순서를 정하고 하나씩 결정하는 것은 조직과 리더, 그리고 구성원들에게 신뢰를 주고 피로감을 낮춘다. 절차적으로 보면 더디고 번거롭고 불편하다. 그러나 공정하다.

의견수렴은 구성원들의 의견을 수렴하는 것에 머물러서는 안된다. 의견은 구성원들이 가지고 있는 정보이다. 조직도 의견을 주어야 한다. 조직이 의견을 내는 것은 조직이 가지고 있는 정보를 공개하는 것이다. 그러므로 의견수렴이란 조직과 구성원들 간에 정보의 주고받음이다. 이 수렴에 의해 보다 합리적인 의사결정이 가능해진다. 모든 의견은 그 과정이 명확하게 공개되어 의사결정의 투명성과 접근성을 확보한다. 더 많이 참여하게 될 것이고 더 많은 사람들의 의견을 담을 것이다. 그렇게 되면 결과에 대하여 자유로워진다. 결과에 대한 사람들의 수용성이 높아지는 것은 그 과정의 투명성에 있다. 과정이 투명하게 공개된다는 것은 정보의 양과 질이 좋아지는 것이다. 수렴과 공개에 의해 정보의 질이 높아지는 것만큼 구성원들의 의사결정이 합리적일 가능성이 높아진다. 마침내 의사결정기구의 결정에 대한 수용성과 공정성을 확보하게 된다.

이제 의사결정의 기준에 대해 알아보자. 리더의 최종 결정은 구성원들의 의사결정에 대한 최종 확인이어야 한다. 리더가 가진 신념, 가치, 도덕만이 의사결정 기준이 될 수 없다. 리더의 기준이 의사결정 기준이 된다면 이미 결정된 것으로 생각됨으로 사람들은 의견을 내지 않게 된다. 공식적인 의사결정 기준이 필요한 것이다. 의사결정 기준은 조직이 가지고 있는 '가치와 행동규범'이어야 한다. 가치와 규범은 미션과 비전에서 온 것이다. 가치란 의사결정을 하고 일을 수행함에 있어 판단의 기준, 행동의 기준, 평가의 기준이다. 그리고 최종적으로 이 모든 사례들이 모아져 조직의 서비스 기준이 된다. 행동규범은 모두가 합의하고 모두가 지키기로 결정한 것이기 때문에 합리적이다. 특정한 권력자의 의사결정에 따르지 않는다.

사회적 규범은 정치, 경제, 문화 등의 집합체이다. 비록 강제성은 없으나 이러한 집합적 힘에 의해 사람의 행동을 선한 방향으로 이끌어 준다. 조직의 가치와 규범이 의사결정의 기준이 되는 것도 이와 같은 논리이다. 조직에 가치와 규범이 없으면 그 역시 아노미anomia상태이다. 조직의 규정집과 관련 법만 인권을 작동시키는 것이 아니다. 반복하지만 그것은 준법 행위일 뿐입니다. 안 지키면 위법, 지키면 준법일 뿐이다. 조직이 적용받는 그 사회의 법도 불완전하다. 조직에서 인권을 법으로 다룰 수 없는 이유이다. 남녀고용평등법, 각종 차별금지를 담은 법에 의해 조직의 인권이 실행된다는 것은 착각이다. 그것은 준법 행위일 뿐이지 인권은 그렇게 실현되지 않는다. 오히려 강제력이 없는 가치와 규범에 의해 인권이 실현된다. 조직의 가치와 규범은 조직의 모든 구성원이 협의하고 합의하여 자발적으로 만들어 그런 가치와 규범이 오히려 규정과 법들보다도 강제적이다. 함께 만들어낸 약속이기 때문이다. 그리고 의사결정의 중요한 기준으로 활용된다. 가치와 규범은 조직의 구성원들이 세운 조직의 입법legislation행위이다. 구성원들이 자발적으로 입법했으니 조직민주주의이다.

조직의 규정과 규범을 이해할 필요가 있다. 규정rule은 경성법hard law이다. 마땅히 지켜야 하는 강제적이며 외부의 법과 제도를 근거로 한다. 규정을 위반 시 강력한 벌칙이 있다. 반면 규범norm은

연성법soft law이다. 자율적이며 구성원들이 협의와 합의에 의해 만들어지는 제도이다. 강력한 벌칙은 없지만 이 역시 강제적이다. 스스로 만들었기 때문에 준수의 의무는 규정보다 강력하다. 대개의 조직들은 규정은 갖고 있지만 규범이 없는 곳이 많다. 하지만 규정을 규범으로 착각한다. 규범이 없는 상태를 아노미 상태라 한다. 조직이 혼란스러운 이유는 여기에 있다. 규정을 규범으로 오인하는 것이다. 가치를 기반으로 규범을 입법한다는 것이 조직민주주의인 이유는 그 규범 안에서 자유롭고 평등하기 때문이다. 함께 협의하고 합의하여 입법하였으니 이 규범을 지키는 기준 안에서 모두가 자유롭다. 이 규범을 지킨다면 비난받지 않는다. 눈치를 볼 필요가 없다. 그러니 자유로운 것이다. 조직의 자유란 주어진 목표와 규범을 지키는 선에서 자율적으로 행동하는 것이다. 평등이란 이 규범을 모두가 지키는 것이다. 실무자에서 조직 최상부의 리더까지 모두 함께 지키는 것이니 평등하다. 또한 조직에 주어진 목표와 규범하에서 조직에 주어진 사회적 책무를 다할 기회가 동등하게 주어진다. 그래서 평등하다.

가치와 규범이라는 단순한 기준에 의해 구성원들은 매우 복잡한 행동을 결정한다. '운전을 잘한다는 것은 무엇일까?' 안전하게 운행하여 목적지까지 가는 것이다. 안전하게 운행하기 위하여 도로에는 교통신호등이 있다. 하지만 이 교통신호등은 매우 통제적이다.

차가 없을 때도 빨간불이 켜져 있으면 진행 불가다. 초보 시절에는 이 교통신호등도 신뢰가 가지 않는다. '파란불이 켜졌는데 가는 것이 맞을까?' 하며 눈치를 본다. 교통신호등이 필요한 이유는 교통의 흐름을 방해하지 않기 위해서이다. 하지만 너무나 통제적이다. 교통신호등은 조직의 규정과도 같다. 여기 회전교차로가 있다. 예전에는 시골이나 중소도시에 있던 회전교차로가 근래에는 대도시에도 많이 들어서 있다. 이 회전교차로의 가치는 '안전'과 '효율'이다. 그리고 오직 한 가지 규범이 작동한다. '회전 차량 우선' 하나의 규범으로 운전자들 스스로가 복잡한 행동이 결정된다. 환경도 좋아지고 교통사고율도 낮아지며 효율적이다. 조직의 가치와 규범은 회전교차로이다. 조직에 주어진 목표를 달성하기 위해 통제의 규정이 아닌 자율의 규범에 따라 복잡한 행동을 결정한다. 자유롭고 평등하며 성과도 좋다.

우리는 노사협의회, 서비스위원회 등 의사결정기구를 평의회council라고 정의한다. 특정한 관리자나 직위가 있는 사람들이 아니라 조직 구성원들 중 선출된 대표들이 참여하기 때문이다. 평의회는 의사결정의 사법적 기능을 담당한다. 하지만 평의회가 법을 만들지는 않는다. 조직의 법은 가치와 행동규범으로써 모든 구성원이 함께 만들어 입법한다. 그러하니 입법의 주체는 모든 구성원이다. 의사결정의 집행은 최고책임자인 리더가 한다. 입법과 사법에 모든 구성원이 참여하는 것이니 권력이 분산된다. 조직민주주의는 입법과 사법, 그리고 행정부가 이렇게 나뉘어져 작동된다.

의견의 수렴과 결정, 그리고 가치와 규범에 의해 조직은 건강해진다. 퀸의 경쟁가치 모델로 매년 조직진단을 하고 있다. 아래의 그림은 조직진단의 결과이다. 2018년의 결과를 보면 체감하는 문화와 기대하는 문화의 차이가 크다. 그 차이만큼이나 갈등적임을 이미 밝혔다. 2018년부터 민주주의 조직개발 이후, 그 차이가 좁혀졌고 매해 그 수준을 안정적으로 유지하고 있음을 볼 수 있다.

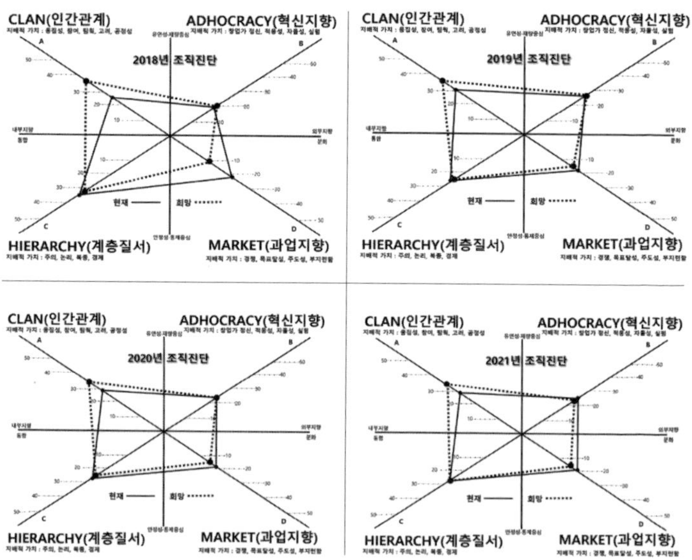

조직이 안정된 이유는 현재와 미래의 간극을 좁혔기 때문이다. 민주적인 절차에 의해 의견을 수렴하고 의사결정기구에 의해 결정하며 그 판단의 기준이 가치와 규범이었기 때문에 가능한 것이다. 물론 갈등이 완전히 사라진 것은 아니다. 조직은 원래 갈등적이다. 내적 갈등이 있는 사람이 모인 곳이 조직이기 때문이다. 하지만 수렴과 결정, 가치와 규범에 따라 갈등을 잘 다룬다. 그것이 우리의 힘이자 경쟁력이다. 또 다른 리스크lisk도 불거져 나올 것이고 외부의 환경변화에 흔들릴 것이다. 그러나 우리가 해 온대로 임한다면 생소한 리스크까지도 잘 다룰 수 있다. 그것이 조직민주주의 경쟁력이다.

사회역량과 조직민주주의

1996년 라이프지 6월호에 파키스탄 시알코트 지역의 아동이 작은 손으로 축구공을 바느질 하는 사진에 게재된다. 혁신의 상징 나이키. 어린이의 꿈을 이루는 축구공과 축구화, 그리고 각종 스포츠 용품이 아동의 노동착취로 만들어졌다는 사실에 사람들은 경악한다. 하지만 나이키의 상황파악은 혁신적이지 못했다. '아동의 노동을 착취한 것은 나이키가 아니다. 파키스탄 현지의 하청 기업이다.' 나이키가 내어 놓은 혁신적 주장이었다. 나이키는 독특한 비즈니스 모델로 성공한 다국적 기업이다. 그들에게는 공장이 없다. 그들이 영위하는 비지니스는 마케팅과 디자인뿐이다. 직접 생산은 비용이 낮은 국가를 찾아다니며 아웃소싱하여 경쟁력을 확보하는 모델이다. 나이키는 일본에서 부터 시작해 한국을 거쳐 중국, 인도, 파키스탄 등으로 옮겨 다니며 제품을 생산한다. 이렇게 저임금 노동이니 비용이 낮을 수밖에 없고 이윤이 높다. 다국적 기업의 전형적인 모습이다. 나이키 등 다국적 기업의 비즈니스 모델은 세계적인

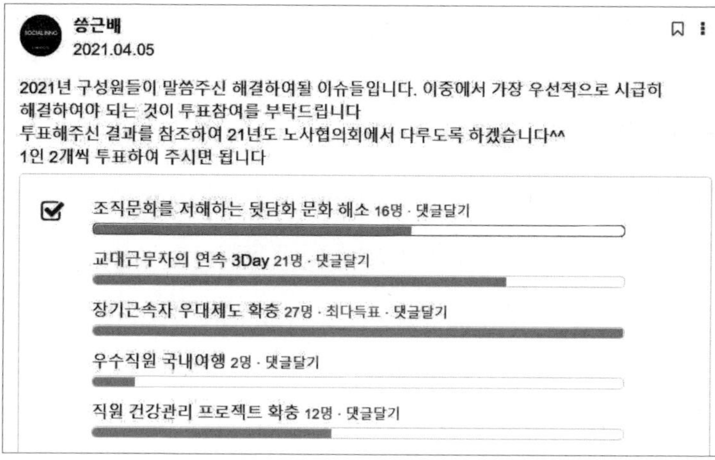

비판에 직면한다. 나이키는 땅에 떨어진 기업의 이미지를 재고하고자 기업책임부를 신설하고 그들이 제시하는 사회적 책임을 준수하지 않는 하청기업과는 계약을 맺지 않는 등의 노력을 기울인다. 또한 UN 글로벌 콤팩트에 가장 주도적이고 적극적으로 참여한다. 나이키의 교훈은 다른 많은 기업들에게도 영향을 주었다. 기업의 사회적 책임과 가치사슬, 기업이 더이상 이윤추구가 아닌 그 이상의 영향력이 있다는 것을 실감하게 된 것이다. '나이키는 진정으로 좋은 기업으로 변모하였을까? 다른 기업들 역시도 책임을 통감하고 이로운 기업으로 변화하고 있을까?'

나이키 사건 이후에도 지구촌 아동의 노동착취는 현재 진행형이다. 아프리카 코발트 광산에서는 아동들이 하루 10~12시간을 노동한다. 그리고 시간당 100원을 받는다. 나이키의 경우에도 하루 12시간 노동을 했고 시급은 130원이었다. 코발트는 스마트폰과 전기 자동차의 배터리에 주로 사용된다. 인도 카르칸드 지역의 광산에서도 아동들의 노동이 착취되고 있다. 이 아동들은 운모를 채굴하기 위하여 지하 3m의 땅 아래로 들어간다. 여기서 일하는 아동들은 하루 12시간 일하고 시급 400원을 받는다. 운모는 여성의 립스틱, 아이섀도 등의 화장품에서 펄로 사용된다. 당신의 차와 스마트폰이, 당신의 얼굴에 반짝이는 펄이 아동들의 노동에 의한 것이라 상상한다면 너무나 끔찍한 일이다. 이러한 아동노동은 국제법에 따라 규제되고 있다. 하지만 어떤 나라에서는 그 국제법이 실효적이지 않은 곳이 있다. 힘이 없거나 경제적 이득, 정권의 이익을 위해 침묵하는 국가들이 있다. 기업들은 그러한 국가들의 안일한 국내법과 정치 상황 등을 이용하여 저임금 노동을 통해 고품질의 원자재를 다국적 기업에 공급하고 있다. 많은 사람이 이러한 아동노동 착취 행위를 근절하기 위한 활동을 하고 있다. 기술이 발달하여 블록체인 기술이 이에 활용되기도 한다. 예를 들어 코발트 원자재에 블록체인 기술을 이용하여 모든 거래 기록을 기록하고 공개한다. 수요처 기업은 그 기록을 확인하고 원산지와 함께 어느 누가 얼마를 받고 생산된 것인지를 알게 된다. 이러한 기술로 인해 제품이 어떠한 경로에 의해 생산되었는지 고객들은 정보를 얻을 수 있다. 그리고 소비자는 도덕적 기준에 의해 제품을 선택한다.

지금 당신이 제품을 하나 사려고 하고 있다. 제품의 가격과 질이 타제품과 비교하여 너무나 좋다. 하지만 생산 이력에 노동착취가 기록된 것을 발견했다. '당신은 구매할 의향이 있는가? 아니면 다른 제품을 구매할 것인가?' 사실, 생산 이력을 확인하는 것은 소비자의 입장으로는 번거로운 일이다. 우리가 제품을 소비할 때, 깨알같이 적어 놓은 제품소개를 잘 읽지 않는다. 그저 제품의 브랜드와 가격을 보고 구매할 것이다. 결국 구매 의향은 마케팅과 디자인 등에 의해 사전에 결정되는 경우가 허다하다. 언론에서 비위와 노동착취가 있는 기업들의 사건들을 대서특필로 보도해 주지 않는다면 말이다. 오늘날에도 세계 또는 우리나라 어디선가에서 노동착취가 발생하고 있다.

예를 들어, 당신이 김장 때에 쓴 소금이 염전 노예의 착취로 얻어진 상품일 수도 있다. 하지만 사람들은 염전 노예에만 관심을 가질 뿐 생산된 소금이라는 제품에는 별로 관심이 없다. 이런 이유로 국제사회와 인권활동가들은 규범을 만들고 기구를 설치하고 감시를 하는 등 여러 방법을 통해 인권을 보호하고 자 한다. 하지만 이러한 노력에도 불구하고 결국 국제사회에는 기업을 규제할 법이 없다. 그리고 그럴만한 권한이 있다고 보기도 어렵다. 솔직히 그럴 힘도 없다. 왜냐하면 기업의 노동착취는 개별 국가의 이해관계와 관련되어 있기 때문이다. 활동가들의 헌신적인 활동도 제한을 받는다. 그 많은 기업의 경영상황을 들여다보는 것이 쉽지 않다. 인력과 재정도 부족하다. 결국 기업이 좋은 경영 이로운 인권을 실현하는 것은 시민사회의 역할이 필요해진다. 하지만 사회의 주체인 시민사회가 그들 스스로 수요와 공급 사이에서의 소비자로만 인식한다면 좋음과 이로움은 실현될 수 없다. 시민사회가 사회의 주체로써 주인다운 선택을 할 때 기업이라는 조직이 사람을 수단이 아닌 목적으로 대할 것이다. 이때의 주인다운 선택이란 효율과 이익이 아니라 '공동선과 인간애'라는 가치와 기준이 되어야 할 것이다.

우리나라 고속도로 최고속도는 120km/h이다. 그런데 생산되는 자동차의 계기판을 보면 그 기준을 상회하고 있다. 도로교통법으로 최고속도가 정해져 있으면 그 이상의 속도를 가진 자동차는 과속을 범할 개연성을 가지고 있다. 과속은 불법이다. 자동차라는 생산품은 나라의 법을 초과해서 만들어 진 것이다. '속도계에 걸리지 않으면 준법이고 걸리면 불법이다.' 정책은 언제나 사고와 안전으로부터 사람을 보호하기 위해 적정 범위 안에서 법으로 규제한다. 하지만 기업은 그 이상을 만들려고 한다. 기업이 그렇게 하는 이유는 사람들이 속도가 빠른 차를 선호하기 때문이다. 사회의 주체로서의 선택이 아니라 소비자로서의 선택이 더 강하기 때문이다. 정책이 아무리 강한 규제를 해도 작금의 기업과 소비자의 상관관계로는 이 속도를 멈추게 할 수 없다. 사람을 법으로 규제하는 것이 효과적이지 않은 이유이다. 법으로 아무리 강제하여도 사람의 선택이 사회적이 아니라 소비적이라면 기업들이 빠져나갈 구멍은 많다. 결국 자발적인 시민의 선택이 건강할 때 사회적 이슈를 해결할 수 있다. 기업이 선해지기 위해서는 국가의 책임과 노력이 필요하다. 그러나 이것만으로는 부족하다. 기업과 국가가 서로 책임을 회피하거나 서로 꿍짝이 맞아서 모른 척한다. 또는 주도권을 갖기 위해서 기업과 국가가 서로를 비난하고 경쟁한다. 양자의 유착과 대결적 구조로는 실마리를 풀어내기가 쉽지 않다. 그런 이유로 다양한 활동가가 존재하지만 이들은 국가와 기업을 상대하기에는 너무 힘이 약소하다. 기업의 자발적 노력과 시민사회의 책임이 있는 역할이 필요한 대목이다.

이제 조직으로 들어가 보자. 시민사회의 구성원은 모두 조직에서 일한다. 우리가 조직에 관심 갖는 것은 미시적으로 조직의 선함과 이로움이지만 거시적으로는 사회의 선함과 이로움에 영향을 주기 때문이다. 그러므로 조직에서 구성원들이 경영에 주체적으로 참여하고 의사결정기구에서 협의와 합의하는 구조를 만드는 것은 건강한 시민을 길러내는 것과 같다. 조직에서의 자유와 평등은 그 사회의 자유와 평등과도 같다. 그렇게 학습된 구성원들이 시민사회에 참여하여 건강한 선택과 결정을 하려고 할 때 이 사회는 진전할 수 있다. 사회가 혁신되기 위해서는 그 사회의 다수의 구성체인 조직의 혁신이 동반되어야 한다. 반대로 조직혁신을 하는 이유는 그 혁신을 통해 사회혁신을 도모하기 위함이다. 그러므로 사회자본과 조직자본은 동일하다. 자유와 평등, 연대의 사회적 자본은 그 사회만 필요한 것이 아니라 조직의 자본이기도 하다. 유럽 사회의 시민의식은 프랑스대혁명, 미국독립혁명 등 여러 역사적 사건이 있었고 시민들의 실패와 성공의 소산이 바로 오늘의 유럽 사회이다. 그리고 그것이 유럽의 조직에서 실현되고 있다.

우리나라의 경우도 그러하지만, 그것이 너무나 역사적으로 단기간에 이루어져 사회의 완성도가 높지 않다. 단시간에 비약적으로 발전하여 조직이 사회의 인식을 쫓아가지 못하고 있다. 이것이 조직과 사회의 분절현상이다. 조직에서 자유와 평등을 경험하지 못했다면 사회에 자유와 평등이 있을 수 없다. 반대로 사회에서 자유와 평등을 경험해도 조직에서 멈추어 버린다면 그 사회는 자유롭고 평등하지 않을 것이다. 사회구성원과 조직 구성원은 하나의 고유한 인격체이기 때문이다. 사회의 자유와 평등은 인정되나 조직의 자유와 평등은 불인정되는 분절된 사고는 구분과 구별, 차별을 조장한다. 조직민주주의는 그래서 필요한 것이다. 우리 사회가 좀 더 자유와 평등, 연대의 가치를 가지고 좀 더 선한 세상을 만드는 길이 조직민주주의이다. 조직민주주의로 양성된 구성원이 시민사회의 구성원으로 참여하여 건강한 사회역량social capacity을 발휘할 것이다.

조직의 인권은 구성원들의 인권에서 머무는 것이 아니라 누진적 변화에 따라 사회에까지 영향을 미쳐야 한다. 구성원들의 인권을 인정하고 존중하는 조직의 관행은 소비자뿐만 아니라 사회 약자의 인정과 존중에까지 범위가 확대될 것이다. 그러므로 '좋은 경영 이로운 인권'이란 사회역량을 키워내기 위함이다. 조직에서 가치와 규범을 만들고 의견의 수렴과 결정을 이행하는 현실적 이유는 그 조직의 경쟁력을 갖추기 위함이지만, 그보다 더 중요한 이유는 조직 구성원들을 건강한 사회구성원인 민주시민으로 양성하는 것이다. 기업도 지역사회의 일원이며 개인과 마찬가지로 주어진 권리와 사회에 대한 책임이 있는 기업 시민Corporate Citizenship이다. 기업이 시민이라는 인격적 존재가 되는 것은 그 안에 사람이 있기 때문이다. 그 사람은 자유롭고 평등하다. 구성원들이 조직으로부터 그렇게 자유와 평등을 존중받을 때 구성원들은 비로소 건강한 조직시민행동organization citizenship behavior을 하는 것이고 그 행동의 학습으로 민주시민이 되는 것이다. 그것이 곧 그 사회의 사회역량이다. 그렇게 사회역량을 키우는 것이 '좋은 경영 이로운 인권'의 목표이며 조직민주주의organization democracy이다.

사람은 본질적으로 자유롭고 평등한 존재이며 이를 실현하는 것이 바로 사회복지이다. 사회복지는 '인간 존엄과 배분적 정의'라는 두 가지의 가치를 가지고 있다. 인간이 존엄한 이유는 자유롭고 평등하기 때문이다. 즉 인간이 존엄성을 유지하기 위해서는 자유와 평등이 보장되어야 한다. 배분적 정의란 자유를 정의롭게 배분하는 것이며 평등을 정의롭게 배분하는 것이다. 배분적 정의는 물질적 분배를 말하는 것이 아니다. 물질을 정의롭게 배분한다는 것은 어떤 경제학자나 사회학자도 이룰 수 없을 것이다. 즉 사회복지의 중요한 가치인 인간 존엄과 배분적 정의를 실현하는 것은 자유와 평등이다. 이는 사회복지사 윤리강령의 전문에도 명확하게 적시되어 있는 바이다.

"사회복지사는 인본주의, 평등주의 사상에 기초하여, 모든 인간의 존엄성과 가치를 존중하고 천부의 자유권과 생존권의 보장활동에 헌신한다. 특히 사회적, 경제적 약자들의 편에 서서 사회정의와 평등, 자유와 민주주의 가치를 실현하는 데 앞장선다.(후략)"

이 책의 근간을 흐르는 이론은 인본주의이다. 그리고 자유와 평등, 그리고 민주주의이다. 우리가 헌신하고 있는 바가 '인간 됨을 위하여 자유와 평등, 그리고 민주주의 실현'이라는 것을 윤리강령을 통해 확인된다. 우리는 윤리강령에 의해 학습되었고 그렇게 실천하여야 한다. 그러므로 이를 실천하는 사회복지조직이 자유와 평등, 민주주의가 낯설어서는 안 될 것이다. 사회복지조직부터 자유롭고 평등한 민주주의이어야 할 것이며 조직의 구성원들은 인본주의에 따라 대우하여야 할 것이다. 그것이 조직의 역량이 되어 사회적 약자의 자유와 평등을 위해 헌신할 것이고 그 헌신이 우리 사회의 사회역량이 되어 줄 것이다.

좋은 서비스와 좋은 일자리

'양지가 참 잘해!' 이런 말을 들을 때가 참 좋다. 그리고 근래에 그런 덕담을 자주 듣는다. 물론 원장 스스로는 한없이 아쉽고 부족하다는 것을 느낀다. 어르신과 보호자, 그리고 직원들에게 미안한 마음은 아무리 잘한다고 해도 떠나질 않는다. 그러함에도 이렇게 좋은 말들을 듣는 것은 누군가에서 시작된 말들이 건네어지고, 마침내 소문이 되었을 것이다. 그 말들의 시작이 모두 어르신과 보호자, 그리고 직원들이었을 것이라 생각하니 고마운 마음이 끝이 없다. 송구함도 끝이 없다. 2021년 8월에 어르신 16명을 더 모시는 증축공사가 완공되었다. 그리고 많은 분들이 도움을 주시어 증축공간에 어르신들을 위한 기자재와 장비들을 갖출 수 있었다. 잘하니 더 잘하라고 도움을 준 것이었겠고, 좀 더 잘해서 모범이 되기를 기대하는 마음과 손길일 것이다. 새로운 공간에서 어르신들과 함께 프로그램을 진행하고, 직원들이 넉넉하게 쉬는 모습을 보면 공사라는 것이 쉽지 않지만, 참 잘했다는 생각이 든다. 현관에서 진행하던 비접촉 면회도 새로이 조성된 공간에서 이야기를 나누는 모습을 보면 비록 작은 공간이지만 잘 만들었다는 마음이다. 개방감이 있는 1층과 2층의 커튼 홀 벽면을 통해 좀 더 밖의 풍경을 볼 수 있게 된 것과 넓은 옥상을 확보하여 휴게공간과 비상 피난 구역으로 활용하게 된 것도 새로운 공간이 주는 '좋음과 이로움'이다.

공간에 대한 욕심이 많다. 그리고 사람에 대한 욕심도 많다. 좋은 공간과 이로운 사람이 어우러지는 현장은 상상만으로도 행복하다. 지난 4년 간 그 상상을 채워가고 있다. 구성원들의 휴게시간과 휴게공간을 확보하고 있다. 기존의 공간을 재구성하는 것이어서 그리 크지 않지만 나름 쾌적하게 조성하였다. 각 실마다 조성된 휴게실에 구성원마다의 옷장을 설치하였고 공익요원의 옷장도 설치하였다. 휴게실마다 시스템 냉난방기를 설치하였고 조그마한 안마기도 들여놓았다. 증축공사를 하면서 탁 트인 전경의 로비 겸 휴게공간도 조성하였다. 그 공간에서 담소와 파라핀 치료를 할 수 있다. 그 경치와 모습이 참 보기 좋다. 이 휴게공간은 유사시에 격리실로 사용되었다. 증축하는 시기가 마침 코로나19가 대유행하던 때에서 설계변경을 통해 확진자분들과 동선이 겹치지 않는 격리 공간으로 반영하였다. 이 공간 덕으로 50일 동안의 코호트 격리를 견뎌낼 수 있었다. 약간의 실별 조정이 있었다. 어르신들의 질환별, 성별을 고려하여 좀 더 돌봄이 용이하고 편안한 공간을 위한 선택이었다. 이때 휴게실이 부족하여 2인실을 구성원들의 휴게실로 변경하였다.

정원 2인을 줄였다는 의미이다. 구성원들의 휴게실을 위해 정원을 줄인다는 것은 매우 의미가 있는 변화이다. 불과 몇 년 전만해도 쉽지 않은 선택이었을 것이다. 우리의 결정을 사회가 인정하고 지지해 주었기 때문에 가능한 일이다.

구성원의 휴게시간 확보를 위해 법적 배치기준을 상회하는 인력배치가 이루어졌다. 구성원이 많을수록 휴게시간은 확보될 것이다. 앞서 '사익과 공익'의 글에서 전한 바대로, 간호사 5명, 사회복지사 1명, 작업치료사 1명, 위생원 1명, 조리원 1명, 요양보호사 10명의 고용이 증가하였다. 작업치료사 1명이 추가 채용되어 기존의 물리치료사 1명과의 협업 시너지가 나오고 있다. 위생원은 기존의 1명에서 2명이 되었다. 뒤돌아서면 어지럽혀지는 것이 위생 업무인데 두 분의 노고에 의해 기존보다 더 쾌적하게 관리되고 있음을 실감한다. 조리원은 기존 4명에서 5명이 되었다. 교대근무의 빡빡함이 있었는데 1명이 추가 채용되면서 매우 원활하게 근무할 수 있게 되었다. 식사는 변함없이 맛있다. 요양보호사는 어르신들이 증가한 만큼 추가 채용된 것임으로 그 효과는 다른 직종에 비해 미비하다. 그래도 손길이 보태어졌기 때문에 이전의 서비스보다는 향상됨을 체감한다. 현재 4개의 실로 구획되어 있어서 4명의 요양보호사를 추가채용하고 있다. 각 실마다 1명이 더 근무한다는 것인데 인력이 많이 부족하다.

간호사는 기존 4명에서 9명으로 증가하였다. 간호사의 증가를 통해 각 실마다 2명 정도의 간호사가 근무할 수 있게 되었다. 더불어 기존 간호사의 근무지를 의료실로 하던 것을 요양실로 배치하였다. 간호사의 요양실 배치에 의한 시너지를 기대하기 때문이다. 간호사들의 추가채용 사유는 과중한 의료 업무를 분장하는 것이 첫 번째 목적이다. 우리 요양원은 다른 곳과 비교하면 중증도의 비율이 높다. 또 하나의 이유는 인력에서 있어서 균형을 찾고자 함이다. 노인요양원은 다수의 요양보호사가 주축이 되는 구조인데 이러면 여러모로 한쪽으로 치우친 결정을 할 수 있는 위험이 있다. 또한 다양한 측면을 볼 수 없는 단점도 있다. 이를 상쇄하고 균형을 확보하기 위하여 의도적으로 간호사의 채용을 늘린 것이다. 간호사가 요양실에서 요양보호사와 함께 있으니 적절한 서비스가 즉시 일어나며 협업도 용이해지는 장점이 있다. 무엇보다도 요양과 의료 간에 건강한 긴장감으로 균형을 이루고 있다. 간호사의 추가채용은 코호트 격리를 겪으면서 빛을 발하였다. 50일 동안 매일 같이 PCR 검사와 방역 조치, 방역 당국과의 소통, 치료 및 진료를 하는 것이 쉽지 않은 일이었지만 우수한 간호 인력이 확보된 덕분에 견뎌낼 수 있었다.

사회복지사는 기존 3명에서 1명이 증가하였다. 사회복지사는 노인요양원에서 여러 역할이 있겠지만 중재의 역할이라 본다. 즉 요양보호사와 간호사 직종의 건강한 긴장감 사이에서 균형을 잡는 중재 역할을 수행한다. 이러한 고용의 증가 덕으로 업무 과중이 감소하고 이 외에도 여러 장점이 있었다. 하지만 아직도 부족하다. 그만큼 어르신들도 늘었고 욕구도 증가하기 때문이다. 우리 조직이 고민하는 현재의 인력 이슈는 야간에 의료인력이 근무하는 것이다. 현재는 콜당직에 의해 의료적 처치를 하는데 야간근무를 하는 요양보호사나 당직을 받는 간호사나, 응급이 발생하는 어르신들이나 이로 인해 어려움을 겪는다. 구성원들의 제시한 오래된 의견이지만 쉽게 해결하지 못하고 있다. 또 하나의 인력 이슈는 증원과 증축에 의한 요양보호사의 추가 확보이다. 넓어진 만큼 동선이 길어지니 업무의 강도가 증가하였다. 이 두 가지를 해결한다면 조금은 더 좋고 이로운 조직이 될 수 있으리라 기대한다. 넓고 효과적인 공간과 양질의 추가 인력을 적재적소에 확보하여 '양지가 참 잘해!' 라는 말을 계속 듣고 싶은 마음이다.

급여는 동종 업계보다 어떡하든 더 많이 지급하려고 있다. 그도 그럴 수밖에 없는 것이 그렇지 않으면 인재 유입이 어렵기 때문이다. 인재의 유입 요소가 없고 인재를 유지하지 못하면 고용이 흔들리고 어르신들의 입소율에 영향을 준다. 그러면 당장에 급해서 적합하지 않은 사람을 채용할 위험이 있다. 때문에 서류와 면접에서 적합한 사람이라 판단되면 어떡하든 채용하고 그에 상응하는 급여를 책정한다. 그 반대로 적합하지 않으면 채용하지 않는다. 이미 감산 수가의 패널티를 받지 않을 정도의 여유가 있기에 급박하게 채용할 이유가 없다. 제반 수당들은 많지 않다. 사람의 급여 가치는 직무이고 직무의 가치는 기본급이지 수당이 아니다. 기본급 설계 시에 직무에 대한 가치를 최대한 반영한다. 우리가 책정하고 있는 수당은 식대비와 직무수당 정도가 다이다. 정년은 63세이다. 정년연장의 이슈가 있었고 이도 역시 노사협의회와 빠띠를 통해 결정되었다. 정년연장의 이슈는 연장 연령과 연장 시의 임금이다. 우리는 야간 교대근무의 어려움을 감안하여 정년을 63세로 하였고 임금은 61세가 도래하는 직전 월에 수령한 임금을 3년간 유지하는 유지형이다. 물론 63세 이후에는 촉탁직에 의한 계약직으로 고용이 연장될 수 있다.

인사평가를 실시하고 있다. 구성원들에게 인사평가 실시의 가부에 대한 의견을 투표로 물었는데 대다수가 인사평가를 하는 것에 동의하였다. 나는 반대하였지만 구성원들은 찬성이었다. 사람은 평가 자체를 거부하는 것이 아니라 과정과 결과를 거부하는 것임이 증명된 것이다. 인사평가라는 단어는 우수서비스자 선발로 대체하였고 지표는 우리의 24개 행동규범으로 설계하였다. 편향을 제거하기 위하여 편차함수를 적용하였고 4개의 핵심 가치마다 1명씩 우수서비스자를 선발하고 그중에 최고 득점자를 최우수서비스자로 선발한다. 그렇게 모두 5명을 선발하여 보상한다. 보상의 방법은 최우수서비스자에게는 퇴직연금 1개월분의 ×2를 드린다. 우수서비스자 4명은 퇴직연금 1개월분의 ×1이다. 현금이 아닌 퇴직연금으로 하는 이유는 현금은 위화감을 조성하고 보상액이 많지 않기 때문에 한턱 돌리고 싶어도 돌리지 못하는 금액이기 때문이다. 결정적으로 퇴직연금은 비과세이며 본인이 운용하여 수익을 올릴 수 있는 장점이 있다. 이러한 보상제도에 대해 이의제기가 있었다. 모두 고생했는데 왜 5명만 보상을 하고 나머지는 박수를 쳐야하는 것에 대한 의견이었다. 역시 노사협의회를 통해 논의를 하였고 우수서비스자를 발표하는 날에 모든 직원에게 선물을 드리는 것으로 결정하였다. 비록 5명에게만 현금 보상을 하는 것은 변하지 않았지만 모두에게 선물을 드리고 감사할 수 있으니 나도 좋고 구성원도 좋은 결정이 되었다. 평가는 인정욕구이다. 모두를 인정하는 것으로 결정하고 행동했으니 구성원들의 욕구가 어느 정도는 충족되었다. 그 외의 직원복지는 특별할 만한 것도 없고 대동소이해서 이만하겠다. 또한 여타의 소소한 복지가 있다고 해서 그 조직이 건강해지는 것도 아니기 때문이다.

'양지가 참 잘해!' 라는 소문의 이면에는 '양지는 힘들어!' 라는 소문도 있다. '일이 힘든데 구성원들은 왜 여기에 남아 계실까?' 잘하는데 힘들다는 것은 일을 제대로 하고 있다는 의미이다.

외부에서 이런 말씀을 주신 분들이 계신다. '구성원들에게서 조직에 대한 자부심이 보인다.' 일이 쉬우면 좋겠으나 비록 힘들더라도 일의 의미를 발견한다. '허투루 일하고 싶지 않다. 건성으로 어르신을 모시고 싶지는 않다. 비록 힘들지만 최선을 다해 모신다.' 그런 자부심이 우리를 움직인다. 인간관계를 추구하고 보다 체계적이며 변화와 일에 균형을 맞추는 좋음과 이로움을 추구하는 조직에 대한 자부심이다. 급여를 많이 주고 복지를 늘리고 해도 노인요양원의 일은 여전히 힘들다. 그러함에도 여기에 남는다. 나는 그것을 행복이라 생각한다. 어르신들의 표정에서 일의 의미를 발견하고 자기를 실현한다. 조직과 리더는 그러한 구성원들을 인정과 존중으로 대한다. 그것이 행복이고 건강한 조직이다.

구성원들은 출근할 때 사과 1개씩을 호주머니에 넣어서 온다고 한다. 배고플 때 혼자 먹으려고 가지고 오는 것이 아니라 누군가에게 주려고 가지고 온다고 한다. 하지만 아쉽게도 그 사과는 밖으로 나오지도 못한 채 집으로 되가져 간다. 사과를 꺼내 놓기가 민망하거나 손해를 볼 것 같은 느낌 때문이다. 이때에 누군가가 사과를 꺼내면 다른 사람들도 하나씩 꺼낸다. 문제는 누가 먼저 사과를 꺼낼 것인가에 있다. 'pay it for ward! 먼저 주어라!' 누군가 먼저 꺼내어야 한다. 바로 조직이다. 리더이다. 가장 많은 권력을 갖고 있는 자가 꺼내어 놓을 때 구성원들도 기꺼이 꺼내어 놓는다. 2018년

4월부터 시작된 조직민주주의 개발 여정은 꺼내어 놓는 것에서 출발하여 계속 꺼내어 놓는 과정이다. 요양원의 입구에서부터 눈에 보이는 모든 것들을 쾌적하게 리모델링하였다. 업력이 15년이어서 교체할 주기도 되었거니와 어르신들께 헌신하기 위해 출근하는 구성원들을 위한 선택이었다. 귀한 사람들이 귀한 분들을 위해 귀한 일을 하니 당연히 귀하게 대접하여야 한다. 귀하게 대하니 구분과 구별, 차별이 있을 수 없다. 장비도 교체하고 유니폼도 좀 더 질이 좋은 것으로, 차량도 새로 구입하고 모든 것을 바꾸었다. 이것은 조직이 구성원들에게 보내는 인정과 존중의 메시지이다. 구성원들에게 보내는 인정과 존중은 어르신들에게 보내는 인정과 존중이기도 하다.

간혹 노인요양원이 뉴스에 나오게 되면 대개는 좋지 않은 소식이다. 인권 이슈와 함께 부정한 회계처리, 그리고 띠를 두른 노동자들의 모습을 본다. 그들의 외침은 처우개선과 휴게시간 보장이지만 내면으로 들어가면 '우리를 인정하라'이다. 사실 노인요양원의 노동자들은 존중받는 삶을 살아오지 못했다. 사회와 가족으로부터 헌신을 요구받아 온 딸이자 어머니들이 대부분이다. 사회에 기여하려는 의미를 가지고 노동시장에 진입하였지만 막상 돌아온 것은 명령과 통제이다. 그러한 불만족들이 쌓이고 쌓여 급여나 복지를 요구하는 것으로 표출된다. 사실 모든 노인요양원은 노동 강도에 비하여 처우가 좋지 않은 것은 사실이다. 그렇다면 모든 노인요양원의 노동자들이 머리띠를 둘러야 할 것이지만 그렇지 않다. '그 차이는 무엇일까?' 나는 인정과 존중이라 생각한다. 의견을 묻고 수렴하는 것은 그 대상이 존중받을 만한 사람이기 때문에 그렇다. 그 사람을 인정하는 행위이다. 그래서 끊임없는 의견을 묻는 것이다. 누군가가 나에게 진정성 있게 던져온 질문은 사람을 변화시키는 힘이 있다.

양지노인마을은 사회복지법인 계명복지재단에서 운영하고 있다. 언제나 사회복지법인에서 운영하는 노인요양원의 책무성에 대해 고민한다. 우리에게 주어진 책무성을 다하는 길은 두 가지라고 본다. 하나는 어르신을 많이 모시는 것이다. 또 하나는 구성원을 많이 모시는 것이다. 그러려면 좋은 서비스이어야 할 것이고 좋은 일자리이어야 할 것이다. 좋은 서비스를 제공받는 어르신을 많이 모시는 것, 좋은 일자리에서 일하는 직원을 많이 모시는 것, 이 두 가지가 우리 요양원이 지역사회에 증명하여야 할 이로움이다. 수치상으로의 성과를 들자면, 이직률은 16% 선에서 꾸준히 관리되고 있고 입소율은 97% 수준을 유지하고 있다. 수치가 혁신의 증거는 아니다. 혁신이라는 것은 과정이다. 혁신의 최종 결과물이 있을 수도 있고 없을 수도 있다. 중요한 것은 우리 조직은 조금씩 진전하고 있다는 것이다. 우리의 가치와 규범, 그리고 의견의 수렴과 결정을 통해 비록 눈에 보이지 않을지언정 우리는 점점 더 나아지고 있다. 누군가 이렇게 묻는다. '그래서 당신의 조직은 얼마나 민주적인가? 얼마나 혁신되었는가?' 의견을 듣고 수렴하는 만큼 우리는 민주적이고 가치와 규범으로 자유롭고 평등한 만큼 우리는 민주적이다. 민주적인 만큼 우리는 변화하고 있고 그만큼이 혁신이다. 우리는 이것이 지난 4년간의 조직민주주의의 결과물이라 생각한다. 사람을 존중하기에 자유와 평등의 조직민주주의이다. 사익과 공익이 아닌 공의의 조직이다.

마치며

감사의 말

초판의 부제는 '사회복지 광화문을 열다' 였습니다. 시간이 많이 흘러, 사람들은 이제 광화문이 아니더라도 여러 장소에서 민주주의를 외칩니다. 장소가 변했을 뿐이지 민주주의의 염원은 변한 것이 없습니다. 근래 한국 사회는 공정성이 이슈입니다. 매우 갈등적이며 소란스럽습니다. 하지만 그것이 민주주의입니다. 변하지 않는 것은 또 있습니다. 조직에서 자유와 평등을 감히 말하지 못한다는 것이다. 에둘러 수평적 조직, 권한위임이라는 조직언어로 대체될 뿐입니다. 그렇다고 사람의 마음 안에 품고 있는 자유와 평등의 갈망이 사라진 것은 아닙니다. 여기저기의 조직에서 갈등적인 상황들을 접합니다. 하지만 그것도 역시 변함없는 민주주의입니다.

조직민주주의라는 단어 자체는 매우 갈등적입니다. '조직' 이라는 단어 안에는 위계에 의한 명령과 통제의 뉘앙스가 흐릅니다. 조직이라는 단어가 들어간 낱말치고 부드러운 느낌을 주는 경우는 거의 없습니다. '민주주의' 라는 단어도 갈등적입니다. 의견을 묻고 듣고 수렴한다는 자체가 쉽지 않기 때문입니다. 그래서 사람들은 애써 '조직'과 '민주주의'를 띄어 씁니다. 갈등적인 두 단어를 띄어 쓴다고 해서 갈등이 완화되는 것이 아닐진대 말입니다. 이 행위는 두 가지의 오류를 작동시킵니다. 조직민주주의를 '조직은 조직이고 민주주의는 민주주의이다' 로 분절시키거나, '통제'의 조직과 '자유'의 민주주의로 대립시킵니다. 첫 번째 오류로 인해 민주주의가 직장의 문 앞에서 멈춰서 버립니다. 자유와 평등은 광장에서나 외치는 것이고 조직에서는 '이끌거나 따르거나'의 양자택일로 분절시키는 것입니다. 두 번째 오류는 노사갈등입니다. 통제하는 조직의 지배계급과 이에 저항하는 해방의 노동계급으로 대립시킵니다. 이러한 갈등적 상황에서 조직과 민주주의를 붙여 쓴 '조직민주주의'가 세상에 나왔으니 비판이 없을 리 만무합니다.

각자가 추구하는 민주주의의 이상이 있습니다. 그리고 자유와 평등의 개념도 같지 않겠습니다. 이 책의 조직민주주의는 사회자유주의입니다.(공동선을 주장한 토마스 그린 힐이 사회자유주의이며 그는 페이비언협회가 주장하는 사회주의에 영향을 주었습니다) 조직민주주의는 '구성원이 주인이 되어 구성원을 위한 경영을 하는 것'입니다. '구성원이 주인 된다' 함은 구성원이 조직에 주어진 지역사회의 문제와 사람의 욕구를 해결하는 주체라는 것으로써 자유주의 입장입니다. '구성원을 위한 경영을 한다'는 것은 지역사회의 문제와 욕구를 해결하는 것은 구성원들이 일의 의미와 자기를 실현하는 것입니다. 그래서 구성원을 위한다는 것입니다. 구성원들의 자기실현은 곧 조직의 성과를 준다는 것이기에 사회주의 입장입니다. 또한, 조직의 규범 하에서 모두가 자유로우니 자유주의이며 조직의 목표를 달성하고자 함이니 사회주의입니다. 한 마디로 조직민주주의는 공동체인 사회의 목적을 달성하기 위하여 자유로운 시민(구성원)에게 권한을 주어야 한다는 것이 요지입니다. 이러한 주장에 대해 자유주의와 사회주의를 견지하는 분은 불편하신 듯합니다. 불편해하지 않았으면 합니다. 자유주의, 사회주의, 사회자유주의, 자유사회주의 뭐든 간에 결국 사람을 수단으로 대하지 않고 목적으로 대하자는 것이기 때문입니다. 각자의 입장에서 민주주의에 관련한 논의가 있었으면 합니다. 서로를 인정하고 존중하는 다양한 관점에 의해 '우리'가 되리라고 봅니다. 이 책이 그러한 수렴의 과정 안에 있기를 희망합니다.

끝으로 『사회복지 광화문을 열다, 복지현장 조직혁신』을 읽고 의견을 주신 독자분들과 『조직민주주의, 복지현장 조직혁신』을 읽고 의견을 주실 독자분들에게 고마운 마음을 전합니다. 조직민주주의와 관련된 글을 쓸 기회를 주신 서울복지재단 서울복지교육센터에도 고맙다는 말씀들 드립니다.

봄내 춘천에서.

사회복지법인 계명복지재단 양지노인마을
(강원도 춘천시 신북읍 소재)

1999. 04. 사회복지법인 계명복지회 설립(설립자 박승명)
2001. 04. 사회복지법인 계명복지재단으로 명칭 변경
2005. 04. 양지노인마을 개원(정원 55명)
2008. 06. 노인장기요양기관 설치신고
2009. 03. 증축과 정원 확대(정원 80명)
2009. 09. 인적자원개발우수기관 인증(노동부 및 정부 4개 부처)
2009. 11. 작업장혁신우수기업 대상 선정(노동부)
2009. 01. 증축과 정원 확대(정원 100명)
2010. 10. 한국서비스품질우수기관 인증(지식경제부)
2012. 06. 노사문화우수기업 선정(노동부)
2015. 04. 노인장기요양기관평가 최우수(국민건강보험공단)
2018. 04. 노인장기요양기관평가 최우수(국민건강보험공단)
2021. 08. 증축과 정원 확대(116명)
2022. 05. 정원 축소(110명)
2025. '비전 2025 우리를 주목하다' 그리고 또 다른 비전을 꿈꾸다

지은이 승근배

사회복지사, 경영지도사
사회복지법인 계명복지재단 양지노인마을 원장
저서. 『사회복지, 광화문을 열다 _ 복지현장 조직혁신』(2019),
『당신의 조직은 정의로운가』(2022)

승근배는 세상을 바꾸는 사회복지사이자 조직의 가치를 더하는 경영지도사이다. 사람 중심의 조직을 지향하는 칼럼을 한국사회복지사협회, 서울시복지재단, 웰페어이슈 등에 게재하고 있으며 강의로는 조직민주주의, 조직문화, 채용과 평가 등을 보급하고 있다. 그의 관점은 사회와 조직은 다르지 않다는 것이다. 조직의 성장을 위해 그 사회의 민주주의가 필요하듯이, 사회의 성장 역시도 조직의 민주주의로 실현된다고 주장한다. 이 책은 현장의 주인인 이용자와 구성원들이 조직의 경영에 참여하고 의사결정의 주체가 되어야 하는 당위성과 그 실천을 담고 있다.

복지현장 조직혁신 개정판

저자 · 승근배

발행인 · 이명묵
편 집 · 이현정
초 판 발행일 · 2019. 10. 21.
개정판 발행일 · 2022. 9. 21.
발행처 · 인간과복지
신 고 · 제 406-251002011000054 호
주 소 · 경기도 파주시 회동길 145
아시아출판문화정보센터 301호
전 화 · 02-383-0743
팩 스 · 02-382-3486
e-mail · hwbook22@daum.net
홈페이지 · www.hw-book.co.kr

값 · 15,000원

ISBN 978-89-8007-224-8 93330